【新訂】
授業に活かす
理科教育法

中学・高等学校 編

左巻健男・吉田安規良 編著

東京書籍

新訂
授業に活かす 理科教育法

中学・高等学校編

まえがき
― 本書をお読みの皆さんへ ―

本書は,

> 1. 大学での中学・高等学校「理科教育法」関係のテキスト
> 2. 中学・高等学校の教師が理科の授業をとらえなおすための基本文献

として執筆・編集されたものです。

本書がめざしたのは，文部科学省学習指導要領の解説ではなく，また，外国から借りてきた一時的流行の理科教育論を紹介するようなテキストでもありません。理科の教職免許をとりたくて教職課程を履修している学生だけではなく，中学・高等学校の現場で理科の授業をされている教師の皆さんにも役立つ内容になるように編集しました。

この種の教育の本には，見慣れない用語が目立ったり，論理展開や文章が分かりにくいものが多いのですが，本書は，あくまでも，現場で授業づくりの手がかりになるように，できるだけやさしく明快に書くようにしたつもりです。

わが国には，小・中・高の現場を中心に，楽しく分かる理科教育（自然科学教育）の実践・研究の誇るべき伝統と実績があります。わが国の教員たちがこれまでに営々と築き上げてきた，それらの伝統と実績を踏まえた有効性のある理論と実践を，普通の言葉で語ろうとしました。

編集上，メインに据えたのは「理科の授業に活かせる」ということです。自然および自然科学，教員，生徒の三者の格闘としての理科の授業について，すぐれた授業のイメージを喚起し，そのための教材研究や授業展開の技術，それらの周辺の重要な事柄を伝えようと努めました。

本書の執筆者の多くは，小・中・高の現場出身であったり，今も現場で授業を持ち，現場と密着して研究を進めたりしています。教材を自分で選び，構成

し，手づくりの教材で授業をするといった体験をもとに，教材づくり，授業づくりにかかわってきました。大学で理科教育や教育方法を講じるとき，このような体験で得た創造的な喜びを学生諸君に伝えようと努めてきました。

　また，教員対象の講座，講演会でも，空理空論にならないように，いつも理科の授業づくりの手がかりになるような理論や授業論，具体的な教材を紹介してきました。

　私たちは，理科教育について完全に一致した考えを持っているわけではありません。しかし，次のようなことを読者の皆さんに伝えたいという思いは共通しています。

・理科教育を構成する重要な要素は，自然および自然科学，教員，生徒の三者であるということ。
・理科教育が，生徒にとっても教員にとっても，本当はとても素敵でおもしろいものであるということ。
・理科教育は，生徒たちが自然科学の基本的な概念や法則を体系的に学び，さらには，自然界の全体像を構造的，歴史的にとらえ，それによって科学的自然観を身に付けるものであるということ。

　私たちの力量不足で多くの不満が残るかもしれないとは思いながら，学生のよき手引き書として，また，教師の皆さんが理科授業を行うにあたっての手がかりの書として活用いただければ，執筆者としては嬉しいかぎりです。

　最後に，本書を刊行するにあたってお世話になった東京書籍文化事業本部の角田晶子さん，植草武士さんに厚くお礼を申し上げます。

2019年3月　編者代表　左巻 健男

新訂 授業に活かす 理科教育法
中学・高等学校編

まえがき ―――――――――――――――――――――――― 2

序章　これからの理科教育

序-1　新しい時代の学力観・能力感とは？ ――――――――――― 9
序-2　主体的・対話的で深い学び（アクティブ・ラーニング）――― 13
序-3　理数教育充実時代の理科教育のキーワードは「探究」――― 16

第1章　楽しく分かる理科授業とはどんなものか？

1-1　楽しく分かる物理の授業（中学の例）――――――――――― 22
1-2　楽しく分かる物理の授業（高校の例）――――――――――― 28
1-3　楽しく分かる化学の授業（中学の例）――――――――――― 35
1-4　楽しく分かる化学の授業（高校の例）――――――――――― 40
1-5　楽しく分かる生物の授業（中学の例）――――――――――― 46
1-6　楽しく分かる生物の授業（高校の例）――――――――――― 52
1-7　楽しく分かる地学の授業（中学の例）――――――――――― 57
1-8　楽しく分かる地学の授業（高校の例）――――――――――― 63

第2章 そもそも理科教育の目的・目標は？

- 2-1 理科教育の目的 —————————————————— 69
- 2-2 物理分野の目標とカリキュラム ————————————— 73
- 2-3 化学分野の目標とカリキュラム ————————————— 78
- 2-4 生物分野の目標とカリキュラム ————————————— 83
- 2-5 地学分野の目標とカリキュラム ————————————— 88
- 2-6 理数科の理数物理・理数化学・理数生物・理数地学の目標 ——— 93

第3章 学習指導案の書き方

- 3-1 学習指導案の目的と作成方法 —————————————— 94
- 3-2 学習指導案の書き方のポイント ————————————— 99
- 3-3 授業と評価 ————————————————————— 106
- 3-4 学習指導案の具体例（観察・実験中心）————————————— 113
- 3-5 学習指導案の具体例（対話・発表中心）————————————— 116

第4章 授業のデザインと方法

- 4-0 はじめに―この章のねらい ——————————————— 119
- 4-1 授業の計画（Plan）——————————————————— 120
- 4-2 授業の進め方（Do）1―導入，発問，観察・実験 ——————— 122
- 4-3 授業の進め方（Do）2―黒板などのツールの活用― —————— 127
- 4-4 授業の反省と改善（Check, Act）————————————— 132
- 4-5 素朴疑念 ——————————————————————— 135

第5章 探究活動と探究的な学習

- 5-1 探究活動 ——————————————————— 139
- 5-2 探究的な学習 ——————————————— 151
- 5-3 おわりに ————————————————— 155

第6章 理科の教材研究・教材開発

- 6-1 教材研究の進め方 ————————————— 156
- 6-2 教材開発の方法論 ————————————— 162
- 6-3 教材開発物語1　黒板上で演示する物理実験 ——— 170
- 6-4 教材開発物語2　ロウソクの炎の探究 —————— 175
- 6-5 教材開発物語3　生物の色素に着目した生物濃縮 — 180

第7章 授業における安全管理

- 7-1 理科教師の役割 —————————————— 186
- 7-2 理科室などの確保と管理 —————————— 187
- 7-3 事故防止——具体例とチェックポイント ———— 198

第8章 理科教育の周辺

- 8-1 ICTの活用と理科教育 ─── 209
- 8-2 ニセ科学への対応 ─── 216
- 8-3 科学部の指導 ─── 220

巻末資料

- 資料-1 戦後の理科教育の歴史 ─── 226
- 資料-2 主な試薬の調整 ─── 235
- 資料-3 理科授業のための文献案内 ─── 242

- 学習指導要領　中学校理科編 ─── 247
- 学習指導要領　高等学校理科編 ─── 262

- 執筆者一覧 ─── 290

※本書は，2009年4月に発行された『授業に活かす！理科教育法　中学・高等学校編』（東京書籍）を全面的に書き改め，新訂版として発行するものです。

序章 これからの理科教育

序-1　新しい時代の学力観・能力観とは？

　今，世界の学力観は大きく変わりつつあります。日本では「学力低下」が問題になっていますが，それは伝統的な従来の学力を指しています。従来の学力とは，基礎知識，基礎技能，理解力，読解力，数理能力など，これまでのテストで測られてきたような学力が中心です。しかし，今日のように科学技術やグローバリゼーションが進み，変化の激しい社会では，問題解決能力や創造性，独創性，コミュニケーション能力などの力がより重要になっています。さらには，学習への意欲・関心から行動・態度に至るまでの広く深い能力観（コンピテンシー）が必要になっています。そのため，21世紀の学校教育には，従来の学力観・能力観以上のことが期待されるようになってきました。

1.「生きる力」と「キー・コンピテンシー」との関係

　日本の文部科学省が掲げている「生きる力」も，そうした新しい学力観・能力観の一つです（かなり情緒的で曖昧ですが）。この「生きる力」が国際的にも通用する理念であることを裏付けるために，2008年1月の中央教育審議会答申は「キー・コンピテンシー」という概念を引用して，次のように述べています。
「次代を担う子どもたちに必要な力を一言で示すとすれば，まさに平成8年（1996年）の中央教育審議会答申で提唱された『生きる力』にほかならない。（中略）『生きる力』は，その内容のみならず，社会において子どもたちに必要となる力をまず明確にし，そこから教育の在り方を改善するという考え方において，この主要能力（キー・コンピテンシー）という考え方を先取りしていたと言ってもよい」。
　つまり，中央教育審議会は，「『生きる力』は（中略）この主要能力（キー・コンピテンシー）という考え方を先取りしていたと言ってもよい」と高らかに謳い，今後も「生きる力」を堅持することを打ち出しています。では，この「キー・コンピテンシー」とはいったい何でしょうか？

2.「キー・コンピテンシー」とは何か?

「キー・コンピテンシー」の概念を提唱したのは,OECDのDeSeCo(デセコ,Definition and Selection of Competencies:コンピテンシーの定義と選択)というプロジェクトです。その目的は,"個人の成功"と"社会の成功"の両方を導くために必要な,キー(鍵)となる資質・能力を定義し選択することにより,新しい時代に対応した学力の国際標準化を図ることです。ここで言う"個人の成功"とは,例えば,希望する就職と収入を実現することや,健康で安全に暮らすこと,政治に参加すること,社会的に良好な人間関係を保つことなどを意味しています。また"社会の成功"とは,高い経済的生産性や,民主的に物事が進められること,社会的に団結し公正であること,人権が尊重されること,持続可能な環境などを意味しています。こうして,最終的に定義,選択された「キー・コンピテンシー」は,次に示すような3つのカテゴリーから構成されています。

「キー・コンピテンシー」のカテゴリー

① **問題解決のために「ツール」を活用する能力**
 言語,記号,文章を活用する能力。知識や情報を活用する能力。テクノロジーを活用する能力。

② **異質な集団で交流する能力**
 他人と良好な関係をつくる能力。他人と協力しチームワークを発揮する能力。対立を処理し解決する能力。

③ **自律的に活動する能力**
 全体的な視野で行動する能力。自己の人生設計や個人的プロジェクトを計画し,実行する能力。自らの権利,利害,限界,ニーズを守り,主張する能力。

この考え方は,新しい学力観・能力観の概念的枠組みとして,国際的にも国内的にも大きな影響力を持ち始めています。OECDのPISAも,このキー・コンピテンシーに基づいて評価の枠組みがつくられているのです。ただし,すべての能力をPISAで測れているわけではないので,注意が必要です。PISAは,主として上の「①問題解決のために『ツール』を活用する能力」を国際的に比較するために始められたものです。また,測定方法もコンピュータを利用していますが筆記試験的な出題形式であることから,測定できる分野は限られています。

3. フィンランドの理科教育

「キー・コンピテンシー」で代表されるような新しい学力観・能力観に基づく理科教育とは，いったいどのようなものでしょうか？ それを知るには，これにいち早く取り組んでいる教育先進国の例が参考になるでしょう。ここでは，フィンランドの理科教育について少しだけ紹介します。

フィンランドは，日本と同じく資源に乏しい国ですが，PISAのすべての学力分野で常にトップクラスの成績を収め，今国際社会から熱い視線を浴びている国です。まずもって注目すべきは，教育に

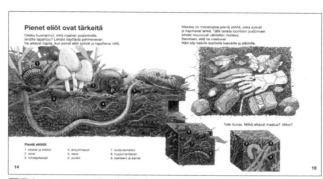

写真1：フィンランドの小学2年生の教科書(鈴木，2007)

ついての表象（観念やイメージ）の違いです。例えば，日本では教師から正解を教えてもらうという"ティーチング"が中心ですが，フィンランドでは生徒が学習の主体となるような"ラーニング"が中心です。そのような授業を保証するために，教師には大きな裁量権と責任が与えられています。このことを教科書の比較から見てみましょう。

写真1は，フィンランドの小学2年生が使っている理科の教科書です。マイマイ，ダンゴムシ，ヤスデ，ヒメミミズ，ミミズ，ダニ，トビムシ，センチュウ，バクテリアの9種類の分解者が正確に記載されています。同時に，身のまわりの分解できる物とできない物を分類することや，リサイクルの意味と方法について学びます（鈴木，2007）。小学2年生にしては非常に高度で総合的な内容に驚かされます。ただし，フィンランドの教科書は学習のための資源（リソース）の一部であって，教師は全ての内容を教えるわけではありません。言い換えると，フィンランドの教師には，自分で教材を選択して自らのカリキュラムをつくるという，高度な授業デザイン力が要求されていると言えます。

一方，日本の教科書はどうでしょうか。同じような内容が載っている教科書がないか探してみました。すると，写真2で示すように，小学6年生の教科書でやっとミミズの例が出てきます。しかし，ここでの学習内容は「植物は動物の食べ

物になっている」という観点で止まっており、分解者の概念はありません。そこで、今度は中学校の教科書を探してみると、写真3で示すように、中学2年生の教科書でようやく分解者の詳しい記載が見つかりました。しかし、ゴミ問題やリサイクルと関連させる図はありません。日本では、教える内容が細かく規定されているのです。こうした背景には、日本の教科書検定制度の問題や、それに伴う授業観の違いがあります。他国の教育を安易に賞賛し導入することは避けなければなりませんが、教育の社会的・文化的背景の違いを考慮した上で、他国の教育から教育改善のためのヒントを読み取ることができるでしょう。

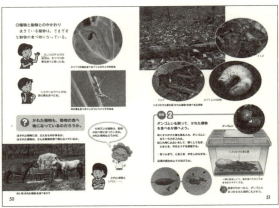

写真2：日本の小学6年生の教科書（東京書籍）

写真3：日本の中学2年生の教科書（東京書籍）

［内村 浩］

<引用文献>
『フィンランドの理科教育―高度な学びと教員養成』鈴木 誠 編著, 明石書店, 2007

序-2 主体的・対話的で深い学び（アクティブ・ラーニング）

1. 主体的・対話的で深い学び（アクティブ・ラーニング）の背景

　2021年度から中学校・高等学校で順次全面実施される学習指導要領（以下，2021年度学習指導要領）では，めざすべき子どもたちの学びの姿が「主体的・対話的で深い学び」と表現されています。しかし，このような学びの姿は，改訂の有無にかかわらず，そもそも授業のあるべき姿ということができるでしょう。この表現は，周知のように，この学習指導要領が改訂・告示される以前に話題に上がっていた「アクティブ・ラーニング」を言い換えたものです。

　なぜ「主体的・対話的で深い学び」や「アクティブ・ラーニング」が言われるようになったのでしょうか。これは，評価をはじめとする教育学およびその周辺領域の研究の進展により，学力のとらえ方がより多面的になってきたことが背景にあります。資質や能力，学習に向かう姿勢といったものも評価対象としてとらえられるようになってきたのです。さらに，OECDが提唱する「キー・コンピテンシー」の概念，ユネスコが提唱する持続可能な開発のための教育（ESD）への取り組み，全国学力・学習状況調査などで顕在化した日本の子どもたちの実態も影響しています。

　例えば，全国学力・学習状況調査の結果分析では，無解答率と指導方法との関連についての言及がたびたび見られます。当然，全国学力・学習状況調査の得点を上げることが授業の最終目的ではありませんが，無解答の子どもを減らしたいと考えるとき，教育課程の改善を図ることが対策の一つとして考えられます。無解答の割合が高い要因としては，問題を構成する文章が読めていないことや，「問題を解くことは，記憶内容を再生することだ」という認識が強いために初見の問題については「習っていないからできない」という判断をしてしまっていることなどが考えられます。特に，「問題を解くことは，記憶内容を再生することだ」という認識は，日本の学校教育における「隠れたカリキュラム」になっている恐れがあります。

　科学とは本来，内容そのものではなく方法がその本質ですが，少なくとも小学生や中学生にとって，理科は暗記科目としてとらえられている傾向もあるようです。

　これらの問題点を克服するためには，子どもたちの学習観の転換が求められ，その転換をさせるためには，教師側にもやや思い切った学習観の転換が必要です。

このような背景から提唱されるようになってきたものが「アクティブ・ラーニング」「主体的・対話的で深い学び」であると言えます。

2. 理科学習における「主体的」とは

学習における「主体的」とは，「課題を自ら発見し，能動的な態度で取り組むこと」と言えます。「課題を自ら発見」という点が「自主的」と異なる部分です（与えられた課題に進んで取り組むことが「自主的」となります）。この「主体的」な姿に到達することができれば，初見の問題に取り組むことも厭わなくなるでしょう。

では普段の理科授業の中で主体的な姿勢を育むためには，どのようなことを念頭においていればよいでしょうか。「主体的」に取り組む，すなわち「課題を自ら発見」するためには，自分自身の考えを対象化することが必要です。これは学習内容の習得とは別に，「自分の思考の状況を振り返る」こと，いわゆるメタ認知を指します。授業の場面では，自分の思考の過程を第三者的に見ることで，結果から導き出した結論が妥当性・信頼性を備えているのかを考えさせることになります。また，「教科書に書いてあるからこの方法を用いる」のではなく，「なぜこの方法を用いることが選択されたのか」についても考察させるとよいでしょう。このような考察を繰り返すことで，単元相互の共通点も見つけやすくなります。

3. 理科学習における「対話的」とは

「対話的な学び」で留意しなければならないのは，「対話」ではなく「対話的」となっている点です。話し合い活動はもちろん奨励されてよいのですが，そのための前提として「自分の考えが説明できる段階にあること」が必要です。そして，実際に相手はいなくても相手を想定して説明を考えること，つまり「相手意識を持つこと」も「対話的」な活動となります。

これらはすべて言葉や文章によるアウトプットを伴います。授業においてはインプットとアウトプットがバランスよく含まれていることが理想ですが，現状としてはインプットが多く（または大半）なりがちです。インプットの場面が多すぎる現状が「アクティブ・ラーニング」が喧伝されるようになった一因でもあります。インプットとアウトプットの双方を意識すること，そして，そのアウトプットも形態のみに注目するのではなく，「誰を対象としたアウトプットなのか」「そのために伝わりやすい表現は何か」といったところにまで踏み込むことが求められます。

4. 理科学習における「深い学び」とは

　「深い学び」という表現は，「主体的」や「対話的」に比べると，多様な解釈が可能な表現であるため，指向すべき学習のイメージがやや難しいかもしれません。

　理科学習で「深い学び」を考えるならば，知識を習得する段階をゴールにするのではなく，その知識を活用し，私たちを取り巻く多様な現象を探究することが「深い学び」になります。習得した知識を活用していくことが探究となりますが，そのためには，「習得した知識を子ども達にどのように活用させるのか」を指導する側が常に意識しておかなくてはなりません。

　例えば，英語学習でよく指摘されることですが，「読んで意味が分かる単語の数」と，「自分が英会話や英作文をするときに使える単語の数」には大きな開きがあります。これと同様に，理科学習についても，「理解して知っている知識」と「実際に自分がある現象を見たとき，その理解のために適用できる知識」には大きな開きがあります。その開きを埋めていくためには，知識を活用しながら探究する経験を重ねる必要があります。

　もう一つ「深い学び」を考えるときに，ヒントになる概念が「横断的な概念」です。2021年度から完全実施される中学校学習指導要領にも「教科等横断的な視点」という表現で記載されています。「横断的な概念」とは，2008年告示の学習指導要領で示されている「エネルギー」「粒子」「生命」「地球」といった，学習内容を構造化する科学的な概念がこれに相当します。これらの科学的な概念は，「物理」「化学」「生物」「地学」といった分野に基本的には対応していますが，場合によっては分野の枠を超えて，いくつかの単元を構造化することで可能になります。

　さらに参考になるものとして，現在アメリカを中心に推進されているSTEM（ステム）教育の考え方があります。STEM教育のSTEMとは，Science, Technology, Engineering, Mathematicsの頭文字をとったものです。アメリカでは，特に生命科学分野に従事する人材を確保するという考えのもと，これら4つの分野の教育に力を入れており，さまざまな実践がなされています。このSTEM教育では，「7つの横断的な概念」として，「パターン」「原因と結果」「スケール・比・量」「システムとシステムモデル」「エネルギーと物質」「構造と機能」「安定性と変化」といったものが提示されています。これらの概念は，それぞれ数学の部分で活用しやすいもの，技術の分野で活用の範囲が広いものなど，分野ごとの違いはあるのですが，学習内容を構造化する際の手がかりになります。必要に応じて参考にしてみるのもよいでしょう。

〔森 健一郎〕

序-3 理数教育充実時代の理科教育の キーワードは「探究」

1.「ゆとり」教育から大きく転回した前学習指導要領を踏襲した学習指導要領

　2017年3月に小学校・中学校の改訂学習指導要領，2018年3月に高等学校の改訂学習指導要領が告示されました。告示後，教科書会社による教科書の作成，文部科学省による教科書検定，教科書の採択・供給を経て，新教科書が使用開始となります。新教科書の使用開始，つまりこの教育課程は，小学校では2020年度，中学校では2021年度から全面実施，高等学校では2022年度より年次進行で実施になります。

　この教育課程の理科は，それまで約30年間続いた「ゆとり」教育からの大きな転換となった前回2008年改訂の学習指導要領の授業時数や科目を基本的に踏襲しています。

　小学校・中学校・高等学校とも理数教育の充実が言われた前回の学習指導要領のポイントは，「基礎的・基本的な知識・技能の習得」「思考力・判断力・表現力などの育成」「確かな学力を確立するために必要な授業時数の確保」でした。そこには，それまでの「ゆとり」教育への反省，基礎的・基本的な知識の習得や思考力などの育成を重視する先進国の国際的な教育の動向が背景にあったことでしょう。

　理数教育の充実は，標準授業時数にも表れています。小学校理科の標準授業時数は，「ゆとり」教育時代の350時間から405時間へ約16％増となっています。また，中学校理科では，中学校1年は105時間のままですが，中学校2年は105時間から140時間へ，中学校3年は80時間から140時間へと大幅増加になりました。理科の標準授業時数は，前回の学習指導要領で，国語，数学と並ぶものになっています。

　高等学校の理科で設置される科目は，「物理基礎」「化学基礎」「生物基礎」「地学基礎」(各2単位)，「科学と人間生活」(2単位)，「物理」「化学」「生物」「地学」(各4単位)です。新しく設置された教科「理数」内の科目「理数探究基礎」や「理数探究」に統合された「理科課題研究」(1単位)を除くと，前回の学習指導要領と同じです(教科「理数」については288ページ参照)。

　高校生は，最低必ず「物理基礎」「化学基礎」「生物基礎」「地学基礎」から3科目，

あるいは「科学と人間生活」を選択する場合は，それと「物理基礎」「化学基礎」「生物基礎」「地学基礎」から1科目を履修しなければなりません。

ただし，「普通科」ではなく「理数科」のように理数に関する専門教育を主とする学科では，必履修教科・科目の履修と同様の成果が期待できる場合には，その専門教科・科目の履修をもって，必履修教科・科目の履修の一部または全部に替えることができます。そこで，「○○基礎」および「○○」(○○には物理，化学，生物，地学のいずれかが入る) の内容などを参照し，必要に応じて，これらの科目の内容を発展，拡充させて取り扱う「理数物理」「理数化学」「理数生物」「理数地学」を履修することで代替することができます。「理数科」の学科では，「物理基礎」「物理」などの代わりに，「理数物理」など，「理数○○」が置かれているのはこのためです。

告知年度	科目・単位数（ ）は時間数	備考
1947年　1951年（共に試案）	物理，科学，生物，地学各5（175）から1科目必修（卒業に必要な最低単位は5）	
1955年（1956年改訂版）	物理，科学，生物，地学各3（105）または5（175）から2科目必修（最低単位は6）	
1960年	（物理A3（105），物理B5（175）），（化学A3（105），化学B5（175）），生物4（140），地学2（70）から12単位必修（普通過程）	理科教育のピークの時代高校進学率が90％超へ急上昇
1970年	〈基礎理科6（210），物理I，物理II，化学I，化学II，生物I，生物II，地学I，地学IIとも3（105）から基礎理科1科目またはIを2科目必修（最低単位は6）〉	この時代に共通一次試験開始（1979年1月）
1978年	総合理科4（140），理科II（70），物理，化学，生物，地学各4（140）のうち理科I必修（最低単位は4）	1987年共通一次の理科が1科目に理科I以外の履修者減少始まる
1989年	総合理科4（140），物理IA，物理IB，物理II，化学IA，化学IB，化学II，生物IA，生物IB，生物II，地学IA，地学IB，地学II（IAは2（70），IBは4（140），IIは2（70））のうち，総合理科，各IA，IBから2区分にわたって2科目必修（最低単位は4）	家庭科男女必修，社会科が地歴・公民になり拡大"理科離れ"が顕著に。第1回大学入試センター試験（1990年）
1999年	理科基礎，理科総合A，理科総合B（各2（70）），物理I，物理II，化学I，化学II，生物I，生物II，地学I，地学II（各3（105））のうち，理科基礎，理科総合A，理科総合Bから少なくとも1科目を選択し，さらにそれら3科目目の残りとIの中から1科目選択の2科目必修（最低単位は○）	「情報」必修「総合的な学習の時間」の導入。全面実施は2003年

2009年	物理基礎,化学基礎,生物基礎,地学基礎,科学と人間生活,(各2(70)),物理,化学,生物,地学(各4(140)),課題研究(1(35))から,最低次のいずれかを選択・物理基礎,化学基礎,生物基礎,地学基礎から3科目・科学と人間生活を選択する場合は,物理基礎,化学基礎,生物基礎,地学基礎から1科目	理数教育充実へ全面実施は2013年(理科と数学は2012年から実施)
2017年【理科】	物理基礎,化学基礎,生物基礎,地学基礎,科学と人間生活,(各2(70)),物理,化学,生物,地学(各4(140))から,最低,次のいずれかを選択・物理基礎,化学基礎,生物基礎,地学基礎から1科目	【理数】理数探究の新設なども踏まえて,理科課題研究を発展的に廃止
2017年【理数】	理数探究基礎1単位,理数探究2～5単位	理数は必修ではなく選択科目。「総合的な学習の時間」が「総合的な探究の時間」に

　2018年告示の学習指導要領でも2009年告示,1999年告示,1989年告示の学習指導要領同様,高校生が全員学ぶ共通必修科目にありません。高校生が全員学ぶ共通必修科目で間近な科目は,1978年告示の学習指導要領の「理科Ⅰ」でした。

2. 高等学校での各科目の履修状況

　では,高等学校での各科目はどの程度履修されているのでしょうか。

　文部科学省が2015(平成27)年の「公立高等学校における教育課程の編成・実施状況調査」にある「高等学校における科目の履修状況(2013年度入学者抽出調査)」の結果を見てみましょう。2008年告示の学習指導要領による教育課程で,公立高等学校に限定されていますが,2018年告示の学習指導要領でも「理科課題研究」以外は科目が同じですから,大まかな傾向を見ることができます。

表:高等学校における科目の履修状況(2013年度入学者抽出調査)

	普通科など	職業教育を主とする専門学科	総合学科	合計
科学と人間生活	11.5	82.2	64.1	33.1
物理基礎	65.6	41.3	28.2	56.7
物理	22.8	1.7	5.9	16.2
化学基礎	93.4	44.7	66.7	79.2
化学	38.3	2.1	15.1	27.5
生物基礎	94.3	57.7	80	84.1
生物	28.2	2.5	16.6	20.9
地学基礎	34.6	7.4	22.5	26.9
地学	1.2	0	0.5	0.8
理科課題研究	0.7	0	0.7	0.5

※単位%

このデータから,「科学と人間生活」(2単位) を約3分の1の高校生が履修していることが分かります。「科学と人間生活」を履修しない場合は,「○○基礎」(各2単位) を3科目履修することが必要ですが,「科学と人間生活」を履修した場合は「○○基礎」は1科目履修ですみます。
　「科学と人間生活」は,どんな内容の科目でしょうか。
　「科学と人間生活」は,「自然と人間生活との関わり及び科学技術と人間生活との関わり」について理解することをねらいにした科目です。「物理領域」「化学領域」「生物領域」「地学領域」の4つの領域から構成されています。
　各領域の内容は,それぞれア,イの2つの項目からなっています。

	ア	イ
物理領域（光や熱の科学）	光の性質とその利用	熱の性質とその利用
化学領域（物質の科学）	材料とその再利用	衣料と食品
生物領域（生命の科学）	ヒトの生命現象	微生物とその利用
地学領域（宇宙や地球の科学）	太陽と地球	自然景観と自然災害

　これら4つの領域の内容を,アまたはイのいずれかで選択し,実験や観察を通して学びます。どれも高校生にとって身近なものばかりです。
　また,これらの学習への導入として,「科学技術の発展」で,今日の人間生活に科学がどのように貢献してきたかを,また「これからの科学と人間生活」で,課題を設定し探究する学習が設定されています。

3. 教育課程のキーワードとしての「探究」

　理科教育充実の時代に,どのような心構えで理科教育を進めていったらよいでしょうか。
　2018年告示の高校学習指導要領は,全教科・全校種にわたり,「主体的・対話的で深い学び」を通して育てる資質・能力を柱にしているとともに,「探究」がキーワードの一つになっています。新科目「理数探究」を含む教科「理数」の創設,「総合的な学習の時間」を「総合的な探究の時間」に変更するなどは,その象徴的なものです。
　なお,理数の「理数探究基礎」または「理数探究」の履修により,「総合的な探究の時間」の履修と同様の成果が期待できる場合においては,「理数探究基礎」または「理数探究」の履修をもって「総合的な探究の時間」の履修の一部または全部に替えることができます。

1999年告示の学習指導要領でも,「習得」「活用」「探究」がキーワードになっていたことを考えれば，その深化を図ったということでしょう。
「習得」とは,「学問,技術などを習い,身に付けること」です。理科では,知識や技能（わざ）を習い,身に付けることを意味します。「活用」とは,「活かして用いること。活かして働かせること」です。「探究」は,「深く探りきわめること」ですが,理科では「研究」と同じような意味です。特に理科では,「探究」は,「習得」「活用」とセットになって有効性があることでしょう。
　2017年告示の学習指導要領は,前学習指導要領の「習得」「活用」「探究」を深化させて,すべての教科を,①生きて働く知識・技能の習得,②思考力・判断力・表現力などの育成,③学びに向かう力・人間性などの涵養の三つの柱で再整理しています。

4. 本物の基礎・基本の知識を習得し，活用し，そして探究する

　これから必要とされる知識は,理科の関係では,科学的リテラシー（科学リテラシーともいう）と言われます。リテラシーというのは,もともと「言語の読み書き能力」でしたが,基礎的な科学知識が重要になった現代にあって,誰もが身に付けてほしい科学を読み解く能力として科学的リテラシーが登場しました。他にもメディア情報を読み解くメディアリテラシーなどがあります。一言で言うと,科学的リテラシーは,一人前の大人誰しもが持つべき科学の常識です。
　中学校・高等学校では,それぞれの教育課程なりの科学的リテラシーの育成が求められます。
　その際に学習内容とする本物の基礎・基本の知識とはどんなものでしょうか。
　自然（物質の世界）は限りなく広大でしかも複雑で多彩ですが,この自然を見る統一した見方があるとしたら,「自然は階層的な構造を持っている」「自然は歴史的に形成されてきた」をあげることができます。この自然の見方（自然観）を基礎に,原子,エネルギー,細胞,進化などが基本的な概念として考えられます。現代の原子は,もはや字義通りのアトム,つまり究極の粒子ではなく,原子も自然の階層の一つです。細胞も生物を考えるときの階層の一つと考えられます。また,エネルギーの保存則は,全階層を貫く法則です。自然の歴史性からは,ビッグバン以来の化学進化や生物進化が考えられます。
　こうした見方を背景に,生徒の自然への興味・関心を呼び起こし,自然を「科学の目」で見ることができるような本物の基礎・基本の知識を,教師の指導性と

生徒の自発性を統一しながら，生徒の身に付くような内容の展開を工夫していくことが必要だと思います。

　理科教育の重要な役割は，将来，科学技術の担い手として社会に貢献する人を育てるというキャリア面もあります。このキャリア面は，中学校や高等学校の「共通」学習の段階では，科学的リテラシーの育成をメインにする中で，さまざまな学習経験や体験を通して，自らの興味・関心や能力・適性などについて認識を深めて，徐々にキャリア意識を形成していくことを目標にしておくとよいでしょう。

　特に，これまでのわが国の生徒は，国内外の調査で，理科の得点は高いものの，意欲，態度，動機付けなど情意面に弱点があることが問題になっています。中学校2年段階で，理科の学習が「日常生活に役立つ」と思う生徒の割合は国際的に最下位レベルで，「希望する大学進学や就職によい成績が必要」とする回答も少なかったのです。15歳時点でも，「理科学習が自分の役に立つとは考えておらず，将来の仕事の可能性を広げるという観点から理科を学ぼうとする動機付けも弱い」「自らの科学的能力に対する自信は，OECD加盟国の中で一番低い」などという問題点が明らかになっています。

　理科教育充実の時代の理科で大事なことは，教師も生徒といっしょになって"不思議なこと"に興味を持つことです。本物を教室に持ち込んだり，観察・実験をやりながら未知なる自然を探究する授業は，生徒たちの多くが感動します。理科が好きな生徒を育てる教師は，自らが理科のおもしろさを実感する経験が豊かです。

　理論の持つ知的なおもしろさと，実験・観察で実際に自然界・物質界の事物・現象を体験することを合わせた授業をデザインしていきましょう。理解と納得がある授業で，知的なおもしろさを実感できる学習プログラムを組みましょう。そのような学習を通して，理科が生活にも役に立つこと，さまざまなキャリアには理科で身に付けた能力が必要なことを実感させることができることでしょう。

〔左巻 健男〕

第1章 楽しく分かる理科授業とはどんなものか？

1-1 楽しく分かる物理の授業（中学の例）

1. 楽しく分かる物理の授業とは？

　教師が一方的に話し，そして板書し，それを生徒がひたすら聞きながらノートに写していく授業がよく見られます。時折，生徒とのやりとりはありますが，一問一答で終わり，実験についても実験方法がワークシートに書かれていて，それを生徒は，何のためにこの実験を行うのかも考えずに行っているという授業を多く見てきました。果たして，これが楽しく分かる授業でしょうか。

　では生徒が楽しく，そして主体的に取り組み，最後は「分かった，おもしろい！」と思わせる授業はどのようなものでしょうか。それは，最初の授業の導入で生徒が自然事象に興味を持ち，その中から課題を見い出すことができるかどうか，から始まります。昔から，導入が授業の成否を決めるとも言われています。授業の導入で生徒の気持ちをつかんで，意欲を引き出し，展開につなげていきます。

　ここでは，中学校第1学年第1分野の最初に行う「身近な物理現象」の中の「音の性質」の授業の実践例を紹介します。

　この授業は，生徒1人1人が「声で動くヘビ」というオモチャをつくり，モールをヘビのように丸めたものが声で回転することから音の正体と音の高さと振動数を体感的に理解させようとするものです。オモチャは，紙コップの横に穴をあけ，その穴に紙筒をさして紙コップの底をステージとします。コップの口には反響板となる画用紙をつけます。切ったモールをヘビのように丸めて，逆さにしたコップのステージに乗せて完成です（写真1）。それぞれが声を出しながらモールのヘビを動かす（回転させる）ものです。

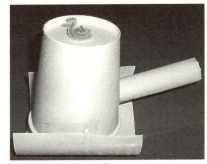

写真1：声で動くヘビ

2. 中学1年「音の性質」単元指導計画

(1) 単元名：中学校第1学年　第1分野「音の性質」

(2) 単元目標：
- 音はものが振動することによって生じることを実験を通して理解する。
- 音の振動は空気中などを伝わることを実験を通して理解する。
- 音の高さや大きさは発音体の振動の仕方に関係することを実験を通して理解する。

(3) 単元指導計画　授業時数：全5時間

項目	時数	指導内容	評価の観点 関心	思考	技能	知識	実験・備考
音の正体	1	○音を発しているものは振動していることを実験を通して理解させる ○音は空気が振動することで伝わることを実験を通して予測させる	○		○	○	演：楽器演奏 実：糸電話 実：傘袋
音の高さと振動（本時）	1	○音の高さと振動数が関係することを実験を通して予測させる	○	○			実：声で動くヘビ
音の高さと大きさ	1	○振動数が多いと高音，少ないと低音であることを実験を通して理解させる ○振幅が大きいと大きな音になることを実験を通して理解させる			○	○	実：モノコード 演：PC音解析ソフト
音の伝わる速さ	1	○音は空気中を伝わっていくことを実験を通して理解させる ○音の伝わる速さの計算		○	○		実：音の伝わり方 計：花火映像
音を伝えるもの	1	○空気中に伝わる様子をモデルを使って理解させる ○真空中では伝わらないことを実験を通して理解させる ○空気中以外でも音が伝わることを実験を通して理解させる	○	○	○		演：バネ 演：共鳴音叉 演：真空実験 実：水中の音

3. 中学1年「音の高さと振動」学習指導略案

(1) 題材名：中学校第1学年　第1分野　「音の高さと振動」

(2) 本時の目標：高い音は振動数が多く，低い音は振動数が少ないことを実験を通して予測する。

(3) 本時の展開案：

□教師　☆生徒の反応　◇留意点

過程	学習活動	教師の働きかけと生徒の反応予想	評価および指導の留意点
導入5分	○前時の学習内容の確認 ・音は物体が震えて発生 ・物体の振動が音である	□太鼓を打ち，振動の確認を行う ☆音は物体の振動で発生	◇打ちながら入る ◇太鼓に紙を置いて打つ
展開35分	○声で動くヘビの製作 ・紙コップとモールで動くオモチャづくり（5分） ○オモチャで遊ぶ	□声で動くヘビを紹介 ☆PPT（パワーポイント）を見ながらオモチャづくりを行う □3～5分程度の時間確保	◇生徒に実演して紹介 関：積極的に行っているか（観察法）
	課題1：ヘビはどうして声で回転するのか？		
	○個人で考え，ワークシートに記入する ○指名による発表 ○モデルの演示で確認	☆声の振動により，回転をしている □タワシを使ったモデル実験	◇記入内容を確認，指名順を決める ◇時間で人数を決める ◇教卓の周囲に集める
	課題2：ヘビを速く回転させるには，声の出し方をどうしたらよいか？		
	○仮説（個人） ・各自で仮説を立てる ・仮説の根拠を記入する ○仮説の吟味（グループ） ・自分の仮説と他人の仮説を比較して，修正する ○各代表によるグループ発表 ○仮説の検証実験 ○結果の考察 ・各自で考察する	□自分の考えをまとめる ☆大きな声を出す ☆高い声を出す ☆低い声を出す □自分の考えをグループに提示させ，意見交換を行う □交換が行われないグループに，アドバイスを行う □ボードを提示しながら発表 □5分，検証実験を行う □実験結果と仮説を照らして，考察をまとめる（デジカメで記録する）	◇ワークシートに記入 思：既存学習・体験をもとに仮説を立てる（ワークシート確認・回収後） ◇ホワイトボード活用 思：自分の考えを理論的に説明している（観察法） ◇状況により延長 ◇時間や状況を見て交流を考える 思：仮説と照らして自分の考えをまとめている（ワークシート確認）
まとめ10分	○ヘビを速く動かす方法をまとめる ○次回への課題提起	□指名して考察を発表させる ☆高い声で速く回転する ☆大声では回転は変わらない ○次回の課題の確認	※デジカメの画像を提示しながら説明する ※生徒の意見から課題を設定する

4．授業の実際　～音の高低と振動の関係を考える～
(1) 導入～展開へ　―自然事象から課題を見い出す―

　理科の授業は休み時間から始まっています。生徒は，きょうは何をするのだろうかと，期待を胸に理科室に入ってきます。理科室には，教卓の上にさまざまな音が出るオモチャが並んでいます。時間になると，おもむろに，教師が準備室から音の出るオモチャを鳴らしながら入ってきます。生徒は，何が始まるのだろうと目を輝かせながらそれを迎え入れて，授業が始まります。

　挨拶の後，前回の音の授業の復習が行われた後に，「せっかく学習しているのだから，音のオモチャをつくろう」と提案します。生徒に一人1個ずつ「声で動くヘビ」のオモチャの材料が配布され，製作が始まります。生徒は，つくり方の手順を示したプレゼンを見ながら，オモチャを5分程度で完成します。

　全員が動き始めた頃を見計らい，いったん実験（遊び）をやめさせて「どうしてモールのヘビは回転するのか，不思議じゃないか？」と質問します。生徒から意見が出たところで，きょうの「課題1」を提示します。

(2) 思考を練る　―個人→グループで科学的思考の育成―

　まず，個人でその原理と理由を考えワークシートに記入します。この時間は，生徒の状況によって違いますが1～5分程度とします。次に，グループで原理とそれを解明する方法を話し合って考えていきます。生徒は前時に音が振動であることを学習しているため，この課題は比較的簡単に分かる内容です。したがって，グループでの話し合いの時間は5分程度とし，グループでの考えも含めて自分のワークシートに記入します。その後，簡単にいくつかの考えを発表した後，確認の実験を行います。発表では，ほとんどが「声の振動により，紙コップが振動することでモールが動く」となりました。実験は，生徒の考えで，二人一組で片方の生徒が声を出して，もう一方の生徒が紙コップを指で触れて調べる実験を行い，振動していることを確認しました。最後に，タワシにバイブレーターを乗せると回転することを演示実験で示し，みんなの考えが正しかったことを確認します。

　次に，教師から「モールのヘビが振動で動いていることは分かったけど，これだけでは工夫がないよね。ヘビの動きの速さを変えるにはどうする？」と投げかけます。生徒からは，声を大きくする，低い声で行う，モールやコップを工夫するなどの意見が出てくるので，「声だけで考えて」と確認をします。生徒の意見が出てきたところで，それを課題2とします。

　課題1と同じように，まず個人で考え，その後グループで考えます。このとき，

グループに1枚ずつホワイトボードを渡して，それに自分たちの考えを出していきます。このホワイトボードは，市販のものでもよいですが，私はA3判のクリアーホルダーを活用しています。これは，マグネットを使えば黒板にも貼り付けることができ，ワークシートを拡大して挟んでおくと，記入形式が統一されて比較がしやすくなります。また，グループごとに用意ができ，それを消さずに次の時間まで取っておくことや，評価資料として確認することもできます。
　生徒は，このホワイトボードを中心に，いろいろな意見を交流していきます。そして最後に，グループ活動の中で明確になってきた自分の結論をワークシートに書いていきます。このとき，「グループ活動で出た結論と自分の考えは違ってもよいこと」「あくまでも自分の結論であること」をしっかりと確認しておきます。また，その理由も，ワークシートに記入するように指示します。
　実際の授業では，生徒の考えとして次の3つの意見に分かれました。
　①モールの回転には声の大きさが関係している。
　②モールの回転には声の高さが関係している。
　③モールの回転と声の高低・大きさは関係ない。
　それぞれの考えがまとまったところで，検証実験です。また二人一組になり，声の大きさ，声の高さによって回転が違うかどうかを確認します。実際の授業では，高い声では回転が速く，低い声では回転が遅い，女子のヘビは回転が速く男子のは遅いという結果が出てきました。

(3) まとめ ──結果から考察，次への課題──

　では，どうしてそのようになるのだろうかを考えていきます。この授業では，「モールのヘビは，音の振動によって回転している」「その回転は，音が高いと速く，音が低いと遅い」という結果に，話し合いや実験結果からまとまってきました。これを，生徒は「モールの回転と音の法則」と勝手に呼んでいました。「では，音の高低・大小と振動はどのような関係になるのだろう」と，生徒にこの授業の最後の疑問を投げかけます。生徒からは，よく分からないという声の中から，「高い音だとモールのヘビが細かく動いていたから，きっと速く振動していたのではないか」「大きい音だと，回転はそうでもないが大きく動いていたので，大きく振動していたのではないか」というつぶやきが聞こえてきます。それを受けて，「次は，音の高低・大小と振動の関係を解明しよう」という次回のテーマを設定して授業が終わります。
　この授業の中で意識したことは，生徒の思考の流れに沿って授業を展開してい

くことです。生徒が疑問を持ち，それを解明していくことを教師がサポートする。解明していくのは生徒であり，その過程を切らないように授業展開を計画していくことでした。その中で，生徒が自分の考えをしっかりと持ちながら，他と交流し，その中で自己の考えをしっかりと固めていく。特に，より高いレベルの課題（最近接領域の課題）に対しては，他との交流の中で自分の思考を高めていくことを授業に組み込むことが，科学的な思考の育成・深い学びとなります。

［門倉 松雄］

＜参考文献＞
文部科学省『中学校学習指導要領解説　理科編』大日本図書, 2018
左巻健男執筆代表『新しい科学の教科書　第1分野』文一総合出版, 2004

1-2 楽しく分かる物理の授業（高校の例）

1．高等学校の物理の授業とアクティブ・ラーニング

　2018年3月告示の新しい高等学校学習指導要領の中心コンセプトは，言うまでもなく「主体的・対話的で深い学び」，いわゆる「アクティブ・ラーニング」（以下ALと略記）です。これは高等学校に限らず，またすべての教科・科目に共通した学習課程改善のスローガンですが，幸いにして理科という科目は，新学習指導要領が求めるALという学習スタイルにきわめてなじみやすい特質を持っています。現象を観察し，仮説を立てて考察・討論し，実験で検証する，という科学の探究のプロセスがもともとAL的だからです。理科教育では従来から多数の事項を記憶することよりも，上記のような科学的思考力を育てることを重視してきた経緯がありますから，今回の改訂主旨は歓迎すべきことと言えます。

　中でも物理学は現象をできるだけ単純な基本法則に集約し，そこからあらゆる自然事象を演繹しようとする学問ですから，考える力・論理性がことさらに重視されます。情緒に流されず合理的な思考・判断ができる能力は，人生においても大切な「生きる力」となります。物理ではぜひそのような力を育てたいものです。

　わが国には，「仮説実験授業」や，「到達目標学習課題方式」など，和製ALとも言うべき優れた理科教育法があります。最近では，ICT（情報通信技術）活用教育機器の発達により，Peer Instruction（ピア・インストラクション：PI）やInteractive Lecture Demonstrations（相互作用型演示実験授業：ILDs）などの新しい形式のALも輸入され，盛んになってきました。いずれも物理教育になじみやすいものです。仮説実験授業についてはp.34の＜参考文献＞1）を，PIやILDsについては＜参考文献＞2）〜5）を参照してください。

　次に，力学分野の授業の一例を示します。この授業は高校の「物理基礎」の冒頭部分の単元を想定していますが，本時に限っては文字計算を伴わない内容なので，中学3年の理科第1分野の授業として実践することも可能です。

　本時の指導案では，課題提示の後，班別の討論を行い，簡単な演示実験を行ってさらに考えを深める，という流れで授業が組み立てられています。途中の各シーンで，教師が課題を提示し，まず生徒個々の考えを，グー，チョキ，パーの3択で同時に示させ，その後討論・発表活動を行うという流れになっています。

2．学習指導案の例（略案）

(1) 本時の項目：高等学校「物理基礎」(1) 物体の運動とエネルギー(イ) 様々な力とその働き　㋒運動の法則「作用反作用の法則」

(2) 本時の目標：作用と反作用の2力と，つり合っている2力の区別がつけられるようになる。注目している1物体に働く力だけを正しく図示できるようになる。

(3) 授業のポイント：
・作用と反作用は同一作用線上で同時に反対向きに生じる等大の力であること。
・作用と反作用はそれぞれ別の物体に働く力なので合成できない，つまりつり合う2力とはなりえないこと。

(4) 本時の展開案

過程	学習活動の流れ	指導内容	評価および留意点
導入 5分	力のつり合いの復習 2力のつり合い条件 ①等大，②反対向き，③同一作用線上	相撲の話（伏線）	問答への応答姿勢
展開① 15分	作用反作用の法則の提示 問題提起：押し相撲で勝った力士Aと負けた力士Bが，互いに相手に及ぼしていた力はどちらが強かったか 班別討論（5分） 発表（5分）	作用反作用の法則を板書 作用と反作用は，①同時，②等大，③同一作用線上，④反対向き 問　力のつり合いと同じではないのか 問　A→B，B→Aは作用と反作用の関係で等大でなければならない。なぜAは勝ったのか	答えは言わない 同時に手を上げさせて反応を見る グー：Aの力が強い チョキ：等しい パー：Bの力が強い 討論への取り組み姿勢 答えは言わない
展開② 20分	電車の綱引きの実験	①同じ電池の場合 ②一方を「弱った電池」に替えた場合 ③一方に荷物を載せる ④紙をさし入れ，床の滑りを変える	②で結果を予測 グー：強い方が勝つ チョキ：引き分け パー：弱い方が勝つ

まとめ 10分	班別討論（5分） 発表（5分） 本時のまとめ 相撲の問題の解題 振り返り小テスト	※摩擦力の存在に気付く ポイント：力の働き先を意識しよう。作用と反作用は働き先が異なる 着目物体に働く力だけを描くように強調する	討論への取り組み姿勢 振り返り小テストによるポイントの定着度測定 力の矢印が過不足なく正しく描けること

3. 学習指導案の解説

　本時の展開について解説します。本時の目標はまず「作用と反作用の2力と，つり合っている2力の区別がつけられるようになる」ことですから，初めに中学校の既習事項として「2力のつり合いの条件」を確認しておきます。生徒は「等大，反対向き，同一作用線」というつり合いの条件は容易に納得できますが，「作用と反作用は，同時，等大，同一作用線上，反対向きの2力だが，2力のつり合いと同じではないのか？」と発問すると大いに悩みます。この時点では答えを保留して，次の課題に進みます。

　次の課題は「押し相撲で勝った力士Aと負けた力士Bが，互いに相手に及ぼしていた力はどちらが強かったか？」という問題です。まず自分の考えをまとめさせ，「A→Bの力が強い」「等しい」「B→Aの力が強い」の3択でグー・チョキ・パーや3色の色紙を上げさせるなどの方法で同時解答させます。大衆応答システム（クリッカーなど）が使用できる環境があれば，瞬時に集約・グラフ表示もできてなお効果的です。大半の生徒は勝った力士「Aの力が強い」を支持するでしょうが，少数意見も大切にして班内で討論するよう指導します。

　ここでも結論は出さず「A→Bの力とB→Aの力は，作用と反作用の関係で等大でなければならない。ではなぜAは勝ったのか？」とたたみかけます。揺さぶりをかけたところでクライマックスの「電車の綱引き」演示実験が登場します。

　この実験は百円ショップの電池駆動の電車のオモチャ2台を互いに逆向きにつないで引き合いをさせる演示です。準備として動輪の滑り止めゴムを外しておくのがコツです。2台とも同じ条件なら車輪がスリップするだけでどちらにも進まないでしょう。ここまでは生徒の予想通りです。

　次に，一方の電車の電池を，使い古して起電力が落ちた「弱った電池」に取り

替えます。他方の「新しい電池」の電車と併走させて、速さが歴然と違うことを示した後、再び2台を互いに逆向きにつなぎます。スイッチを入れる前に「強い方が勝つ」「引き分け」「弱い方が勝つ」の3択で予想を同時解答させ、若干の討論の後、実験で決着します。結果は意外にも「引き分け」になります。

最後に「弱い方におもりを載せてさらに負荷をかけたら？」という追加実験を行います。電池の起電力にかかわらず、おもりを載せた方が必ず勝つ、という結果になります。ここで、摩擦力が重要な働きをしていることに気付かせます。

物体A，Bが互いに及ぼし合う力は作用反作用の関係にありますから常に等大ですが、これを「つり合う」と言ってはいけません。つり合いは合力が0になることですが、力の合成は「同一物体」に働く力についてのみ行うことができます。作用と反作用はそれぞれ「異なる物体」に働く力なので合成することはできません。したがって、つり合いを論じることさえできないのです。

押し相撲も綱引きも勝負は摩擦力が決め手になります。一方が相手から受ける力と地面や床から受ける摩擦力の合力で、加速の向きが決まります。力はその受け手を意識することが、ことさら重要であることを最後に強調してまとめとします。

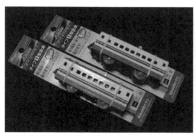
写真1：電池駆動の電車のオモチャ

写真2：おもりを載せた電車の綱引き

4．単元指導計画
(1) 単元名：高等学校「物理基礎」(1) －(イ) －㋒運動の法則
(2) 単元目標：
・物体に一定の力を加え続けたときの運動に関する実験を行い、考察する。
・物体の質量、物体に働く力、物体に生じる加速度の関係を見い出して理解する。
・運動の三法則に基づいて力学的現象を説明できる。

(3) 単元指導計画　（授業時数：全6時間）

学習内容	時数	主な学習活動	関心・意欲・態度	見方・考え方	理科的な技能	知識・理解	評価規準・備考
さまざまな力と力のつり合い	1	中学校で学習した静力学の内容の復習 力がベクトルであること 矢印による表現・力の合成			○	○	中学既習事項の定着度 図示表現の技能
運動の法則1	2	力学台車による生徒実験	○		○		実験への取り組み姿勢
運動の法則2	3	前時の実験のデータ処理 実験結果についての考察	○	○		○	討論活動への取り組み姿勢レポート
運動の法則3	4	慣性の法則・運動の法則 運動方程式と力の単位		○		○	概念理解度 速度と加速度の分離
作用反作用の法則（本時）	5	作用反作用と力のつり合いの違い 電車の綱引き実験と考察	○	○			討論活動への取り組み姿勢
力の見つけ方と運動方程式の立て方	6	1物体に着目して力を図示し運動方程式を立てる		○	○		見方・考え方を総合的に働かせる

5．単元指導計画の解説

　前ページから示したのは「運動の法則」の単元の指導計画です。応用やまとめの時間が後に続きますが，ここでは「作用反作用」の本時を含む6時間分を掲載しました。

　前の単元では等加速度運動や重力による運動など，運動学について学習しています。この単元では「力」が主役なので，まず中学で学習した力の種類をおさらいし，張力や摩擦力を追加して，力がベクトル量であることを学習します。対象生徒が数学でベクトルを学習しているかどうかを担当教諭に確認し，それを踏まえて学習計画を立てます。

　定番の力学台車と記録タイマーを用いた生徒実験などで，一定の力が働くとき

に等加速度運動が起こることを確かめ，運動の法則（第2法則）の定式化へと進みます。ここで初めて，中学で既習のニュートン（N）という力の単位が，正しく定義されます。中学校では「約100gの物体に働く重力の大きさ」などと曖昧な表現でお茶を濁してきたところで，生徒は釈然としないものを感じていたはずですから，重力に頼らない力の単位の定義の意義をしっかり理解させたいところです。

　さて，「力」という用語は日常語としても浸透していますが，実はたいへん難しい概念です。特に，力は目に見えない物理量であるため，物体がどのような力を受けているかは思索と推論によって判断するほかありません。力をもれなく発見でき，正しく図示できれば力学の問題は解けたも同然です。

　この単元の終着点である，運動方程式の立式のためには，それまでに身に付けた「見方・考え方」を総動員して，着目物体に働く力をもれなく見つけ出し，その向きや大きさを判断し，それらの合力を求めることが必要になります。そのための重要なステップとして「力の受け手」を見極めるスキルを身に付けることが求められ，その際「作用反作用の法則」が重要な役割を果たします。

　生徒のほとんどは当初，「作用反作用」と「つり合う2力」を混同すると予想されます。これは力の矢印の長さや向きにのみ注目して，その力が作用している物体，すなわち「力の受け手」を意識していないことによります。筆者はこれを「力の持ち主」と呼んで，「自分自身の財産なら合計してよいが，持ち主の違うお金をむやみに足し算してはいけない」といった比喩で教えてきました。力の合成は同一物体に働く複数の力についてのみ行うことができます。力を見い出して図示する際には，「何から何に働いている力か」を必ず意識し，受け手の物体ごとに矢印を色分けするなどして明確に区別する習慣をつけましょう。

　物体の運動を考える際，運動方程式の立式に先立って，まず①着目物体を1つだけ定め，②その物体に働く力だけをもれなく図示し，③それらの合力を求める，というプロセスを着実に踏む必要があります。多くの生徒がつまずくのは，①で複数の物体に気を散らしたり，②で他の物体に働く力まで加えたり，逆に必要な力を見落としたりといった過誤です。本時（5時間目）の学習は，運動の法則をマスターするために欠かせない重要なステップですので，ALの技術も駆使して丁寧に扱い，生徒の納得を得たいものです。

〔山本　明利〕

<参考文献>
1）板倉聖宣『仮説実験授業のABC・第5版 ―楽しい授業への招待』仮説社, 2011
2）エドワード・F・レディッシュ著　日本物理教育学会監訳『科学をどう教えるか　アメリカにおける新しい物理教育の実践』丸善出版, 2012
3）Mazur, E., *Peer Instruction：A User's Manual* (*Pearson Series in Educational Innovation：Instructor Resources for Physics*) Benjamin Cummings, 1996.
4）新田英雄「ピア・インストラクションとその分析」『大学の物理教育』第20巻第2号 pp.71-74, 2014.
5）David R. Sokoloff, Ronald K. Thornton *Interactive Lecture Demonstrations, Active Learning in Introductory Physics* Wiley, 2004

1-3 楽しく分かる化学の授業（中学の例）

1．中学校の化学分野の特徴

　中学校の化学分野では「物質や物質が関係する現象の規則性を通じて巨視的観点および微視的観点からの物質観を確立させる」ことが大きなねらいになります。巨視的観点では，同定（その物質がある特定の物質であることを確認する）と区別（似ている2種類以上の物質が異なる物質であることを確認する）の違いを強調することが望まれます。微視的観点では，粒子の概念を用いながら，物質のふるまいや組成について考察するのですが，これは「目には見えないが，実験結果から推定すると存在している」といった，いわば「概念的な存在」を理解するための入口です。

　ここでは，中学校の化学分野の入口として，区別することに関する授業展開例を紹介します。科学の歴史において，「区別すること」が化学の起源の一つであったことなどにもふれながら授業を進めると興味深いものになるでしょう。また，生徒によっては「理科は暗記科目」ととらえている場合もあります。しかし，科学はそもそも内容ではなく方法に重きを置いている学問体系ですので，そのような認識を変化させるためにも，このような「方法」に着目させる機会は意味のあることだと言えるでしょう。

2．水と食塩水を見分ける方法　～何種類考えられるだろうか？

　中学校第1学年の化学分野の導入部分です。「見た目が同じである水と食塩水」を区別する方法を考え，実際に実験し，確認をしていくことは，その後の理科学習の基礎をつくる上でも効果的です。

　実際の指導では，まず，「水と食塩水を見分ける方法をノートに書き出してみましょう。まわりの人と相談してもよいので10個を目標に」などと指示を出します。

　経験上，比較的最初に出てくる答え（便宜上，番号を付けます）は，「①同じ体積で重さを比較する（密度の違いの利用）」「②同じ重さで体積を比較する（これも密度の違いの利用）」「③卵などを入れて浮くかどうか調べる（これも密度の違いの利用）」「④凍ったときの温度を測る（凝固点降下）」「⑤蒸発させて残るものがあるかどうか調べる（蒸発乾固）」などです。これ以降は厳しくなってくるのですが，「残りを先生が言ってよいですか」と言っても，たいていの生徒は自分で考えたい

との意思表示をします。そして「皮をむいたリンゴを入れて，赤くなるかどうか調べる」とか「ナメクジを入れる」などなど，若干苦しまぎれの答えが出始めます。こういった答えについては，それぞれについて関連した知識を紹介するとよいでしょう。例えば「ナメクジを入れる」という答えはスマートではありませんが，高校で学習する浸透圧に関するものです。その一方，「リトマス紙につける」，「BTB溶液を入れる」などといった誤答も出始めます。そのようなときは，なぜ違うのかを全体で確認すると，今後の理科学習のためにもなります。

残りの方法に気付かせるために，「理科室にある道具や器具で確かめられます」と言うと，「⑥電気が流れるかどうか調べる」という答えが出るかもしれません。また，生徒の学習状況によっては，「⑦真水をたらし，もやもやが見えるか確かめる（シュリーレン現象）」「⑧炎色反応を見る」「⑨沸騰したときの温度を測る（沸点上昇）」といった答えが出てくるかもしれません（ただし，沸点上昇については，生徒実験で明確な温度差を確認することは困難です）。

一通り出てきたところで，それぞれの見分け方について生徒実験を設定させます。どれか一つ（またはいくつか）の方法を選択し，目的を明確にした実験計画を立て，実際に実験を行うことで，器具や手法についての基本的な知識や技能を確認することができます。

ここで興味深いこととしては，「①同じ体積で重さを比較する」「②同じ重さで体積を比較する」「③卵などを入れて浮くかどうか調べる」などは，密度に関係する方法です。密度を学習する前段階であっても，生徒の自然な発想の中には，密度に関する概念がすでにあることが分かります。「④凍ったときの温度を測る」といった温度にかかわるものについては，温度計の使い方が関係し，「⑤蒸発させて残るものがあるかどうか調べる」「⑧炎色反応を見る」については，ガスバーナー，マッチ，蒸発皿などの扱い方が関係しています。「⑥電気が流れるかどうか調べる」では，電源装置や乾電池に関してふれることができます。学習状況によっては，電気と電流の語句の区別について考えさせてもよいでしょう。

3．横断的な視点のために

「⑦真水をたらし，もやもやが見えるか確かめる」については，興味深い点があります。ここで「シュリーレン現象」の語句にふれる必要はありません。ただし，光の屈折率の変化で起こるこの現象は，溶液だけに特有なものではなくて気体においても見られる現象です。教室を暗くして液晶プロジェクターなどのライトを

壁（できれば白い壁）やスクリーンに向かって投影します。そのライトの中で，例えば炎のついたロウソクなどをかざしてみると，ロウソクの炎の付近に「もやもや」した影が見えるはずです（写真1中央部分を参照）。液体でも気体でも，光の屈折という視点でこの現象を説明することが可能です。さらに発展させて，気象の学習時に紹介される「逃げ水」にふれてもよいでしょう。

このように，一見違った現象も，実はある一つの原理でつながっていることを実感させれば，生徒に横断的な視点を意識させることにつながります。

写真1：気体のシュリーレン現象

4．学習指導案の例

(1) 本時の項目：第1学年「身の回りの物質とその性質」水溶液の性質

(2) 本時のねらい：身の回りの物質とその性質に関する事物，現象の中に問題を見い出し，目的意識を持って観察，実験などを行い，物質の固有の性質と共通の性質，特性などについて自らの考えを導き，表現させる【科学的な思考，表現】。

(3) 本時の展開案

1時間の展開例（全 26 時間の 18 時間目）

過程	学習活動	教師の働きかけ	留意事項
	学習課題：水と食塩水を見分ける方法をできるだけたくさんあげよう		
導入	水と食塩水を見分ける方法について，既習事項を思い出しながら，できるだけ多くノートに記述する	・水と食塩水を見分ける方法について考えさせる ※「口に入れる」は，物質の分類方法としては適切ではないことを確認する	小学校までに学習してきた事項を用いればよいことを伝える
展開	理科室にある器具（電源装置）の利用形態などから，見分ける方法を考える ※例えば，電源装置からは「電流を流す」が想起されるとよい	・最初の指示で出てこなかったものについては「理科室にある道具や器具を使って見分けます」といったヒントを与える	
整理	出された方法の一つひとつについて，確認していく	・生徒から出された方法のそれぞれについて，正誤を理由とともに説明する	他単元での学習事項との関連にもふれる

発展	出された方法から1つ選択し，区別するための実験計画を立てる ※グループごとの実験とする。 ※結果と結論についても予想を立てておき，実験時に注目すべき箇所を明確にしておく	・実験計画を立てさせる ※何が明らかになれば区別できたことになるのか，方法ごとに確認する	結果と結論を区別することを伝える

(4) 本時の評価：結果と結論の関係に留意しながら，水と食塩水を区別するための実験計画を立てることができたか。

5．単元指導計画
(1) 単元名：中学校第1学年「身の回りの物質」
(2) 単元目標：身の回りの物質についての観察，実験を通して，固体や液体，気体の性質，物質の状態変化について理解させるとともに，物質の性質や変化の調べ方の基礎を身に付けさせる（『学習指導要領解説 理科編』p.35）。
・章立てや展開は，中学校理科教科書『新しい科学1年』（東京書籍，2011）を参考にして作成した。

(3) 単元指導計画

（授業時数：全 26 時間）

章	学習内容	時数	授業展開の概要
1	身の回りの物質とその性質 1) 物体を物質で区別する	1	・身近なものを実際に示し，物体と物質の違いについて理解させる ※定義をすぐに提示するのではなく，「これは何でしょう」などと，実物を提示しながら発言させ，その結果を教師が物体と物質に分けていくとよい
	2) 金属と非金属	1	「金属と非金属でない物質とでは，どのような性質の違いがあるのだろうか」 ・金属光沢など，金属と非金属を区別する観点について整理する ※磁石につくことが金属の条件であると考える生徒もいることに留意する
	3) 金属を区別する	1	「金属を区別するにはどうすればよいか」 ・比較するときの発想（何かの単位に揃えること）を既習事項と関連づけながら確認する ・密度の定義について「単位量あたりの大きさ」に着目させて理解させる

	4）白い粉末を区別する	2	「食塩や砂糖など，白い粉末を区別するにはどうすればよいか」 ・有機物と無機物の違い，また，なぜそのような区別の視点が必要であるのかについて理解させる
	5）プラスチックを区別する	1	「プラスチック同士を区別するためにはどうすればよいか」 ・プラスチックの役割と重要性について考えさせる ・既習事項を活用すれば，おおまかに区別できることを示す
2	気体の発生と性質 1）気体を区別する	4	「二酸化炭素，酸素，窒素，水素，アンモニアの特徴を整理しよう」※ 気体の実験時には，安全に十分配慮する
3	水溶液の性質 1）物質が水にとけるとは	7	「水にとけるとは，どのようになることなのか」 ・時間が経っていくと溶質が溶媒の中で一様に広がることを身のまわりの具体例と関連付けて理解させる ・濃度の考え方を示す ※小学校の算数で学習した割合の考え方を当てはめる。具体的には，「溶液全体の質量」が「もとにする量」，「溶質の質量」が「比べられる量」ということになる
		1	「水と食塩水を見分ける方法をできるだけたくさんあげよう」 【本稿の展開事例】 ・見分ける方法をできるだけたくさんあげ，実験を行う
		1	「水にとける量に限度はあるのだろうか」 ・実験のまとめで，食塩やミョウバンなど特徴的な物質を例に，溶解度などの意味を理解させる
4	物質の姿と状態変化 1）物質の状態変化	1	・物質の三態についての基本事項（気体は見えないものが多いこと，湯気は気体ではないこと，熱が加わると膨張するものが多いことなど）を確認する
	2）状態変化するときの体積と質量	3	「例えば，ロウが状態変化するとき，体積や質量はどうなっているのだろうか」 ・実験や観察を通して，「物質は状態変化しても質量は変わらないこと」をとらえさせる ※水は固体になる際に膨張することを確認する
	3）状態変化するときの温度	3	「状態変化の温度は，どの物質でも同じなのだろうか」 ・温度変化の特徴（特に温度が一定となって推移する現象）について，実験を通して確かめさせる

(4) 単元学習全体の評価：物質を区別する際の基本的な考え方や手法が身に付いているか。

［森 健一郎］

1-4 楽しく分かる化学の授業（高校の例）

1.「化学のメガネ」で見てみよう

　五感で感じることができる化学の現象は，色が変わったり音がしたりして生徒たちには人気があります。その反面，それらの現象の仕組みは目に見えない粒子で説明されています。初めから原子やイオンなどの粒子を教え込むのではなく，そのような粒子を想定したらどのようになるかを想像する楽しさを生徒たちが感じる必要があると思います。このような身のまわりの自然やものを実際には見えない非常に小さな粒子（原子，イオンや分子など）が見えると仮定した「化学のメガネ」で見ると，どのように見えるでしょうか。

　例えば，犬の糞が臭うのは，糞の粒子が蒸発し空気中を漂い私たちの鼻にその粒子が入り，臭いと感じるのです。これは，粒子が熱運動する物理変化です。

　化学変化は，目に見えない原子や分子などの組み換えで起こり，性質が異なる物質に変化します。また，その粒子の数は変化しません。

　この世界では化学式や化学反応式は，「言語」「通貨」です。その言語は，粒子の記号として元素記号や化学式になっていきます。元素記号や名称はそれぞれ由来があります。元素記号 H は Hydrogenium の頭文字で，hydro はギリシャ語由来で「水」，genium は「生むもの：素」で，日本語に訳すと「水の素」，水素となります。例えば，英語で Hydrogen（Hydro 水 gen 生む），ドイツ語で Wasserstoff（Wasser 水 stoff もの）で似ています。よく出てくる元素記号や名称は，生徒たちの名前の由来と同様に，その由来を大切にしていくとよいと思います。

2. 化学式や化学反応式は覚えるものか？

　化学式や化学反応式を丸暗記している生徒をよく見かけます。私の経験ですと，化学式を学ぶ最初の段階では種類も少ないこともあり，暗記のみでもテストで何とかなり，化学式は暗記するものと信じている生徒が多くいると感じています。

　そのために，「化学式はルールに基づきつくることができ，学んでいない物質の化学式もつくることができ，化学式は暗記するよりつくる方が有効な方法であること」をしっかりと認識させたいです。そうすれば，今後の化学反応式は原子やイオンなどの組み換えであることや，元素ごとに質量が異なることも理解しやすくなり，高校での物質量の学習のとき，学習しやすくなります。

3．組成式のつくり方と名称

イオンの性質（含：実験）やイオン生成の仕組みの学習後，イオンからなる物質（イオン結晶）とその表し方である組成式のつくり方と名称を付ける授業は，イオンカードを利用して多くの先達が実践していると思われます。イオンカードは，イオンの組み合わせにより全体として電気的に中性になることを，視覚的に理解しやすくするものです。

(1) やってみよう

［課題］イオンカードで組成式をつくってみよう。

［方法］

①図1のようなイオンカードを紙でつくる。陽イオンは1種類につき2個，陰イオンは1種類につき3個つくる（中身と同様の種類と数を印刷した封筒に，あらかじめ用意しておくと整理が簡単）。

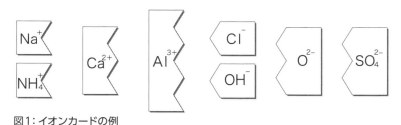

図1：イオンカードの例

②図2の組み合わせのように，図3「組成式のつくり方」を参考にし，イオンカードの陽イオンと陰イオンの組み合わせでできる組成式を，表1（次ページ）の上部に書く。

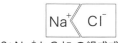

図2：Na^+とCl^-の組成式 NaCl イオンカードの組み合わせ

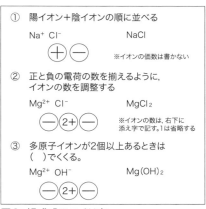

図3：組成式のつくり方

1-4 楽しく分かる化学の授業（高校の例）

③図4「組成式の名前の付け方」を参考にし，イオンカードの陽イオンと陰イオンの組み合わせでできる組成式の名称を表1の下部に書く。

表1：陽イオンと陰イオンの組み合わせでできる組成式と名称

陰イオン＼陽イオン	Cl^-（　　　）イオン	O^{2-}（　　　）イオン	OH^-（　　　）イオン	SO_4^{2-}（　　　）イオン
Na^+（　　　）イオン				
Ca^{2+}（　　　）イオン				
Al^{3+}（　　　）イオン				
NH_4^+（　　　）イオン				

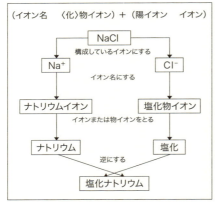

図4：組成式の名前の付け方

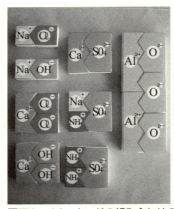

写真1：イオンカードの組み合わせの例

【生徒の反応】

　生徒たちは何でもモノが出てくるとワクワクします。この課題は説明だけで分かる生徒にしてみると簡単ですが，そうでない生徒には一大事です。特に図3「組成式のつくり方」の②が理解できないのです。そこで，思考を手助けする具体的な道具になるのがイオンカードです。初めは，使い方や考え方が分からない生徒も，しばらく手を動かしてやっているうちに「分かった」と声を上げます。授業後に「パズルみたいで面白かった」「化学式ってつくれるんだ」と口々に言ってきます。特に，過去に化学式を覚える苦労をした生徒は，「もっと早くイオンカードを使わせてくれればよかったのに」「化学式は原理が分かれば覚える必要がないんだ」と恨み節を言ってきます。生徒から，イオンカードを使うのが「めんどうく

さい」と出てくればしめたものです。作業を通してルールを理解し，ソロバンの暗算のように，イオンカードがなくても組成式がつくれるようになれば目標達成です。

4．授業の解説
(1) 化学と想像力

化学を学ぶ醍醐味の一つに，目に見える巨視的（マクロ）な物質と目には見えない微視的（ミクロ）な粒子を統合できるところがあります。そのため，巨視的な現象から微視的な世界を「想像する」ことが非常に大切となります。しかし，日常の感覚が通じない世界で，分かったという感覚が得にくいという問題点があります。見えないものをいろいろと想像して考えることは，何もないところからはできません。また，想像力を膨らませるような状況をつくっておいてから知識を持たせないと，その知識は生かされません。

そこで，想像力を引き出すためには，具体物とのかかわりが大切となります。具体物が持っている大きな力の一つに，想像力を引き出すことがあります。具体物は教えてくれるものに満ちています。具体物を見て考えることは，科学的思考とつながると同時に，想像力を引き出します。科学は論理だけで，想像力は芸術だけが生み出すのではなく，科学の原点も想像力だと考えます。科学には想像力が必要です。このような意味で，実験や実習など具体的な操作は重要になります。さらに，学校における体験だけでなく，校外のさまざまな体験も大切となります。

ところが，生徒たちには，巨視的な目に見える物質にふれ，実験をしても，微視的な粒子のミクロな概念との統合は非常に難解です。そこで，巨視的世界と微視的世界をつなぐ，モデルや模型が必要となります。そのため化学には，原子モデルから始まり分子模型など，いろいろな具体物があります。

ここで紹介したイオンカードは，イオンからなる結晶の化学式である組成式のつくり方に目的を絞った，具体的な操作が可能な模型です。組成式をつくるとき，最も問題になるのは正の電荷と負の電荷の総数を揃えるために，イオンの数を調整するところです。最小公倍数を考え，それぞれの価数で割ればイオンの数は算出できます。しかしイオンカードは，計算として定量的に求めるのではなく，感覚的に求めることができるようにした模型です。これが分かれば，多原子イオンが複数あれば（ ）でくくることなども理解しやすくなります。

(2) モデルや模型の可能性と限界

　本授業の特徴は，イオンカードを利用とともに，組成式のつくり方と読み方のルールを明確で単純に説明することにあります。ルールが明確かつ単純であれば，生徒もいろいろな化学式を暗記するよりも，ルールを適応させた方が楽でよいと感じます。そして，ルールを学習したら，実際に使って便利さを実感させます。

　初めはイオンカードを利用しても，分かってくると不要になります。そして，暗記するよりも考えることに価値を感じるようになります。そうすれば，生徒たちは暗記よりも考える習慣ができるようになります。このような理解が進むと，化学反応式や物質量などについても理解しやすくなると思います。例えば，ブロックを原子と考えれば，化学変化はブロック遊びです。組み立てブロックをつくっては壊し，壊してはつくる。そうすると，原子そのものは変化せず，その再配置（組み替え）だけが起こります。高校の化学は中学校の化学と比べ，現象・反応の多様化と定量化が進み，難易度が高くなります。このような中で，科学的な想像は非常に大切でかつ有用なものです。特に，定性的で数えることができる程度の定量的なイメージは，数式を扱う場合にたいへん心強いものとなります。

　しかし，モデルや模型には表現できる現象に限界があることを理解して使う必要があります。当然，イオンカードの弱点があります。このイオンは，イオンの大きさが対応しておらず，形が粒子のイメージとかけ離れています。例えば，多価イオンや多原子イオンは異常に大きくなってしまいます。また，実際のイオン結晶は多数の陽イオンと陰イオンからなっていますが，組成式やイオンカードが表しているものは，成分元素の原子の数を最も簡単な整数比で表している点にも注意が必要です。このように，モデルや模型は，何らかの点を強調するために，実際と異なることがあるのが普通です。この点を注意して指導する必要があることに留意してください。

5. 分子式および構造式理解のための構造式模型

　酢酸は，次のようにさまざまな化学式や模型で表すことができます。これは，初学者にとっては，それぞれが別のもののように見えて非常に厄介なものになります。

　多様な化学式や分子模型はすべて同じ酢酸を表していますが，その意味が異なり，その物質の性質やかかわる反応を理解するために非常に大切なものです。

　構造式を理解するためには，元素ごとの結合手（価標）を基本的にすべてつな

図5：酢酸の分子の化学式と分子模型

ぐ必要があります。これをイオンカードを使って理解するように，球—棒分子模型（スティックボール型の模型）を使う場合がありますが，炭素原子には6つの穴，酸素原子にも6つの穴，水素原子には2つの穴があります。先ほどの原理のように，すべての結合手を棒で基本的にすべての穴にはめるようにすると，生徒たちは大きな壁に当たります。そこで構造式を理解するために球—棒分子模型を用い，構造式をつくるために，基本的な要素だけに絞り込んだ構造式模型を新しく考案しました。これは，円柱（ペットボトルの蓋などを使用）を原子に見立て，原子ごとの結合手に穴を開けます。それを釣り具用のゴムですべて結合させます。こうすると写真2のように，立体的ではなく平面的な，高校で学習する構造式とほぼ同じような模型ができます。この構造式模型は，結合手の穴の数が原子により決められているため，球—棒分子模型のように穴の数に惑わされずに構造式をつくることができます。　　　［寺田 光宏］

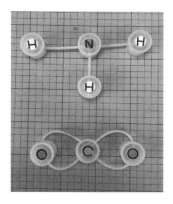
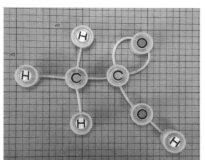

写真2：アンモニア，二酸化炭素，酢酸の構造式模型の例

＜参考文献＞
盛口襄『高校化学教育　その視点と実践』新生出版, 1984, p.39.
松井孝典他『理科総合 A』東京書籍, 2007, p.44.

画像（空間充填モデル）：molekuu/123R

1-5 楽しく分かる生物の授業（中学の例）
遺伝ってすごい！── 「命が大切」と思える授業

1．遺伝の授業で何を教えるか？

　皆さんは，中学の遺伝の授業とはメンデルの法則の理解のことだと思っているのではないでしょうか。しかし，ここでは遺伝のしくみだけでなく，遺伝の本質を教えたいものです。遺伝の本質とは，簡単に言えば「遺伝子（DNA）の受け渡しと形質発現により親と同じ生物（種）をつくり，同時に有性生殖や突然変異等によって，同じ親からでも多様な（変異のある）子を生み出すこと」という一見矛盾した働きと言えます。そのためには，「親から子」「エンドウマメ」という狭い世界ではなく，「種」や「多様性」を基盤とし，生物界を見渡せ，自分自身の理解も深める本質的な概念を扱う授業をつくっていく必要があります。

　遺伝学（Genetics）は，ウィリアム・ベイトソン（W.Bateson）によって遺伝（heredity）と変異（variation）の学問として提唱されたものです。残念なことに，日本の遺伝教育ではこのうちvariationの概念・内容がほとんど抜けており，それが遺伝の学習をつまらないものにしている大きな要因と考えています。

(1) 単元の指導計画（5時間扱い）

項　目	時数	指　導　内　容
1．遺伝と遺伝子	1	・生殖とは，親が子に染色体を伝えて同種をつくり出すことである ・親の形質は，染色体（遺伝子）によって受け継がれる ・染色体の数や形はそれぞれの生物で決まっており，親から違う生物が生まれることはない ・生殖細胞ができるときには，減数分裂が行われる
2．遺伝と変異	1	・同じヒトでも一人ひとり形質の違いがあり，自分とまったく同じ形質のヒトは世界中に一人もいない ・メンデルによって，遺伝のきまりが発見された ・耳垢の乾湿等の遺伝は，メンデルの法則で説明できる
3．有性生殖と多様性	1	・ヒトの男女比は1：1で，性染色体の組み合わせによって決まる ・受精により遺伝的に多様な個体ができ，ヒトの場合1組の両親から70兆通りの染色体の組み合わせの子ができる ・多様な個体ができることは，種の存続にとって意味がある
4．DNAの働き	1	・遺伝物質はDNAであり，細い糸状の物質である ・DNA鎖の中に，形質発現にかかわる部位（遺伝子）がある ・遺伝子はタンパク質をつくるもとになり，それによって形質が決まる

5. 遺伝子操作技術の利用と是非		1	・DNAの変異が形質を変え，病気を起こすことがある ・インスリン製造のように，遺伝子工学により助けられている例がある ・遺伝子組換え作物は，その利用について賛否が分かれている（遺伝子組換え作物の是非を考える）

(2) 授業の実際：2,3時間目「遺伝と変異」「有性生殖と多様性」

　この授業では，生徒を引き付けるための「しかけ」があります。それは，当たり前とされていることや，生徒が関心を持つ事象から発問をつくり，それを解いていく中で科学概念を獲得させていくという流れです。例えば「ヒトの子はなぜヒトになる？」から「種は種の形質を伝える」へ，「形質がすべて同じ人はいる？」から「メンデルの法則」へ，などの流れです。遺伝の授業では，「きょうはメンデルの法則についてやります……」などと導入される場合がありますが，これでは生徒にとって解きたい問題ではありません。授業は，学ぶことが楽しく，学んだことが生徒個人の生活に活きるものでありたいと思います。

☆本時（2,3時間目）の指導計画

過程	学習活動	教師の支援	指導の留意点
導入	○まぶたの一重，二重など対立形質がはっきりした自分の形質を調べる ○10個の形質がすべて同じ生徒がいるか確かめる	□同じヒトでも形質に違いが見られる。自分の形質を調べてみよう（ワークシート利用）	◇自分の形質の判別がつかない生徒には，個別に対応する
展開1	○メンデルの実験について説明を聞く	□読み物を使って，メンデルの実験方法と遺伝モデルを説明する	◇ここでは法則名は扱わない
	課題1：髪の毛の直毛・くせ毛は，遺伝すると考えられています。では，両親ともくせ毛から，直毛の子ができることがあるでしょうか		
	○図を書いて考え，発表する	□メンデルの実験結果を参考に考えさせる	
展開2	課題2：A型とB型の夫婦からできる子どもは，何型が何%の確率で生まれるでしょうか		
	○図を書いて考え，発表する	□親の条件によって確率が変わることを説明する	◇遺伝子によっては，法則通りにならない場合があることを付け加える
	課題3：男，女という形質の違いは，何から生まれるのでしょうか。また，性別がほぼ1：1になるのはなぜでしょうか		

展開2	○知っていることを発表する ○性染色体の，子への伝わり方を図で考える	□ヒトの染色体の写真を示し，常染色体と性染色体があることを説明する	
	課題4：ある両親から生まれる兄弟・姉妹は，染色体の組み合わせから考えて何通りありますか		
	○考えて発表する ○膨大な数になることを理解する	□考え方のヒントを出しながら生徒に考えさせていく	
	課題5：どの生物もたくさんの違う形質をもった子をつくることは，その生物にとって何かいい点（メリット）があるのでしょうか		
	○考えて発表する ○絶滅を防ぐ可能性があることを理解する	□考えが出そうもないときは，「すべて同じだと不都合があるだろうか」と問う	◇ヒトのことだけ考える生徒がいるので注意する
終末	○ノートに分かったこと，考えたことをまとめる		

(3) ＜2時間目＞「遺伝と変異」

まず，同じヒトでもまったく同じではないことを考えていきます。
①ヒトの子は必ずヒトですが，同じヒトでも形質に違いが見られます。それを変異といいます。次の10種類の形質を，自分で調べてみましょう。

a）まぶた（一重，二重）	b）巻き舌（可，不可）	c）耳垢（乾，湿）
d）福耳（有，無）	e）えくぼ（有，無）	f）土踏まず（有，無）
g）親指のそり（可，不可）	h）人さし指と薬指（どちらが長いか）	
i）手を組む（左上，右上）	j）髪の毛（直毛，くせ毛）	

　a）～j）までの形質を簡単に説明した後，生徒に自分の形質を確認させます。その後，まず全員を立たせ，a）から順に対立形質それぞれの人数を，手をあげさせて確認します。人数が少ない形質の方を順次座らせていきます。それをj）まで行って，10の形質が全部同じ生徒が何人残ったかを確認します。残るのは多くても3人で，たいてい1人（つまり，すべて同じ人は0人）しか残りません。

　その後，次の説明をします。「今，多い形質の人を残しても○人（実際の人数を言う）しかなかった。それより前に座った人は，より少ない形質だから，すべて同じ人はおそらくそれよりも少ないだろう。ヒトの形質を頭から足まですべて数えたら数千，数万になるかもしれない。10の形質でもクラスの中に同じ人がほとんどいないのだから，数千，数万となると，すべて同じ形質は世界中探し

てもまずいない」。

この後「分かったこと」を簡単に書かせます。

② ①であげた形質は，ほぼ遺伝によって決まるといわれています。なぜ遺伝だと分かるようになったのでしょうか。

ここではメンデルの実験と結果の解釈をごく簡単に図示しながら説明します。法則名は扱わず，優性（顕性）と劣性（潜性）の意味を説明し，対立遺伝子がそれぞれ別々に子に伝わると考えると，実験の結果が説明できることを説明します。この法則に当てはまれば，遺伝で決まると考えられます（ただし，上にあげた形質は遺伝子が確定されていないものも含まれ，遺伝以外の要因によっても変化する場合もあります）。

以上の説明が理解できたかを確認するため，以下の問題を出します。

③ 髪の毛の直毛・くせ毛は，遺伝すると考えられています。では，両親ともくせ毛から，直毛の子ができることがあるでしょうか。

予想と理由を書かせます。分かった生徒に発表させ，教師が結果を確認します。ここでは条件として，くせ毛が優性であるとき，4分の1の確率で直毛の子ができることを確認します（生徒に聞くと「誰々がそうだ」などと言います）。

(4) ＜3時間目＞「有性生殖と多様性」

前時の内容の復習も兼ねて，次の問題を出します。

① 血液型の遺伝は，メンデルの法則に従います。この場合，A型とB型の遺伝子はどちらも優性で，O型の遺伝子が劣性です。ではA型とB型の夫婦からできる生徒は，何型が何％の確率で生まれるでしょうか。

A型とB型にはそれぞれ2通りあることを，優性（顕性），劣性（潜性）の確認も兼ねて説明します。その後，前時の考えを使って，自分の説明を図でワークシートに書かせ，発表をさせます。ここでは，親がホモかヘテロかによって答が変わることを板書しながら確認します。

② 男，女という形質の違いは，何から生まれるのでしょうか。また，性別がほぼ1：1になるのはなぜでしょうか。

男女の性別がいつ，どう決まるのかを予想させます。生徒はほとんど知りません。そこで，男女の染色体の図を示し，性が受精の瞬間に決まることを説明します。その後，男女が1：1になる理由を考えさせます。この段階では，多くの生徒が答を出せるようになります。

ここまで，さまざまな形質の違いをやってきましたが，同じ親から生まれる子

でも，遺伝的に多様な子ができることを示すため，次の問題を出します。
③**ある両親から生まれる兄弟・姉妹は，染色体の組み合わせから考えて何通りありますか。**

　問②の染色体の組み合わせの考えをもとにして，それが23対あることから，何通りの組み合わせができるかを考えさせます。単純にするため，精子が何通りできるかについて，考え方の途中までを図示しながらヒントを出します。生徒の考えを聞きながら，精子，卵ともに2の23乗で839万通りできる可能性があること，一組の両親からできる受精卵は70兆通り以上の可能性があることを板書します。そのことから，一人ひとりが世界で唯一の人間であることを，前時に続き再度確認します。その後，分かったことを簡単に書かせます。実際には，染色体の組換えや突然変異によってさらに多様な子ができますが，ここでは混乱をさけるため扱いません。また，生徒から一卵性双生児についての質問が出ます。それはまったく同じ染色体を持った特別なケースであることを説明します。

④**③のように，どの生物もたくさんの違う形質を持った子をつくります。このことは，その生物にとって何かよい点（メリット）があるのでしょうか。**

　考えが出そうもないときは，「すべて同じだと不都合があるだろうか？」と問います。「何かあったときに絶滅する」などの発言のときは，「その何かとは何？」と聞き返します。最後に，それらを教師が総合して，病気や環境の変化があったときに，すべて同じだと絶滅の可能性があることを，作物を例として説明します。

　自然界の現存する生物は，多様な子をつくってきたからこそ生き残っていると考えられます。その確認をして，分かったことを簡単に書かせます。

2．授業後に生徒が考えたこと

　この授業と同様のものを高校1年生にも行ったときの感想を紹介し，この授業が生徒にとってどのような意味を持つかを考える参考にしたいと思います。

　生徒A「今回，『生物と遺伝』を勉強して，一つひとつの生物の生命の大切さというものを，改めて実感することができた。数え切れないほどの遺伝子が，その人の姿や形，性格や人格などすべてをつくっていて，この世にまったく同じものはないということを学び，とても驚いた。そして，自分も，この世界で一つしかない自分の命を，大切にしなければいけないと思った。親や，その親や，何十年，何百年も前の祖先から伝わった遺伝子が，今の自分に伝わって今の自分がいるということは奇跡だと思う」

生徒B「驚いたのが子どもは70兆ものパターンの中から1つを選び抜き生まれてくると初めて知りました。まさか兆を超えるとは思ってもいませんでした。私はその中の1/70兆の確率でこの世に誕生してこられたのだから，もっと自分の人生を充実させたいと思いました。そして，1/70兆の確率で生まれてきた者同士がこうして出会えることは本当に奇跡だなあ，と思いました。（略）そして、まだ出会ったことのない人々にたくさん出会い、様々な文化や知識を知っていきたいなあ，と思いました。」

　以上のように，学びを自分の生き方にもつなげ，世の中を遺伝（生命の連続性と多様性）の目で見ることができる生徒も生まれています。また，このような授業は，生徒の教師に対する見方も変える可能性があることを，次の生徒の感想から知ることができます。

生徒C「理科基礎の授業で遺伝について学んで，生命の大切さとともに，それが複雑なことだと思ったし，両親に感謝すべきだと，自然と遺伝について学び終わってから思えた。こんなに，難しいことを教えることができて，いつも，当たり前だと思っているようなことに新鮮さを与えることができる先生は素晴らしいと思った」

〔石渡　正志〕

＜参考文献＞
石渡正志「小・中・高等学校を見通した遺伝学習」『理科教室』星の環会，2009年5月号，pp. 26-31

1-6 楽しく分かる生物の授業（高校の例）

1．はじめに

　前回の学習指導要領改訂（2009年）の際に，生物分野で大きく変わったのは，新しい生物学の内容としての「遺伝情報とタンパク質の合成」を，それ以前の1999年改訂の学習指導要領に基づく「生物Ⅰ・生物Ⅱ」（各3単位）時代の「生物Ⅱ」から，多くの学校での必履修が見込まれる「生物基礎」に導入したことです。また，生物の遺伝子の発現についても，新しい生物学の知見を踏まえて内容を充実させました。そこで各社の「生物基礎」の教科書では，遺伝子の本体であるDNAを身近に感じさせる教材として，「DNAの抽出」の観察・実験を取り上げました。今回改訂された学習指導要領（2018年）でも，「生物基礎」の内容には大きな変更はありませんので，新しい教科書でも同様に掲載されることでしょう。

　授業用に開発されたDNA抽出実験の初出は，森田保久（1997）の第29回東レ理科教育賞受賞論文でしょうか。インターネットで検索すると，多くの方がバナナやタマネギなどを使った方法を紹介されています。（例えば，参考文献参照）。今回は，これらを参考にして私が授業で行っているやり方を紹介します。なお，DNAを抽出する材料は，比較的安価でタンパク質の割合が少なく，生徒にとって肝臓や精巣に比べて抵抗感が少ないタマネギを使いました。

2．アクティブ・ラーニング型の観察・実験

　「生物基礎」の観察・実験では，条件を変えて行った結果を比較して考察するというより，与えられた手順通りに行った現象の観察や追試実験が中心になりがちです。その上で，観察・実験の目的，材料・器具，方法，結果，感想などをまとめるレポートを書かせて終わりにしていました。教室での一斉授業に比べれば，理科実験室での授業は十分にアクティブですが，これだけでは，今回の学習指導要領（2018年）で強調されている「主体的・対話的で深い学び（アクティブ・ラーニング）」とは言えないでしょう。今回取り上げた「DNAの抽出」は，比較的短時間で済ませることができる観察・実験なので，授業時間に多少のゆとりがあります。そこで，与えられた観察・実験を通して，それらの操作の目的や意味，結果の考察などを3～4人の実験班で話し合う時間を十分に取り，主体的・対話的に深く考えさせるアクティブ・ラーニング型の授業を行いました。また，各自のレポートでは，考察や感想に加え，簡単な自己評価も行いました。

3．学習指導略案

(1) 単元名：遺伝子とその働き ―遺伝情報とDNA―

(2) 単元目標：遺伝情報の学習導入として，DNAが特別なものではなく，どんな生物（今回はタマネギ）の細胞内にもあることを知る。また，実験方法を通して細胞やDNAの特徴・性質を学ぶ。

(3) 導入：DNAはどこにあるか，取り出すためにはどうしたらよいかを考えさせる。また，このあとで学習するDNAとヒストン（タンパク質の一種）からなる染色体の構造にも簡単にふれる。

(4) 展開：詳細は次ページの生徒用プリント参照。

① 観察・実験方法を簡単に説明する。(10分)

② タマネギを1クラス分まとめてミキサーで粉砕し，このタマネギ粉砕液を各班に分け，観察・実験を行う。(15～20分)

③ プリントの【問題】(55ページ)を班で話し合いながら考える。(15～20分)
　※話し合いが早く終わった班は，抽出した物質がDNAであることを確かめる実験を行う。

④ 片付け。(5分)

写真1：ビーカーのまわりに保冷剤を敷き詰める

　※実験を行う上での留意事項
　・できるだけ冷えたエタノールを使うため，バットの中央に置いたビーカーのまわりに保冷剤を敷き詰めて，そのままの状態であらかじめ冷凍庫で冷やしておきます。授業時はこのビーカーに，冷凍庫で冷やしたエタノールを注いで使用します。

　・沈殿物がDNAであることを確かめる酢酸カーミンなどの染色液，DNAをこすり取るろ紙，ろ紙を乾燥させるためのドライヤーなどを準備しておきますが，プリントには明示しません。

　・この方法で抽出できるのは，食塩水に溶け，エタノールで沈殿するDNAやRNAなどの核酸になります。ただし，RNAは竹串で巻き取れるほど長くはありません。また，タンパク質には多数の種類があり，その一部には核酸と同様に，食塩水に溶け，エタノールで沈殿するものもあります。ですから，この実験で抽出できたものを正確に表現すると，「ある程度のDNAを含む物質」となります。

観察・実験「DNAの抽出」

【目　的】すべての生物は，遺伝子の本体であるDNAを持っているので，どんな生物（今回はタマネギ）の細胞内にもDNAはある。適切な方法で行えば，このDNAを簡単に抽出できることを確かめてみよう。

【材　料】タマネギ約20 g※（1/4に割ったうちの，内側半分程度。あらかじめ冷蔵庫で冷やしておく）　　※1班あたりの量

【器　具】100mLビーカー（2個），コーヒー用ペーパーフィルター，ガラス棒，竹串，小さじ，駒込ピペット，ミキサー

【薬　品】台所用中性洗剤，食塩（塩化ナトリウム），無水エタノール（あらかじめ冷凍庫で冷やしたもの）

【方　法】
① 1班あたり，タマネギ約20 gに氷水約30mL（氷を含めた体積），中性洗剤数滴の割合で加え，ミキサーで1～2分粉砕する。
　　　　　　※1クラス分をまとめてミキサーで粉砕した後，各班に分ける。

② 班ごとに，粉砕液約30mLを100mLビーカーに移し，食塩小さじ1杯（約5 g）を加える。
　　　　　　※食塩によって，ヒストン（タンパク質の一種）がDNAから切り離される。また，DNAは食塩水に溶けるが，タンパク質は食塩水に溶けにくく析出しやすい。
③ ガラス棒でおだやかにゆっくりかき回すと，どろっとした状態になる。

④ 別の100mLビーカーの上にコーヒー用ペーパーフィルターを置き，食塩を加えた粉砕液をろ過する。
　　　　　　※ろ液が5～10mmぐらいたまればよい。
⑤ ろ液の約2倍量の冷エタノールを駒込ピペットを使い，ビーカーの壁伝いに静かにゆっくり加える。
　　　　　　※ろ液と加えたエタノールが2層に分かれるように，静かに注ぐ。
⑥ ビーカーを軽く揺すると，ろ液とエタノールの境界面に白くふわふわしたものが浮いてくる。

⑦ 竹串で，ビーカー内に浮いてきた糸状の物質を静かに巻き取る。

【実験上の注意】
ア．DNAは長い鎖状であるため，物理的刺激によって切断しやすい。食塩を加えた後は，静かにかき回すこと。また，竹串で巻き取るとき，何回もかき回していると切断され，巻き取ることができなくなるので注意する。
イ．タマネギの細胞中やヒトの手の表面等にはDNA分解酵素が含まれているため，エタノールを加えるまでの操作をできるだけ手早く行う。
ウ．DNAは水より軽いので境界面まで浮き上がり，エタノール層にふれる。DNAは低温のエタノールに溶けにくく，沈殿しやすい。また，エタノールが低温であるほどDNAの溶解度は小さいので，あらかじめ冷凍庫で冷やしておく。

【問　題】
問１．材料として，タマネギの外側ではなく内側の部分を使うのはなぜか。

問２．ミキサーで粉砕するのはなぜか。

問３．ミキサーで粉砕するとき，冷やしたタマネギや氷水を使うのはなぜか。

問４．ミキサーで粉砕するとき，中性洗剤を加えるのはなぜか。
　　　　　　　　　　　　　　　※ヒント：細胞膜や核膜の成分は？

問５．食塩を加えた粉砕液を，ガラス棒でおだやかにゆっくりかき回すのはなぜか。

問６．ペーパーフィルターでろ過すると，何と何がある程度分離できるか。

問７．ろ液に冷エタノールを加えると，ろ液とエタノールとの境界面にDNAが出てくるのはなぜか。

問８．竹串に巻き取られた物質がDNAであることは，どのような方法で確かめられるか。

【自己評価】
○観察・実験の目的や操作を理解し，関心を持って取り組みましたか？
　　　　　よくできた　　できた　　あまりできなかった　　できなかった
　　　　　　　４　　　　　３　　　　　　２　　　　　　　　１
○班で問題を考えるとき，積極的に取り組みましたか？
　　　　　よくできた　　できた　　あまりできなかった　　できなかった
　　　　　　　４　　　　　３　　　　　　２　　　　　　　　１

【感　想】
_____
_____
_____
_____

　　　　月　　　　日（　　）　１年＿＿＿組＿＿＿番　名前＿＿＿＿＿＿＿＿＿＿

4．実際の授業の進め方

　授業の初めに，この後で学習する染色体の構造について説明します。そして，実験手順を説明しながら，食塩やエタノールに対するDNAやタンパク質の反応など，問題を考えるときのヒントになることにふれておきます。次に，タマネギを切り分けて，氷水などを入れたミキサーで粉砕する際，「タマネギの外側と内側では何が違うのかな？」とか，「DNAを分解する酵素の活性を抑えるにはどうしたらよいのかな？」とか，発問しながら作業を進めます。

　実験後は，机間指導をしながら班での話し合いに耳を傾け，「ミキサーで核を壊す」という声があれば，「細胞分画法で核や葉緑体は壊されたかな？」とか，「中性洗剤で細胞膜のリン脂質を溶かす」という意見が出れば，「細胞膜の他に，リン脂質でできた膜はないかな？」というような問いかけをしていきます。また，「ろ過は，何と何を分ける作業か？」「白い糸状のものはどこに現れているかな？」「竹串で巻き取ったもののにおいをかいだり，さわってみよう」など，ヒントになることを与えたり，班での話し合いや次の行動を促したりする質問をしていきます。

　このような，班での主体的・対話的な活動を通し，生徒たちは単にDNA（らしいもの）が抽出できたという事実だけではなく，その実験方法や結果を通して，細胞やタンパク質，DNAなどの特徴や性質を，より深く学ぶことができます。

〔久米 宗男〕

＜参考文献＞
森田保久「特殊な機材・薬品を使わないDNA抽出実験」，第29回東レ理科教育賞受賞論文，1997，http：//www.toray-sf.or.jp/activity/science_edu/pdf/h09_06.pdf（2019年1月2日確認）
一般財団法人バイオインダストリー協会，「バナナからのDNA抽出実験」『みんなのバイオ学園』，https：//www.jba.or.jp/top/bioschool/club/clu_02.html（2019年1月2日確認）
愛知県総合教育センター，「DNAの抽出実験」『理科・CSTの広場』，http：//www.aichi-c.ed.jp/contents/rika/koutou/seibutu/se15/dna/dna.htm（2019年1月2日確認）
斎藤の部屋（理科），「10分でできるタマネギのDNA抽出実験」，http：//sai.ooiso.net/r2002/0726/index.html（2019年1月2日確認）

1-7 楽しく分かる地学の授業(中学の例)

1. 中学校の地学分野の特徴

　地学に関する3年間のカリキュラムは，地殻，気象，宇宙に関する内容で構成されています。これらの内容は，突き詰めていくと物理，化学，生物のいずれか（ときには数学）に収斂するところが多いため，自然科学の研究成果を総合的に発展させる場であるといえます。教える側の工夫でその一端を示すことができれば，単元を横断する視点で理科全体の学習内容をとらえ直すことにつながるでしょう。また，2012年度実施の学習指導要領からは，防災・減災の視点が入ってきています。こういった身近でかつ社会的な題材は，その扱い方にさまざまな工夫を凝らすことができます。これまで以上に生徒の興味・関心を高められる可能性があるといえるでしょう。

2. 「湿度の計算」が理解されにくい背景

　地学分野で，中学校教員が指導に困難を感じる内容の一つに，気象の学習で扱う「湿度の計算」があります。湿度の意味は「空気の湿り気」という日常的なイメージから類推できるのですが，これを構成する要素である「露点」や「飽和水蒸気量」の概念理解が難しいようです。定番の実験である「露点の測定」も実験操作そのものは難しくはないのですが，そこで観察される現象の意味を「飽和水蒸気量」の概念と結び付けることが困難と思われます。これらの根幹である「割合」の理解が不十分であることが要因の一つでしょう。例年実施されている全国学力・学習状況調査の小学校算数（第6学年対象）の結果を見ると，割合についての出題がなされたときは正答率が顕著に低くなる傾向が確認でき，「基準量（もとにする量）と比較量（比べられる量）の関係を判断することに課題が見られる」（国立教育政策研究所，2017）といった指摘がなされています。

　これら全国学力・学習状況調査の結果を踏まえた「指導アイデア集」が毎年作成され，国立教育政策研究所のWebサイトに公開されています。そこでは，割合を扱う際に，数直線やテープ図を用いて考えさせる指導事例が紹介されており，実際，小学校の算数では指導のスタンダードとして，従前よりも広く認知されるようになってきました。ほぼすべての小学生が接している考え方であるので，中学校の理科でも，必要に応じてこれらを意識的に活用することが，小学校と中学校の連携といった意味でも有効といえるでしょう。

中学校理科の教科書では，当然のことながら対象が中学生であるため，「割合における基準量と比較量の理解が定着している」との前提で書かれています。そのため，湿度の計算においては，定義の式がまず登場し，その後に計算問題が続くといった構成がほとんどです。しかし，全国学力・学習状況調査の結果では，小学校第6学年時の内容理解に課題が見られる状況ですので，小学校の算数で用いた数直線やテープ図で復習を兼ねた指導を行う必要があるでしょう。

3. 実感を伴った「飽和水蒸気量」の理解に向けて

　割合における基準量と比較量の理解が定着していることが「湿度」を理解することの前提ですが，「湿度」の難しい部分は，基準量に相当する「$1m^3$ あたりの飽和水蒸気量」のイメージではないでしょうか。教科書には図などで表現されているのですが，水蒸気が気体であるために見えないということに加え，$1m^3$ というスケールが実感しにくいようです。そこで写真のような $1m^3$ の空間をポリ塩化ビニルのパイプで作成して示してみました。

　まず，この空間を示し，水溶液からの類推で，空間に含むことのできる水蒸気の量にも限度があることに気付かせます。そして，教科書の図表なども用いながら，飽和水蒸気量のイメージをもたせます。例えば「今，この教室の気温は20℃です。では，この $1m^3$ の空間には何gまで含むことができるでしょうか。教科書の表から探してみましょう。……そうですね。$17.3g/m^3$ となります」のように進めると，生徒もイメージを持ちやすいでしょう。さらに，「湿度が100％ということは，ほとんどありませんので，$17.3g/m^3$ ではないはずです。湿度計を見たところ40％です。もとにする量と比べられる量を考えてみましょう」といった流れで，$17.3 × 0.4$ という計算につなげ，実際の水蒸気量が約6.9gであることを求めます。

　露点の計測時は，「水溶液中で，溶質が一様に広がっていること」にふれるのが効果的でしょう。「湿度計がないとき，どうすれば実際の水蒸気量が分かるでしょうか。教科書の中にヒントがあります」といった発問・指示で，温度を下げていくことに生徒が気付くことができるのが理想です。そして「この空間の中の空気を冷やしていけば，どこかで含まれきれなくなっ

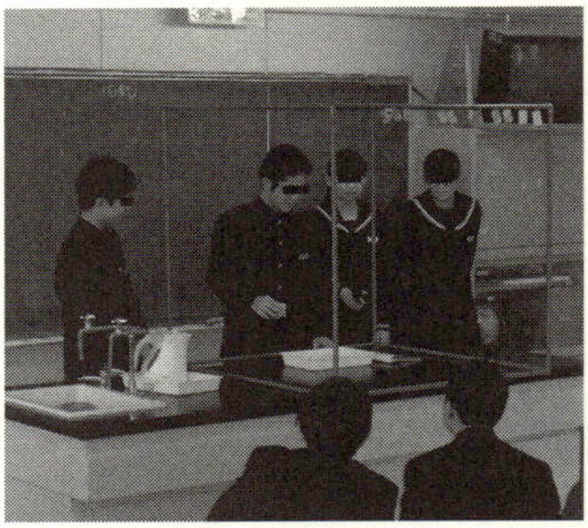

写真1：$1m^3$ の空間を用いた授業風景

た水蒸気が出てくるはずです。でも，この空間全体の温度を下げることは難しいです。どうすればよいのだろう？」といった問いを出してみます。「水溶液中で，溶質が一様に広がっていること」から「空間の一部の空気を冷やすことで類推が可能であること」に気付かせるのです。生徒の状況に応じて，どの部分を考えさせ，どの部分を教えるのかは異なってくるとは思いますが，$1m^3$の空間のイメージを持たせながら展開していくとよいでしょう。

4．本時の展開案

　以下に，本稿の授業展開例（1時間分）を示します。単元全体を通して重視したいことは「天気の変化は水の状態変化であるととらえること」です。この1時間では，それを念頭に置きつつ「湿度を考えるときに必須の飽和水蒸気量を，イメージとともに具体的に理解すること」を主眼としています。

(1) 本時の項目：第2学年「天気とその変化」，雲のでき方と水蒸気

(2) 本時のねらい：雲や霧の発生に関する事物，現象の中に問題を見い出し，目的意識を持って観察，実験などを行い，雲や霧のできかたと気温および飽和水蒸気量との関連などについて自らの考えをまとめ，表現している。【科学的な思考，表現】

(3) 本時の展開案

1時間の展開例（全28時間の23時間目）

過程	学習の流れ	指導内容	留意点
導入	身近な現象から「水蒸気が水滴に変化する」ことに目を向ける ※ ペットボトルに湯気を入れるなど簡易な実験をしてもよい	・冷えたコップに水滴がついている例など，身近な現象をいくつか提示することで，空気中の水蒸気の変化に着目させる	湯気（水滴）と水蒸気の区別を確認すること。溶解度から類推させる
	学習課題：水蒸気が水滴に変化するのはどのようなときだろうか		
展開	1. 空気に含まれる水蒸気の量は，どのようにすれば比較可能になるか考える 「比較するためには，何かの単位に揃えればよいのではないか」	・飽和水蒸気量の概念について，既習事項と関連付けながら説明する ※ ポリ塩化ビニルのパイプで作成した$1m^3$の空間を示す	溶解度から類推させる 「単位量あたりの大きさ」に着目させる
	2. 空気のしめりぐあいを，既習事項の「比べられる量」や「もとにする量」といった語句を用いて理解する	・湿度の定義について，既習事項の百分率や割合と関連付けながら説明する	「比べられる量」や「もとにする量」を数直線で示す

整理	3. 露点の測定を行う ※ 室温の水を入れた金属製のコップに氷水を入れて露点を測定する ※ 時間があれば，複数回測定して平均を求める	・露点とは「湿度が100%になる温度」のことであり，これを測定することで，実際の水蒸気量が測定でき，さらに湿度が計算できることを説明する	部屋の空気全体を冷やさなくても，湿度の測定が成立する理由にもふれる

本時の評価：「比べられる量」と「もとにする量」を明確にした表現で，湿度の求め方を説明することができる。

5. 単元指導計画

　以下に，単元全体の指導計画を示します。単元全体のテーマは「天気の変化は水の状態変化であるととらえること」です。

(1) 単元名：中学校第2学年「気象とその変化」

(2) 単元の目標：身近な気象の観察，観測を通して，気象要素と天気の変化の関係を見いださせるとともに，気象現象についてそれが起こる仕組みと規則性についての認識を深める（『学習指導要領解説理科編』p.92）。

・章立てや展開は，中学校理科教科書『新しい科学2年』（東京書籍，2011）を参考にして作成。

(3) 単元指導計画（授業時数：全28時間）

章	学習内容	時数	授業展開の概要
1	気象の観測 1) 気象の観測	3	「気温や湿度，気圧，風向，風力はどのように調べればよいのだろうか」 ・気象観測の基本的な知識を確認する ・学校内で気象観測を行う。観測結果から考えられることを整理し考察する ※観測には定点観測が必要であることにもふれる
	2) 気圧と風	2	「気圧は，その他の気象要素にはどのような関係があるのだろうか」 ・低気圧，高気圧と風の関係について，等圧線の知識と関係付けながら理解する ※気圧の単位（hPa）については，できるだけ実感を伴うかたちで指導したい
2	前線とまわりの天気の変化 1) 気団と前線	3	「性質（気温や湿度）の異なる空気のかたまりが接すると，どうなるのだろう」 ・温暖前線や寒冷前線など，各種前線に関する知識を雲の様子と関連付けながら理解する

	2）前線の通過と天気の変化	3	「前線の通過と，天気の変化にはどのような関係があるのだろうか」 ・グラフや天気図の変化と関連付けながら前線の動きを理解する ※学校行事（例えば体育祭）の日など，学級全員が共有しているときの天気を話題にしてもよい
3	大気の動きと日本の天気 1）大気の動き	3	・日本列島付近の大気の動きを整理する ・地球規模での空気の流れについて，季節や大陸の形状と関連付けながら理解する
	2）日本の天気	3	「日本の四季に特徴的な天気は，何が関係しているのだろうか」 ・日本の季節ごとの天気の特徴について，気団の性質や日本列島の地形と関連付けながら理解する
	3）天気予報をしよう	3	「この先数日間の天気予報を作成して，発表してみよう」 ・自分たちの住む地域の気象データを集め，天気を予想し，その結果を検証する
4	雲のでき方と水蒸気 1）水蒸気が水に変化するとき	2	「どんなときに水蒸気が水滴に変化するのか」 ・身近な現象から，飽和水蒸気量の概念を理解する ・雲をつくる実験を行い，飽和水蒸気量と関連付けながら雲の成因を理解する
	2）飽和水蒸気量と湿度	1	「湿度100％のときに起こる現象を考えてみよう」 ・ポリ塩化ビニルのパイプで作成した$1m^3$の空間を併用しながら露点を測定する実験を行う 【本稿で紹介した内容】 ・露点の測定によって得られた水蒸気量が「比べられる量」，室温での飽和水蒸気量が「もとにする量」であることを理解する ・湿度については，既習事項である割合についての考え方と意識的に関連付けながら指導し，計算問題によって定着を図る
	3）雲はなぜできるのか	2	「気圧が低くなると，どのように変化するのか」 ・雲の成因を気圧と気温の関係から理解する ・上昇気流とその成因について理解する ※成因だけではなく「消えて見えなくなる理由」についても考えさせたい
	4）水の循環	2	「地球上の水が大規模に循環することで，私たちはどんな恩恵を受けているのだろう」 ・太陽エネルギーが水の状態変化を起こし，循環に大きく関与していることを理解する

単元学習全体の評価：気象の変化とは、「太陽エネルギーによる地球規模での水の状態変化」ととらえることができたか。　　　　　　　　　　　［森 健一郎］

....

＜参考文献＞
国立教育政策研究所「平成24年度 全国学力・学習状況調査【小学校】報告書」2012, http：//www.nier.go.jp/12chousakekkahoukoku/03shou_houkokusho.htm（2018年8月6日最終閲覧）
国立教育政策研究所「平成27年度 全国学力・学習状況調査 調査結果資料【全国版／中学校】」2015, http：//www.nier.go.jp/15chousakekkahoukoku/factsheet/middle/（2018年8月6日最終閲覧）
国立教育政策研究所「平成29年度 全国学力・学習状況調査 報告書【小学校／算数】」2017, http：//www.nier.go.jp/17chousakekkahoukoku/report/17primary/17math/（2018年8月6日最終閲覧）
『新しい科学 2年』東京書籍, 2012

1-8 楽しく分かる地学の授業（高校の例）

1. 高等学校の地学の授業と地域の地質の活用

　地学は他の理科の科目とは異なり，宇宙などの広い空間，長い時間を対象とするので，学校での授業において直接に観察をすることが困難な場合が多くあります。例えば，宇宙を扱うのであれば，他の天体に行くことは無理なので，画像やシミュレーションソフトなどを活用するなどの工夫が必要になってきます。

　しかし，地質分野では，対象とする時代を間接的に観察することは可能です。学校が所在する地域の地層を直接観察したり，教室でその教材を学習できれば，生徒にとっても身近で興味を持つことにつながるでしょう。また，地域の地質は自然災害とも密接な関係があり，防災について学ぶことにつながります。

　2018年3月告示の高等学校学習指導要領解説理科編の「地学基礎」では，「地球の環境」の項目で「日本の自然環境を理解し，それらがもたらす恩恵や災害など自然環境と人間生活との関わりについて認識する」としており，「地学」では「地球の歴史」の項目で，「地形が形成される一過程として，例えば斜面崩壊などの現象と土砂災害との関連についてふれること」も必要であるとしています。このように，高等学校での地学分野でも，防災の学習の推進が掲げられていますが，この学習において地域の地質を題材として進めることは大切なことです。

　しかし，実際に地域の地質を観察しに行くのは距離が遠いなどの困難を伴うので，いかに教材化するのかが大切になります。この章では，地域の地質を高等学校の地学の授業にいかに取り入れるのかということについて焦点を当て，地域の地質を教材化した授業の事例を紹介します。

2. 地域にある土石流堆積物の例

　土石流とは，谷や斜面の土・石・砂などが，大雨による水といっしょになって一気に流れ出してくるもので，近年我が国でも，温暖化による集中豪雨に起因して多発する災害の一つです。ここでは，滋賀県大津市南部に分布する鮮新統〜更新統である古琵琶湖層群という，過去の琵琶湖に堆積した地層の上に見られる土石流による堆積物に

写真1：ゾウの足跡化石(鎌は約30cm)

ついての教材化と，それを利用した授業を紹介します。

　滋賀県大津市南部の袴腰山付近では約190万年前にできた古琵琶湖層群の蒲生累層〜草津累層が分布しており，これらは下部の泥が優勢の砂泥互層，中部の砂礫層，上部の角礫層からできています。下部から中部の砂泥互層は，現在の琵琶湖がまだ存在しない時期に，この地域に小さな湖を形成していた名残りと思われ，ゾウやシカの足跡化石も見られます（写真1）。このゾウは，アケボノゾウという小型のもので，写真1は水平な足跡の断面を示しています。下部の砂泥互層は火山灰層（写真2）を挟みます。重

写真2：火山灰層

鉱物組成やガラスの形状・屈折率などより，桐生Ⅱ火山灰と対比されることから，オルドバイ・イベント時代の地層であることが分かるので，この地層が約190万年前にできたことが分かります。このことから上部の角礫層は少なくとも約190万年前から現在までに何度か起こったと思われる（詳細な年代は不明）過去のいくつかの土石流の堆積物の層が見られ，これらの地層はほぼ完全に風化した堆積岩（チャート，砂岩，泥岩）や花こう岩の角礫からできています（写真3，写真4）。上部角礫層の下位の角礫層では堆積岩の礫が多いのに対して（写真3），上位の角礫層では大きな花こう岩の礫が多く見られます（写真4）。これは，花こう岩の上にルーフペンダント状に堆積岩が分布する袴腰山付近の地層と関係があります。土石流は上の地質から浸食するので，最初の礫は堆積岩で，後になるほど上部が浸食されて花こう岩が露出してくるので，これが土石流となり，花こう岩の礫になると考えることができます。これらの角礫層では風化の度合いが進んでいる部

写真3：堆積岩の角礫の層

写真4：主として花こう岩の角礫の層

分もあり，鎌で角礫層を削ると簡単に削れて平らになります。
　角礫とは角張った礫のことで，これに対して丸まった礫は円礫と呼びます。ここで見られる角礫は，土石流が山腹の崩壊により土砂が短時間に流下するために，礫の侵食が進まないので丸くならないと考えられます。このことから，土石流の礫を観察させることで，角ばった礫を持つ土石流は短時間で流れる仕組みを持つことが分かります。この土石流の仕組みを理解させるための，土石流の礫と河川の礫を用いた観察授業の例を次に示します。

3．土石流堆積物を用いた授業の例

　野外に出て，実際に観察を行うのが最もよいのですが，それができない場合は，地質を示す実物や画像などを教材化して，授業に活用していくことが考えられます。ここでは，上部角礫層である土石流堆積物中の角礫（直径約10～25cm）と河川の円礫を用いて，土石流の仕組みを理解させることを目的とします。今回は，土石流についての2時間の連続した授業を例示します。

　1時間目は「土石流の特徴，滋賀の古文書に見られる土石流，大津市の土石流危険渓流」をプリントに従って学習させ，土石流の基本的な特徴や歴史について理解させます。土石流の特徴としては，起こりやすい気候条件や地質条件についてふれ，滋賀の古文書から江戸時代の土石流災害の史実について説明します。その後，川の水がなくなったり，山で雷のような音がするなどの，土石流の起こる兆候について説明し，土石流の基本的な理解をさせます。

写真5：岩石A（土石流の礫）
　多賀ほか（2009）による

写真6：岩石B（河川の礫）
　多賀ほか（2009）による

　2時間目は，最初に土石流の流れる様子を映像で見せます。次に，土石流の礫や河川の礫であることを伏せて，それぞれ岩石A，岩石B（写

写真7：地層A（土石流の地層）
　多賀ほか（2009）による

写真8：地層B（河川の礫）
　多賀ほか（2009）による

表1：古琵琶湖層群の土石流の礫と河川の礫の観察授業の指導計画

指導内容	教師の活動・生徒の活動	指導上の留意点
［導入］ 1．本時の目的（5分）	＊滋賀県の古琵琶湖層群で見られる土石流について学習することを告げ、最近の土石流の流れる様子をビデオで見る	＊長野県の土石流ビデオ（2分）を見せる
［古琵琶湖層群の土石流の礫の観察］ 2．視察 　観察1．スケッチと観察 　　　　（9分）	＊班分けをして、議論を進める司会を決める ＊古琵琶湖層群中の角礫（岩石A）と野洲川で採集した円礫（岩石B）を各自がスケッチして特徴を調べる	＊観察用ワークシートにより学習する
観察2．古琵琶湖層群である地層Aと地層Bの観察（9分）	＊各班ごとに写真による地層Aと地層B（写真1、写真2）の観察を行う ＊地層Aと地層Bの違う点を班で意見を出し合う ＊いずれが土石流によるものであるか意見をまとめ、プリントに記す	＊地層Aは土石流の地層、地層Bは河川の地層である
観察3．岩石Aと岩石Bの観察（9分）	＊古琵琶湖層群中の角礫（岩石A）と野洲川で採集した円礫（岩石B）を各班ごとで観察する ＊いずれが土石流によるものであるのかを考え、意見を出し合う。その結果と理由をプリントに記す	＊岩石Aは土石流の礫、岩石Bは河川の礫である
3．班での意見を聞く（6分）	＊2班～3班の意見と結果を発表させ、板書する	＊観察1、2、3それぞれについて発表させる
［スライド］ 4．スライドによる古琵琶湖層群の土石流の地層の紹介（7分）	＊大津市における古琵琶湖層群での角礫、円礫が見られる地層の様子をスライドで見る ＊土石流の模型実験の映像を見る	
［まとめ］ 5．まとめ（5分）	＊地層Aや岩石Aが土石流によるもので、地層Bや岩石Bが河川によるものであることを告げる ＊土石流の岩石は、山が崩壊し、一気に押し流されてくるので角ばっているが、川の岩石は長い距離を運ばれ、ぶつかり合うことで丸まっていることを告げる	

多賀ほか（2009）を一部改変

真5，写真6）として，まず各自でスケッチしながら観察させます［観察1］。次に地層Aと地層B（写真7，写真8）の写真を各班で見ながら，どちらが土石流の地層か，各班で考察させます［観察2］。その後，岩石Aと岩石Bを班の中で観察し，いずれが土石流によるものかについて，お互いに意見を出し合います［観察3］。班での結果を発表させ，板書し，最後に大津市における古琵琶湖層群の角礫層の様子をパワーポイントで説明して，地層Aや岩石Aが土石流のものであり，地層Bや岩石Bが河川のものであることを告げ，角礫と円礫の形とその成因，すなわち，土石流の礫は短時間に一気に流れて，浸食される時間もないので角張っているが，河川の礫は長い時間ぶつかり合いながら運ばれることで丸いのを説明してまとめます。表1に，多賀ほか(2009)による指導計画を示します。

　この授業では，2種類の礫を生徒が観察して討論をしているだけです。しかし，多賀ほか（2009）によると，コンセプトマップを用いてこの授業の中での生徒の理解の変化を調べてみると，2時間の授業後には「土石流が短かい時間で流れて角ばった石ができる」や「川でゆっくり長い時間をかけて運ばれて丸い石ができる」というように，礫どうしがぶつかっている時間の差によって礫の形に差ができるという認識ができたことを明らかにしています。つまり，土石流が短い時間で流下することで角張った石ができるという認識ができていたということを示しています。最終的には，大雨により，山の角張った石と，泥や砂，水が全部混ざった流れができて土石流となるという，土石流の仕組みが理解できていました。この観察では，単純に2種類の礫の形状を考察させているのですが，土石流の映像を見せたり，生徒同士の討論による考察を組み入れるなど，授業の進め方の工夫で礫の成因に至る理解を深め，土石流の仕組みの理解に至ることができるのです。

　今回は土石流堆積物の角礫を教材化しましたが，地域の地質を教材化するにはいくつかの方法があります。実際には，地域の地質調査をするのがいちばん早いのですが，地質学の専門家でもないかぎり難しいところがあります。そこで，その地域の地質学の専門家や博物館に問い合わせたり，専門家が書いた書籍や論文を参考にして，地域の地質の特徴を示す露頭を探し，それを教材化するのがよいでしょう。専門家でなくても，地域の地質や化石に詳しい方に協力してもらうのもよい方法です。なお，私有地などでは採集ができないところもあるので注意しましょう。

　さて，土石流は人間が住む以前から，どこの地域でも過去に何度も起こってい

ます。そもそも、土石流を起こす原因は何でしょうか。これは、集中豪雨のような大雨を引き起こす太陽のエネルギーに起因していると言えるでしょう。その理由は、太陽エネルギー（熱）により海水の蒸発が起こり、その水蒸気により雲が発生し、ときとして陸地に大雨をもたらします。この大雨により土石流が発生し、それにより山の形も変わり、地形も変化

図1：太陽エネルギーと災害

していくのです。また、土石流が過去に多く起こったところにも、たまたま人が住むようになり、そこに土石流が起こることにより災害が起こるのです（図1）。このように、土石流堆積物の教材は、太陽エネルギーによる「地形の変化」や防災についても考えさせる教材であるということができるでしょう。　　［多賀 優］

＜参考文献＞
多賀優・久保田善彦・西川純「古琵琶湖層群中の土石流堆積物の教材化と生徒の理解の変容：高校での観察授業『角ばったレキと丸いレキ』」『理科教育学研究』日本理科教育学会, 2009, 49(3), pp. 67-78

第2章 そもそも理科教育の目的・目標は?

2-1 理科教育の目的

1. 理科を学ぶのは当然のことか?

「すべての子どもたちに学校で理科を教える目的は何か?」という問いに答えることは,簡単そうで難しいものです。

まず個人レベルで考えてみましょう。

子ども時代に理科(自然科学)を学習しておかなくては,自分の健康を維持することすらできません。人の生命維持には,最低限,食物・空気・水が必要です。それらの事柄について,人の体の中での役割や仕組みなど,正しい基本的な科学知識がなかったら生命維持は難しくなるでしょう。

およそ日常生活を営むにも,自然科学の知識が必要です。科学の知識がなければ,もっと火事が起こったり,感電などいろいろな事故が起こったりすることでしょう。

わが国の大人の傾向として,「科学は分からないけれど大切だと思っている」ということがあります。そこで一見科学っぽいものにひかれる傾向があります。科学と無関係でも,論理などは無茶苦茶でも,科学っぽい雰囲気をつくれば,ニセ科学を信じてくれる人たちがいます。そこで,例えば,病気になりワラをもすがる人たちや,今は健康でも不安を持っている人たちに,「科学っぽい装いをしている」あるいは「科学のように見える」にもかかわらず,とても科学とは呼べないような説明をして,健康によいとする高額な機器や食品などを売りつけようという人たちがいます。ねらわれるのは科学知識のない人たちです。

地球環境問題や身のまわりで起こっている水質汚染や大気汚染などで市民が行動を起こしたり,選挙で投票の意志決定をしたりするのも,今日では科学知識をもとにした判断力が土台の一つになっています。

労働者として働くときにも,科学知識が必要な職業がたくさんあります。扱う商品が科学と技術の産物なら,その商品についての基本的な科学知識が会社の営業職でも必要でしょう。

工業生産の分野では，単純な繰り返しの作業は機械が代わりにやってくるようになっています。また，知識を基盤とする分野でも，コンピュータ・プログラムで可能な仕事はそれに任せるようになっています。とくに人工知能（AI）の発展によって，人工知能にできることはそれに任せ，その代わり人間には，創造的な仕事や，新しい状況の変化に対応した仕事が期待されるようになっています。そのときに，自分で方法を工夫して課題を解決するなどの，知的創造性の高い知識・能力を身に付けることが期待されるようになっています。科学技術や産業社会が大きく発展し，高度情報化社会になった現代では，科学技術に携わる労働者に期待される基本的な資質や能力も，より高度で複雑なものに変化してきています。

　さらに，科学と技術が社会のさまざまなところに深く広く入り込んでいる現代社会では，自然科学的知識なしには，どんな経済行為も政治行為も成り立ちません。

　国家や社会レベルでは，社会にとって不可欠な科学者や技術者，医師その他の科学専門家を養成するためには，学校の理科学習が土台になります。

　わが国のように資源が少ない国では「科学技術立国」が言われます。国家戦略として，国が経済的に豊かになるための方策として，学校理科の充実策をとることがあります。

　こうしてみると，個人レベルから国家や社会レベルまで，学校で理科を学習するのは当然ということになるのかもしれません。

2．もっとしゃれた言いまわしで

「科学教育の目的を，しゃれた言いまわしで表現することもできる」と，田中実氏は述べています（田中実「科学教育目的論　－終わりなき議論の試み－」『理科教室』1968年1月号）。

「人間はがんらい，ホモ・サピエンス（思索者）でもあれば，ホモ・ファベル（製作者）でもある。人間は社会的存在であるから，ホモ・ポリティクス（政治者）であり，社会は経済行為なしに成り立たないから，人間はまたホモ・エコノミクス（経済者）である。そして人間は，何らかの愉しみなしには，積極的にはレジャーなしには生きがいを感じられないから，ホモ・ルーデンス（娯楽者）というべきである。人間のそうした諸側面のどれをとっても，現代では，自然科学の知識なしには，満足な活動をいとなむことができないのだ。」

　この言いまわしから学ぶべきは，人間とは何かを考えるときに，何らかの愉しみなしには「生きがいを感じられない」ホモ・ルーデンス（娯楽者）の立場の重視，

だと筆者は思います。科学を文化の一つとしてとらえてみると，科学を愉しむことができるという目的が立てられるでしょう。

3. 学校は，文化の総体を次世代に伝えるところ

　学校は，人類の文化の総体を，世代から世代へと伝承していくために設けられています。
「学校教育の基本的目的」が，「文化総体の伝承であるとすれば，学校の自然科学教育の目的は，自然科学そのものを少年・少女に彼らの受容能力に合致した形で，完全に伝え，彼らがやがて専門家としても非専門家としてでも，現在の科学を継承，発展できるように教授すること」になります。

　そして大切なことは「科学を学ぶこと自体が，精神発育期の人間にとって，ひとつの生きがいであることを自覚させる」ことです。科学の「価値について説教するだけでは無意味」です。「科学の人間的・社会的価値は，科学をよく理解することによって初めて，自覚的に分かるもの」です（田中実　前掲書）。

4. 科学的世界観の形成を

　以上をまとめると，①学校でこれまでの人類の文化としての理科（自然科学）を次世代に伝える　②生活から労働まで，理科を学ぶことで得られる知識とその活用力（思考力，論理力）は不可欠，ということになります。

　しかし，学校で学ぶことには限界があります。限られた時間の中で，将来，科学と技術の専門家となる者には，発展性のある理論的・実践的基礎を与え，そうでない者には，世界と身辺で起こっている自然科学にかかわりのある現象を理解する科学的リテラシーを育てること，この二つを統一しなければなりません。

　科学的リテラシー（科学リテラシーともいう）は，現代の変動の激しい高度知識社会で誰にも必要とされる知識とその活用の方法です。リテラシーというのは，もともと「言語の読み書き能力」でしたが，基礎的な科学知識が重要になった現代にあって，誰もが身に付けてほしい科学を読み解く能力として科学的リテラシーが登場してきました。

　将来，科学と技術の専門家となる者と，そうでない者の「共通」の教育（中学校までの義務教育＋高等学校初年教育の一部）の内容をどうするかは，実ははっきりしていません。学習指導要領の理科も，約30年間の「ゆとり」教育時代と現在では，内容（学習内容の質と量）が大きく変化しました。

理科教育に携わる人は,「共通」の教育をするときに,「現代的な科学的リテラシーとして意味があるかどうか」を自問自答しながら,教育を構想・実施していく必要があるでしょう。

　これまでの人類の文化としての理科（自然科学）としては,結局のところ,科学的世界観の形成ということに行きつくでしょう。

　素粒子から人間および宇宙にいたる世界のダイナミックな構造を把握することは,自然における人間の位置と,人間の未来に対する理解と見通しを与えることになるでしょう。

　科学的世界観の形成は,科学を文化の一つとしてとらえて科学を愉しむことができるという目的そのものでもあります。

　「科学そのものについて,科学と人間のかかわりについて,考え,本を読み,テレビを見,博物館を訪ねることが,人間の愛とたたかいを描いた文学作品を読むことと同じくらい,民衆に愛好されるようにはならないものだろうか。そうなれば,われわれは科学教育の効果についてあれこれと迷ったり,社会的目的について,懐疑的になったりしなくてすむだろう。自然科学教育は学校で始まるのであるが,学校で終りにはならない」のです（田中実　前掲書）。　　　　　［左巻 健男］

2-2 物理分野の目標とカリキュラム

1. 物理教育の目標
(1) 自然科学の基礎としての物理学

　理科には，物理をはじめ化学，生物，そして地学とさまざまな分野があります。
　これは，私たちを取り巻く自然の様子，すなわち，小は素粒子から大は宇宙に至るまで，理科教育の目的のところでも指摘したように「自然の階層構造」に基づいています。では，「階層」とはいったい何を指しているのでしょう。私たちを取り巻くさまざまな物質は，その大きさによって，またそれらを支配する力の性質によって，次のように分けることができます。

（小）……クォーク－素粒子－分子・原子－人間－マクロ物質－地球（惑星）－恒星系－銀河－銀河団－銀河集団－宇宙（大）

　この小から大への一連の流れを見ると，クォークが集まって素粒子となり，また素粒子が集まって原子をつくる。分子は原子からでき，マクロな物質は分子，原子からできている……という「大は小の集まりだ」という印象を受けます。では，宇宙はクォークの単純な寄せ集めかというとそうではなく，それぞれのレベル（階層）には，そのレベルに応じた固有の性質と法則とが存在します。
　このように，小は素粒子から大は宇宙に至るまで，それぞれ質的に異なった階層が互いに関連し，また依存し合って，私たちを取り巻くこの調和のとれた自然界を形づくっているのです。
　階層に応じて扱う対象も異なりますから，当然その研究方法も違ってきます。ですから，たとえ原子の性質がすべて分かったからといって，それだけで生命現象は説明できませんし，また素粒子の法則で原子・分子の振る舞いをすべて解明できるかというとそうではありません。一般に，下の階層から上の階層にいくにつれて複雑さは増し，下の階層にはない性質や法則が表れます。自然科学に，物理学や化学，生物学，地学といったさまざまな分野があるのはこのためです。
　しかし，自然現象のさまざまな性質は，究極的には，それらを形づくっている物質の運動，例えば「マクロな物質」という私たちにとって身近な世界で考えると，物質の示す性質を原子・分子などの運動に帰着させ，そこから自然現象の本質をとらえようとします。これは近代自然科学を通して，私たちが獲得した考え方

（科学観）の一つですが，この考え方に立てば，やはり物理学は自然科学の要であり，だからこそ物理学を学ぶ意義があるのです。

(2) 物理とは何か －学校理科で学ぶ科目「物理」の特色について

　自然現象は，いろいろな物質が複雑にからみ合い，さまざまな運動を繰り広げています。実に多種多様です。このような状況で，物は「何からできているか」，また「どのような振る舞いをするか」を理解するにはどうすればよいのでしょう。それには，物質の個々の性質を捨て，その結果どの物質にも共通に備わった本質的な性質（これを一次性質といいます）をえぐり出す必要があります。

　ニュートン力学と電磁気学が，近代物理学の二大柱です。小学校から中学校・高等学校で学習する物理も，この2つが大きなウェイトを占めています。なぜでしょう。「すべての物質は原子からできている。原子はさらに原子核と電子からなり，それぞれ固有の質量と電荷を持っている」。これが私たちの得た物質観です。ですから，この前提に立てば，すべての物質は質量と電荷を持っていることになり，この質量と電荷がすべての物質に共通な性質（一次性質）だということができます。この2つの性質のうち，「質量」についての法則がニュートン力学であり，また「電荷」についての法則が電磁気学です。このように，私たちのまわりの身近な物質について，これらが共通に持っている2つの「もの（質量と電荷）」についての「振る舞い」を表す法則がニュートン力学であり，また電磁気学なのです。

　さて，これまで自然の階層構造とか，また物理学の特徴などを考えてきました。しかし，自然に対するこのようなアプローチの仕方は，私たちの意志とは無関係に既に決まってしまっているものなのでしょうか。そうではありません。このようなアプローチの背景には，自然現象をそのように見てもよいのだという了解，すなわち自然観，科学観がその前提になっています。例えば，自然にはそれぞれ固有の階層があるという見方は，階層的自然観と言われていますが，これはまた，科学の発達によってもたらされた，私たちの新しい自然観でもあるのです。

2. 物理教育の目標を達成するためのカリキュラム

(1) 中学校理科第一分野（物理分野）で配慮すること

　中学校理科ではエネルギー（物理分野）や粒子（化学分野）にかかわる領域を第一分野としていますが，物理分野についての目標を要約すると，次のようになります。

エネルギーに関する事物・現象について，
① 観察，実験などを行い，それらについて理解するとともに，科学的に探究するために必要な観察，実験などに関する基本的な技能を身に付ける。
② 規則性を見い出したり課題を解決したりする力を養う。
③ 科学的に探究しようとする態度を養うとともに，自然を総合的に見ることができるようにする。

自然科学ですから，自然に語りかける方法は「実験」や「観察」です。この理科ならではの方法を駆使して，自然の事物・現象について，いったい何が起こっているのか，またどのような性質があるのかを探り取ることが大切です。

実験や観察を行うといっても，ただやみくもに事物や現象をいじくっても，自然はその姿を私たちに見せてはくれません。予備実験を行い，「この現象は，この量（変数と呼びます）とこの量とが密接にかかわっているはずだ」という予測（見通し）を持って，これら変数の間にはどのような関係があるかを，より詳細な実験によって明らかにしていく能力，またそれらを裏付けるための技能が求められています。

中学校で扱う物理的な内容は，第1学年では「光の反射や屈折，およびその規則性」「凸レンズの働き」「音の性質」，そして「力の働き」といった身近な物理現象，第2学年「電流とその利用」，および第3学年での「運動とエネルギー」です。

身近な物理現象では定量的な扱いはせず，実験による定性的な理解を求めています。具体的には，光の反射や屈折では屈折率，凸レンズでもレンズの公式は扱わず，また音の伝わる速さに関しては気温との関係にはふれない，などです。

電流とその利用に関わっては，抵抗の直列，並列回路を含む「電気回路の性質」や，その定量的関係としての「電流・電圧と抵抗の関係」や「静電気と電流との関係」，日常現象と関連付けて「電流と磁界の初歩的な関係」を扱います。

運動とエネルギーについては「力のつり合いと合成・分解」「運動の規則性」「力学的エネルギー」の3つの内容について扱います。特に，運動の規則性では「速度の概念」や「力と運動の関係」ですが，後者では，斜面を用いた落下運動に着目させ，運動の規則性を定性的に扱うことになります。慣性の法則や作用・反作用の働きにはふれますが，運動方程式は扱いません。エネルギーに関しては，総合的な視点を重視しながら，「仕事とエネルギー」「運動エネルギーと位置エネルギーの互換性」「力学的エネルギーの保存概念」，また「エネルギー変換」について学びます。

(2) 高等学校物理（物理基礎，物理）で配慮すること

　高等学校で学ぶ物理分野で，小学校，および中学校・高等学校の関連性が最も大きいのが電磁気分野です。そこで，電磁気分野に関して，この小・中・高の流れを示したものが表1（抜粋）です。この表から，高等学校物理基礎で学ぶ項目

表1　電気・磁気分野学習項目一覧表(小・中・高の流れ)(2018年度)

小　学　校	中　学　校　(第一分野)	高等学校(**物理基礎**)
3年 [電気の通り道]	[電流（電子の流れ）]	[静電気]
・電気を通すつなぎ方 ・電気を通す物	・静電気と電流（電子・放射線を含む）	・電流の正体（自由電子） ・帯電，電界
・磁石につく物・異極と同極	**電子（粒子概念でも扱う）**	・電流の大きさ [A]＝[C]／[s]
4年 [電流の働き]	[回路（電流・電圧・抵抗）]	[電流]
・乾電池の数とつなぎ方 ・電流の大きさや向き	・直列，並列回路の電流と電圧 ・電流・電圧と抵抗（規則性「オームの法則」の発見） ・回路全体の抵抗（直列・並列）	・電流と電気抵抗 ・オームの法則の運用 ・抵抗率（導体，半導体など） ・直流回路（直列・並列）
ものづくり 乾電池を利用したものづくり	・電圧（オームの法則） ・抵抗の直列，並列接続	・抵抗率の立式
5年 [電流がつくる磁力]	[電流と磁界]	[電流と磁界]
・鉄心の磁化，極の変化 ・電磁石の強さ	・電流がつくる磁界 ・磁界中の電流が受ける力 ・電磁誘導と発電（交流を含む）	・**電流による磁界** ・電流が磁界から受ける力（モーターの仕組み） ・電磁誘導（発電機） ・交流と電磁波
ものづくり モーターやクレーンなど	・交流	・変圧器，電力輸送 ・直流と交流の関係（実効値）
6年 [電気の利用]	[電流と磁界]	[電力と電流の発熱作用]
・発電・蓄電（コンデンサー） ・電気の変換（光・音・熱・運動） ・手回し発電機，光電池 ・電気の利用	・電気とそのエネルギー（電力量，熱量を含む） ・電流による発熱，光	・電気とエネルギー （電力量，電力） ・ジュールの法則
ものづくり 発光ダイオード		

の多くが，中学校や小学校での学びと密接につながっていることが分かります。

　例えば，電界や磁界に代表される「場の概念（近接作用）」は中学校理科から始まりますが，磁界については磁力線（鉄粉が描く磁力の模様）という比較的イメージしやすい概念を用いれば，小学校でも十分に扱うことは可能です。他方，電界については視覚に訴えにくく，抽象度も高い概念ですので，高校で初めて登場します。表1中の太枠内の部分（高等学校物理基礎での学習事項）は，その基本的な概念については中学校で学習することを示しています。このように，電界に関するもの，また発展事項に関するもの，具体的には「オームの法則の実用版としてのキルヒホッフの法則」や「先端技術としての半導体の仕組み」，また「電磁誘導の発展的事項としての交流，振動回路，電磁波」を除けば，電磁気分野における基礎・基本は，そのほとんどを小学校・中学校で学習することになります。

　この学習項目の系統性と，「児童の活動を中心とした」小学校理科から，「学習項目を中心にすえた」高等学校物理，その中間に位置する「生徒の探究活動を軸とした」中学校理科。それはまた，日常経験的な理科から数理科学的な物理への発展になっています。

〔山下　芳樹〕

2-3 化学分野の目標とカリキュラム

1. 化学分野の目標とカリキュラムの概要

　化学は物質を探究する学問であり，中学校，高等学校における化学の目標は，物質概念の育成です。物質概念には，物質固有の性質を見る巨視的な物質概念と，原子や分子として見る微視的な物質概念があります。中学校では，実験を通して巨視的な物質概念を獲得しつつ，微視的な物質概念の形成が目的です。高等学校では，微視的な物質概念の拡大が目的です。また，エネルギー概念が必要となります。

2. 中学校の目標と内容
(1) 目標
　①**知識・技能**：身のまわりの物質，化学変化と原子・分子，化学変化とイオンなどを理解し，科学的に探究するために観察，実験の基本的な技能を身に付けます。

　②**思考力・判断力・表現力等**：科学的に探究する活動（物質の事物・現象中に問題を見い出し，見通しを持って観察，実験を行い，その結果を分析して解釈し表現するなど）を通して，規則性を見い出したり課題を解決したりする力を養います。

(2) 内容
1) 身のまわりの物質：巨視的な物質概念の育成
(i) 物質のすがた
　身のまわりの物質とその性質や，気体の発生と性質を扱います。金属と非金属，鉄とアルミニウム，酸素と水素などの性質の違いを実験しながら理解させます。物質は，色や臭いなどの感覚的に観察できる性質と，沸点や融点などの物理量で扱う性質とがあります。

(ii) 水溶液
　物質の溶解，溶解度と再結晶を扱います。溶解度のみの学習にならないように，粒子概念への橋渡しになることを主にするとよいです。

(iii) 状態変化
　状態変化と熱，物質の融点と沸点を扱います。固体，液体，気体のように状態変化することを理解させることは非常に重要です。これらを通して，実験器具の

操作や記録の取り方などを学習していきます。
2）化学変化と原子・分子：微視的な物質概念の育成
(i) 物質の成り立ち
　物質の分類，原子・分子を扱います。物質は混合物と純物質に，純物質は単体と化合物に分けられることも理解させます。重曹の熱分解や水の電気分解などから始め，原子・分子を導入していきます。一見複雑に見える自然現象の背後に，普遍的な仕組みが存在していると考えたのは，2,500年前の古代ギリシャの哲学者です。物質は究極の安定した「元素：もとのもと」から成立していると考え，さまざまな元素説が提案されてきました。このように，微視的な物質概念（粒子概念）は，長い時間をかけ積み上げられてきた事実を説明するために，人間の思考の産物として生まれたものという視点を大切にしたいものです。
(ii) 化学変化
　化合，酸化と還元，化学変化と熱を扱います。エネルギー概念は，電池など化学エネルギーが電気エネルギーに変換されることを理解させる程度で，主に高校で学習します。
(iii) 化学変化と物質の質量
　化学変化と質量の保存，質量変化の規則性を扱います。化学反応の前後で質量は保存され，体積は保存されないのはなぜでしょうか。化合物の組成はなぜ一定なのでしょうか。これらを説明するために考えられたのが原子説です。ここには物質を粒子（原子）で考える必然性と価値があります。分解や化合，酸化や還元，中和などのいくつかの化学変化を実験し，これらから導かれる結果に対して，物質を粒子としてとらえる必要性と利点を感じさせたいと思います。

3．高等学校の目標と内容
(1) 目標
　高等学校学習指導要領（平成30年告示）解説において化学基礎は，「日常生活や社会との関連を図りながら、物質とその変化について」見方・考え方を働かせ，観察，実験を行い，「科学的に探究するために必要な」資質・能力を育成する科目で，市民としてのリテラシー育成を目指しています。これに対し化学は「化学的な事物・現象に主体的に関わり，科学的に探究しようとする態度を養う」とあり，専門性を明確にしています。その場合でも，大項目「(5) 化学が果たす役割」を設け，「人間生活の中で利用されていること」「化学の成果が様々な分野で利用

され，未来を築く新しい科学技術の基盤となっていること」とあるように，化学を学習する意味や価値が分かることが必要です。

高校の化学の目標は，主に次の3点があります。まず，微視的な物質概念（粒子概念）に基づいた多種多様な物質や反応などの物質概念の拡大です。次に，マクロとミクロの世界をつなぐ物質量を使い，物質の定量的な扱いができるようになることです。さらに，物質の安定性や反応性，反応熱などエネルギー的な見方や考え方の基本を獲得することです。

(2) 内容
1) 物質の構成粒子とその結合
(i) 物質の構成

分離・精製方法，物質の分類から始まり，原子構造，電子配置により原子，イオンの性質を扱います。原子，イオンの性質について，価電子の数やイオン化エネルギーなどと周期表を関連付けて考察できるようにさせたいと思います。

(ii) 粒子の結合

イオン結晶，分子，金属における粒子の結合について扱います。それぞれの結合の仕方を希ガスの電子配置が安定していることに基づき，簡単に理解させます。

(iii) 粒子の相対質量と物質量

物質の量を表す概念として，物質量とその単位である「モル(mol)」を導入します。これは，目に見える物質と目には見えない粒子の視点を融合できる概念で，量的な関係の基本です。粒子の量としての指導と，それとは次元が異なる質量，体積との単位変換を区別して指導すると，生徒は理解しやすいようです。化学反応式の量的な関係も，係数との関係を利用した物質量の関係と，それぞれの物質の質量などの単位変換を区別するとよいです。

2) 物質の状態
(i) 物質の三態

物質が分子の熱運動・分子間力により拡散，状態変化することや，気液平衡，蒸気圧，物質の融点・沸点の特徴を扱います。ここでは，少なくとも演示実験だけでも実施し，粒子の運動のイメージを育てる他の状態の学習がしやすいです。

(ii) 気体

ボイルの法則，シャルルの法則，理想気体の状態方程式などの気体の法則を扱います。気体の性質を粒子で考察させますが，ある程度，分子運動論の定量的なイメージがないと，計算式の意味が理解しにくいです。実験と同時に，半定量的

なモデル図などを利用するなどして，感覚としてのイメージと定量的な計算をつなげる必要があります。単に，数値計算が一人歩きしない配慮が必要です。

(iii) 溶液

溶解の仕組み，溶解度（気体，固体），濃度，希薄溶液の性質（沸点上昇，凝固点降下，浸透圧），コロイド溶液について扱います。ここでも，気体の性質と同様に，数値計算が一人歩きしない配慮が必要です。

3) 物質の変化

(i) 反応熱

化学反応における物質の持つエネルギーの増減に伴う熱の出入りをエンタルピー変化で表します。エネルギー図などを使い，ヘスの法則で反応熱の量的な扱いができるようにします。

(ii) 反応の速さと化学平衡

化学反応の速度が，濃度，温度，触媒などに影響されることを，少なくとも演示実験を通して学習したいところです。また，さまざまな反応の仕組みとの関連を扱うと反応のまとめになります。

(iii) 酸と塩基の反応

酸・塩基の性質だけでなく，反応に関する物質の特性，反応物と生成物の量的な関係およびその応用について理解させることがねらいです。中和滴定は高校化学実験の定番的存在で，量的な関係の精度だけでなく，色の変化も興味を喚起します。

(iv) 酸化還元反応・電池と電気分解

酸化・還元の定義を，酸素原子，水素原子や電子の授受と酸化数の増減で説明しますが，混乱しないように関連を持って説明することが望ましいです。電気分解は酸化還元反応の例として扱い，反応式との関連を強くし，移動する電子の量を中心に展開すれば生徒たちは理解しやすいようです。電池は原理に加え，実用電池を含めた実験を行うと日常生活との関連を図れます。

4) 無機物質

多くの種類の元素の単体や化合物を扱うため，雑多な知識のように思われ，単なる暗記に頼りがちな内容です。そのため，元素の単体や化合物の性質と周期表との関連を持って学習する必要があります。化学反応を起こす仕組みも，気体の発生方法などをまとめるときなどに整理すると理解が進みます。

5) 有機化合物

有機化合物まで化学を得意にしていた生徒も，ここで構造式（異性体）が理解できなかったり，物質名を覚えられなかったりするため，突然化学を苦手とする生徒が出てきます。そのため，構造式について分子模型などを利用して多面的な理解をさせたり，名称については系統的な命名を学習の都度，まとめたりしていきます。残念ながら慣れるまでは，どうしても暗記させる必要がでてきます。

[寺田 光宏]

2-4 生物分野の目標とカリキュラム

1. なぜ生物分野を学ぶのか？

　21世紀は生命科学の世紀といわれるように，最近の生物学の発展はめざましいものがあり，社会の中でその利用がますます増えつつあります。また，環境問題や生物種の減少，生物資源の枯渇や利用，子どもの自然体験の減少など，生物にかかわる問題は21世紀の大きな課題になっています。身近な問題では，食の安全や医療などに対して，科学的に判断できるだけの基礎的な知識の習得も，理科教育の中で，特に生物教育に求められる内容です。

　人々が生物に関する事象を理解し，生物とかかわり，または生物に関連する問題に対処するときに，根本に持っていなければならないのは，「生物とはこういうものだ」という生物に対する基本的な見方，いわゆる生物観です。生物分野で扱う基礎的な知識として最も重要なのは，生物（界）の仕組みや生物の生き方に関する自然科学的知識に基づいた科学的な生物観です。

2. 科学的な生物観を描けるように

　現代の科学的生物観といえるものは，主に以下の通りです。
①生物はおよそ40億年前に地球上に出現し，進化・多様化・絶滅を重ねて現在の生物界を形成している。
②生物は基本的に細胞構造を持ち，タンパク質を基盤とした代謝（生体内の化学反応）によって自己保存的に活動する。
③生物個体には寿命があるが，分裂や配偶子の合体などにより増殖し，その際，遺伝物質（DNA）を子孫に伝え，種を存続する。
④DNAは，生物共通の遺伝物質であり，塩基配列の違いによってその生物に必要なタンパク質をつくり，それをもとに体が形成され，維持される。
⑤生物は，他の生物や無機環境に影響を与えると同時に影響を受け（相互関係），個別的には変化しながらも，全体としては調和した系（生態系）を構成している。
⑥ヒトは，500〜700万年前にサルの仲間から分かれて進化し，直立二足歩行，手と道具の利用，高度な知能によって生物界で特殊な存在となった。

　小学校では，主に個体・器官レベルの基礎的な事実と法則・概念の初歩を扱います。中学校では，その上に立って種・個体の生き方を進化の事実で裏打ちしな

がら扱い，その個体を成り立たせている細胞レベルおよび生態系レベルの理解へと世界を広げていきます。高校では，細胞レベルの現象を分子レベルからとらえ，種・個体を生態系とつなげて生物界全体を，物質の動きや生物の相互関係および進化の視点からとらえます。また，人間自身を知るという観点から，ヒトの特殊性や生物と人間の関係も各学習段階で積極的に扱いたいものです。

3. 中学校の目標と内容

　＜目標＞学習指導要領の生物分野にかかわる主要な目標は次の通りです。

　生命や地球に関する事物・現象を科学的に探究するために必要な資質・能力を育成することを目指す。

　①生物の体のつくりと働き，生命の連続性（中略）などについて理解するとともに，（中略）観察，実験などに関する基本的な技能を身に付けるようにする。

　②科学的に探究する活動を通して，多様性に気付くとともに規則性を見いだしたり課題を解決したりする力を養う。

　③科学的に探究しようとする態度と，生命を尊重し，自然環境の保全に寄与する態度を養うとともに，自然を総合的に見ることができるようにする。

　＜内容項目と扱い方＞

①いろいろな生物とその共通点

　身近な生物の共通点・相違点を見い出して表現するなどして，分類の基礎を身に付けることが求められます。ここでは生物種を主に形態的に比較しますが，共通点だけでなく，次の②も含めて形態の違いがその種の生き方に関係していることも扱いたいものです。

②生物の体のつくりと働き

　細胞概念の形成から始まり，植物や動物の器官の仕組みと働き（構造と機能）についての規則性や関係性を理解・表現します。植物では、光合成，呼吸，蒸散，動物では，生命維持，刺激と反応を中心に扱います。

　生物では，構造と機能が密接に結び付いて生存を確保しています。それを強く意識して，この両面を扱うことが重要です。臓器の病気を扱うことで理解を深められる場合もあります。

③生命の連続性

　細胞分裂と成長の関係，繁殖と遺伝，遺伝の規則性，多様性と進化について理解し，探究の過程を振り返ることが求められます。

細胞分裂が生物の成長と関連で扱われていますが，細胞の本質的な理解のためには，体制の維持のための分裂や，発生時の細胞の分化および細胞の死についてもふれたいものです。また，遺伝の学習がメンデル遺伝のみの扱いで機械的にならないよう，遺伝の本質を考えた指導が必要です（1章5節参照）。

④自然と人間

自然環境を日常生活や社会と関連付けながら，自然界のつり合いを理解し，自然環境の保全，災害，科学技術の利用の在り方について，科学的に考察することを通して，持続可能な社会をつくる重要性を理解し，判断することが求められます。

自然と人間の関係については，多面的・総合的な見方ができるようにし，持続可能な社会の形成に向け，具体的な方策を考えさせていくことも必要です。

4. 高等学校の目標と内容

(1) 生物基礎

＜目標＞

日常生活や社会との関連を図りながら，生物や生物現象について理解するとともに，科学的に探究するために必要な技能や態度，生命の尊重と自然環境保全への態度を養うことが必要とされています。心情や態度は，科学的な知識を得ただけでは育成されません。具体的な問題について探究し，多面的に考え，意思決定させるような授業を行う必要があります。

＜内容項目と扱い方＞

①生物の特徴

生物の共通性と多様性および起源，生物とエネルギー，DNAの構造と機能について探究し，理解することが求められます。このとき，用語を覚えさせるだけの授業にならないように，モデル実験やビデオ映像などを利用し，システムとして理解できるようにすることが大切です。

②ヒトの体の調節

ヒトの体の調節にかかわる神経系と内分泌系，免疫について探究し，理解することが求められます。生物は，個体として外部環境の変化に対応し，安定した内部環境を維持したり，成長や器官相互の関係を調節したりしています。ここでは，それを細胞・分子のレベルから理解させます。ここでも覚えるだけにならないように，機能障害時に起こる体の変化などを具体的に提示し，各部分と体全体が密

接に関連していることを理解させたいものです。

③生物の多様性と生態系

植生と遷移，生態系，生物の多様性，バランスと保全について探究し，理解することが求められます。生命体は40億年前に地球上に出現し，進化・多様化と絶滅を重ね，現在の多種多様な生物によって構成される生物界が形成されました。進化の事実とその機構を扱うことで，生物界が自己運動的に発展し，バランスを保っているという見方ができるようにします。

(2) 生物

＜目標＞

生物学の基本的な概念や原理・法則の理解を深め，科学的に探究するために必要な技能や態度，生命尊重や自然環境の保全に寄与する態度を養う。

＜内容項目と扱い方＞

以下の各項目について探究し，技能を身に付け，理解し，その特徴を見い出して表現することが求められます。

①生物の進化

生命の起源と細胞の進化，遺伝子の変化と進化の仕組み，生物の系統と遺伝情報，人類の系統と進化について扱います。

「生物」では，生物界を広く見渡した上で進化を機構として理解させることになります。進化の学習が最初に扱われることになったのは，以後の内容を進化の側面も考えながら理解していくことが求められたと考えられます。また，人類進化も扱うことで霊長類の中でのヒトの特殊性を把握し，生態系や環境を，その中での人類の位置付けも踏まえながら考察することができます。

②生命現象と物質

細胞を構成する物質，タンパク質の機能と生命現象，呼吸・光合成とエネルギーについて扱います。中学校では，器官・細胞・染色体レベルでとらえていたものを，高校では細胞小器官や分子レベルで理解できるようにします。また，各レベルでの変異・多様性もとらえられるようにしたいものです。

③遺伝情報の発現と発生

DNAの複製と発現，発生と発現調節，遺伝子を扱う技術について扱います。ここでは，いくつかの種を具体的に取り上げ，理解させたいものです。また，遺伝子操作技術については，その貢献と同時に利用の是非に対する多様な意見を紹介するなど，現実社会とつなぎ合わせることも必要でしょう。

④**生物の環境応答**

刺激の受容と反応，行動，植物の環境応答について扱います。ここでは，単純に機構だけでなく，その機構がその生物の生存にとって重要な役割を果たしていることを，具体的な生物種を取り上げて探究，考察することも含めたいものです。

⑤**生態と環境**

個体群と生物群集，生態系の物質生産と物質循環，生態系と人間生活について扱います。人間の生活は基本的には自然に依拠しています。自然の法則に沿ったかたちで自然を利用し，人間自身も豊かに生きていける社会を形成するため，人間中心的な考えも見直す必要があるでしょう。　　　　　　　　　　［石渡　正志］

2-5 地学分野の目標とカリキュラム

1. なぜ地学分野を学ぶのか？

　地学分野の特徴は，地球や宇宙の構造に対して，まだはっきりと解明されていない部分が多く，新しい発見が相次いでいることです。地学は，地球や宇宙という対象にこだわり，さまざまな方法を用いてその対象の秘密を解き明かしてきた歴史があり，自然科学の進歩も見えてきます。今の自然の恵みを理解するのに，宇宙誕生の歴史からスタートし，今に至るまでの自然の変化を学ぶことが重要になるわけです。その一方で，自然は恩恵だけではなく，人類にとって災害をもたらすこともあり，我々はその災害にどう立ち向かっていくかを考えていかなければなりません。各地で起こっている環境破壊の問題や，自然災害に弱い地域の問題など，現代的で複雑に絡み合った問題解決のために，自然に対してその仕組みをよく知ろうとする姿勢が大切なのです。世の中には知らないことがたくさんあると気付かせてくれる学問である地学だからこそ，自然と向き合う際に，知識の確かさを常に検証する必要を学ぶこともできるのではないでしょうか。教師には地学の知識とその必要性・重要性の認識を身に付けてほしいと考えます。

2. 科学的な地学観を描けるように

　学習指導要領の地学分野では，「地球内部」「地球の表面」「地球の周辺」と大きく区分けされています。対象となる自然現象が，普段人間が生活する空間スケール，時間スケールと大きく異なる点が特徴です。また，自然災害と関連して環境教育や防災教育と密接なつながりがある内容であり，現代の地学教育の柱として以下の点があげられます。

① 毎年，季節を問わずに話題となる気象災害が発生している日本において，大気や海洋の動きに関する正しい理解をするために，気象観測を通じてその基礎的な知識を得る教育

② 地震活動や火山の噴火活動が多発する日本において，その基礎的なメカニズムや災害の成因など，防災教育の観点も含めた基礎知識としての教育

③ 阪神淡路大震災以降，「どう被害を減らすか」という事前対策を施す「減災」の視点も付加され，防ぎきれない自然災害の現状を把握して，日常生活において正しい判断力を身に付ける教育

④ 望遠鏡などの観測機器を使って得られたデータを解析することで，間接的に

分かる宇宙の姿や，化石や岩石の調査から見えてくる太古の地球の姿など，空間的スケール・時間的スケールを超えて理解につなげる教育
⑤これまでの学びを総合した，地球環境に対するアプローチを行う教育

　小学校では，川の流れ，一日の天気の変化，月の満ち欠けなど，地域の生活の中で小学生が観察できる範囲を対象に扱います。中学校では，日本の火山や地震・地層の重なり，前線などの日本の気象の特徴，太陽系から銀河系までといった，さらに範囲を広げた対象を扱います。高等学校では，火山や地震の成因となるプレート運動，より細かい地球の姿，微細な宇宙の構成など，深い知識に踏み込んで自然をとらえることとしています。

3．中学校の目標と内容
＜目標＞
学習指導要領の地学分野にかかわる主要な目標は次の通りです。
①地球に関する事物・現象についての観察，実験などを行い，大地の成り立ちと変化，気象とその変化，地球と宇宙などについて理解するとともに，科学的に探究するために必要な観察，実験などに関する基本的な技能を身に付けるようにする。
②地球に関する事物・現象にかかわり，それらの中に問題を見い出し見通しを持って観察，実験などを行い，その結果を分析して解釈し表現するなど，科学的に探究する活動を通して，課題を解決する力を養う。
③地球に関する事物・現象に進んでかかわり，科学的に探究しようとする態度と，自然環境の保全に寄与する態度を養うとともに，自然を総合的に見ることができるようにする。

＜内容項目と扱い方＞
①大地の成り立ちと変化
　大地の成り立ちと変化についての観察，実験などを行い，地層や火山，地震について理解させるとともに，それらの観察，実験などに関する技能を身に付けさせ，思考力，判断力，表現力などを育成することが主なねらいとされています。大地の成り立ちと変化に関する学習を進める際には，身近な地域の実態に合わせて地形や地層，岩石などの観察の機会を設け，興味・関心を高めるようにしましょう。
②気象とその変化

身近な気象の観察，実験などを行い，その観測記録や資料をもとに，気象要素と天気の変化の関係に着目しながら，天気の変化や日本の天気の特徴を，大気中の水の状態変化や大気の動きと関連付けて理解させることと，それらの観察，実験などに関する技能を身に付けさせ，思考力，判断力，表現力などを育成することが主なねらいとされています。天気とその変化に関する学習を進める際には，継続的な気象観測の機会を設け，興味・関心を高めるようにしましょう。

③地球と宇宙

身近な天体の観察，実験などを行い，その観察記録や資料などをもとに，地球の運動や太陽系の天体とその運動の様子を関連付けて理解させるとともに，それらの観察，実験に関する技能を身に付けさせ，思考力，判断力，表現力などを育成することが主なねらいとされています。地球と宇宙に関する学習を進める際には，身近な天体を継続的に観察する機会を設け，興味・関心を高めるようにしましょう。

④自然と人間

特に，地学分野においては，「地域の自然災害について，総合的に調べ，自然と人間との関わり方について認識すること」が求められます。地域の自然災害を調べることで大地の変化の特徴を理解させ，自然を多面的，総合的にとらえさせ，その上で，自然と人間との関わり方について，科学的に考察して判断する能力や態度を身に付けさせることが主なねらいとなっています。

学習指導要領では，「例えば，活断層の存在，津波の痕跡や資料，火山灰の分布，洪水の痕跡などを基にして，生じた自然現象と被害との関係を認識させ，ハザードマップなどを基にその被害を最小限にくい止める方法を考察させるような学習」があげられています。

4．高等学校の目標と内容

(1) 地学基礎

＜目標＞

地球や地球を取り巻く環境に関わり，理科の見方・考え方を働かせ，見通しをもって観察，実験を行うことなどを通して，地球や地球を取り巻く環境を科学的に探究するために必要な資質・能力を次のとおり育成することを目指す。

①日常生活や社会との関連を図りながら，地球や地球を取り巻く環境について理解するとともに，科学的に探究するために必要な観察，実験などに関する

基本的な技能を身に付けるようにする。
②観察，実験などを行い，科学的に探究する力を養う。
③地球や地球を取り巻く環境に主体的に関わり，科学的に探究しようとする態度と，自然環境の保全に寄与する態度を養う。

＜内容項目と扱い方＞
①**地球のすがた（惑星としての地球，活動する地球，大気と海洋）**
　地球の形や大きさ，内部の層構造，地球の熱収支については，情報通信ネットワークや火山や地震のデータを用いた観察，実験の技能を身に付けさせましょう。

②**変動する地球（地球の変遷，地球の環境）**
　宇宙の誕生や進化の過程については，望遠鏡や干渉計で得られた観測結果を活用しながら理解させたり，生命の発生から環境の変化までの過程については，化石や地層・岩石の観察結果から探究し，規則性や関係性を見い出して表現することが大切でしょう。

(2) 地学

＜目標＞
　地球や地球を取り巻く環境に関わり，理科の見方・考え方を働かせ，見通しをもって観察，実験を行うことなどを通して，地球や地球を取り巻く環境を科学的に探究するために必要な資質・能力を次の通り育成することを目指す。
①地学の基本的な概念や原理・法則の理解を深め，科学的に探究するために必要な観察，実験などに関する基本的な技能を身に付けるようにする。
②観察，実験などを行い，科学的に探究する力を養う。
③地球や地球を取り巻く環境に主体的に関わり，科学的に探究しようとする態度と，自然環境の保全に寄与する態度を養う。

＜内容項目と扱い方＞
①**地球の概観（地球の形状，地球の内部）**
　地球の重力に関する資料に基づいて，地球の形状と重力との関係を理解することがねらいとなります。また地磁気の特徴や地震波の伝わり方の資料に基づいて，地球内部の構造を見い出すことができるようにしましょう。資料を正しく読み取ることで，客観的な事実を考察できるようにすることが大切です。

②**地球の活動と歴史（地球の活動，地球の歴史）**
　プレートテクトニクスは，地震や火山活動や大陸の変遷などのさまざまな地学

現象を通して，統一的に説明できることを扱います。その上で，地球上で起こっている地震・地殻変動や火山活動の仕組みを理解させ，造山帯がプレートの衝突する収束境界やプレートの沈み込む収束境界と関連していることを気付かせましょう。

③地球の大気と海洋（大気の構造と運動，海洋と海水の運動）

大気の組成に関連して，オゾン層の特徴を考察させ，環境問題とつなげることもできます。大循環による現象について，偏西風を中心に扱うことで日本の気象を説明できます。近年の気象災害にも目を向け，高層天気図や気象衛星画像などを活用して，天気のメカニズムを理解させたいものです。地球温暖化に関連して，海面上昇や海流と気候との関係を取り上げることもできます。

④宇宙の構造（太陽系，恒星と銀河系，銀河と宇宙）

情報通信ネットワークで入手できる，望遠鏡や探査機による天体画像などの研究成果を活用することができるようになってきています。それらによって，地上からの観察の様子との比較をして，太陽系の各惑星の運動の様子を理解することが必要です。恒星の進化や銀河系の構造，宇宙の膨張などもモデルを用いた実験などから検証したり，最新の研究成果を調べたりすることなども必要となるでしょう。

［船田 智史］

2-6 理数科の理数物理・理数化学・理数生物・理数地学の目標

1. 専門学科「理数科」

　理数科は，1992年に，理科・数学に強い興味・関心を持つ生徒に対して，その可能性を伸ばす計画的な教育を行うことを目的として設置された，高等学校の専門学科です。大多数は，普通科が置かれている高等学校に併置されています。

　普通科の科目を普通科と同程度学習した上で，普通科の理系コースよりも単位数や内容で理科，数学を多く，深く学習し，理系大学とつながるように工夫された教育課程を組んでいます。

　理数科で開設される理科関係の科目は，「理数物理」「理数化学」「理数生物」「理数地学」で，これらから3科目を履修します。

　なお，普通科に置かれる選択教科の「理数」(その中の科目としては「理数探究基礎」および「理数探究」) と混同されやすいですが，理数科は，工業科，商業科など，高等学校における専門学科の一つであり，教科とは違います。

2. 例としての理数物理の目標と内容

　＜目標＞

　物理的な事物・現象にかかわり，理科の見方・考え方を働かせ，見通しを持って観察，実験を行うことなどを通して，科学的に探究するために必要な資質・能力を，次の通り育成することをめざします。

　①物理学における基本的な概念，原理・法則などについての系統的な理解を深め，科学的に探究するために必要な知識や技能を身に付けるようにします。

　②物理的な事物・現象に関して，観察，実験などを行い科学的に探究する力を養えるようにします。

　③自然に対する関心を高め，事物・現象を科学的に探究しようとする態度を養えるようにします。

　＜内容＞

　「物理基礎」「物理」の内容などを参照し，必要に応じて，これらの科目の内容を発展，拡充させて取り扱います。

　　※目標と内容の「物理」の代わりに，化学，生物，地学を入れると理数化学，理数生物，理数地学の目標と内容になります。　　　　　［左巻 健男］

第3章 学習指導案の書き方

3-1 学習指導案の目的と作成方法

1. そもそも学習指導案は，どんなもので，何のために，誰がつくる？

　理科の授業で扱う内容や方法の大枠は，学習指導要領で示されています。主要な教材として，文部科学大臣の検定を経た教科用図書（教科書）もあります。教科書のページを順にめくるように，「教科書を教える」授業をすればよいのでしょうか。生徒や地域の実態に応じた工夫が必要不可欠です。中学校の場合にはその学年で学習する物理，化学，生物，地学の各分野・領域別の，高等学校の場合には各科目の個別内容を，何のために，どの順番で，何を，どのように，どれくらいの時間をかけて学習するのかという具体的な計画が「（年間）指導計画」です。これに基づき，第三者への公開を前提に，授業者自身が生徒の実態に応じるかたちで授業の進め方を整理した，ある1時間（1回）の授業計画が，一般に見られている「学習指導案」です。

　ある程度の経験を積めば，ごく短時間で，これから行う本時の授業の内容を頭の中で整理し，その展開を想像できるようになります。しかし，それを第三者は確認できませんし，実際の授業が計画通り，ねらい通りだったのかを，客観的に判断できません。学習指導案は，大学での模擬授業，教育実習，教員採用試験や就職後の研究授業など，生徒以外の第三者に授業実践を公開する際に書くことが多いと思います。大学の授業では学習指導案を作成できるかどうかが問われます。第三者に見せるための学習指導案は，学習指導案通りに授業を展開できるかという授業実践力以前に，「授業時間に応じた妥当で実行可能な授業展開か」といった，学習指導案そのものの内容や授業構成力が評価され，それが第三者に理解できるか，分かりやすいかといった表現方法や，提出物としての体裁も評価されます。

　実際に行われる授業は，たまたまその1時間の授業だけを参観しにきた第三者のために行われるものではありません。学習指導案を片手に授業を参観する第三者のほとんどは，同業者か研究者であり，「もうすでにその授業で学習する内容を理解している大人」です。授業は，「その内容をその時間に初めて学習する生

徒」に対して行います。教えられた内容や学ばれるべき内容を，生徒が実際に学べるようにすることが求められます。そのために授業者は，その授業に必要な準備を入念に行います。学習指導案は，自分の授業実践を整理し，計画した授業をうまく展開していくための設計図です。さらに，他人が授業を考える際の参考にもなります。このように，実践報告事例としての機能も学習指導案にはあります。

実際の授業を見なければその授業のすべてを知ることはできませんし，授業を見てもすべてを把握できないこともあります。しかし，学習指導案を見るだけで，授業の様子がある程度分かる（想像できる）ように，詳しく作成することが必要です。うまく展開し，生徒が学びを深めることができた授業は，生徒のためだけでなく，授業者自身の自信につながります。反対にうまく展開できなかった場合にも，授業実践の振り返りの材料として学習指導案は用いられ，次時以降の授業の改善や他クラスでの再実践へ生かされます。

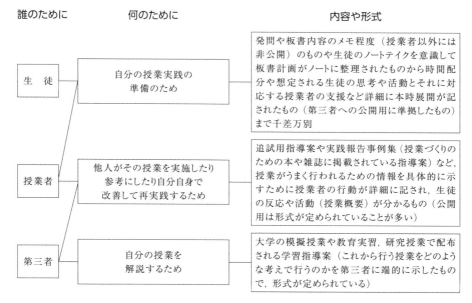

図1：学習指導案の意義

学習指導案は，「誰のために」や「何のために」という目的によって，内容や形式が大きく異なります。発問や板書内容といった授業の概略を示したメモ程度のものから，発問や指示，板書内容とそのタイミングといった授業者の活動と，それに対する生徒の活動が，時間配分と合わせて詳細に書かれたもの，参観者が授

業を観察しやすいように座席表や生徒に配布したプリントが付録として添付されているものまでさまざまです。研究授業の場合には，公開する1時間の授業に加えて，前時までの授業実践記録や，次時以降の予定展開まで書くこともあります。

　大学などで「学習指導案の作成」を学ぶ際には，いくつかの学習指導案の形式の平均をとったものや，附属学校の公開研究授業用のように，ある学校で実際に用いられているものが例示されます。学校によっては，校内研修で課題（研究主題）に迫ったり，これまでの研究実践の成果を反映させるために，特定の項目に重みをつけたり，項目を特設したりする場合もあります。書式や用紙サイズもさまざまですし，電子媒体で提出する際には，作成するソフトやファイル形式まで指定されることもあります。このように学習指導案に含むべき内容や形式に「唯一絶対」はありません。その場に応じて指定された形式・内容で作成します。

2．どのように学習指導案を書くか？
(1) どんな学習指導案でも共通して含まれている内容

　項目の順番や名称といった内容や形式に多少の差はありますが，第三者へ公開される学習指導案には，次の項目が必ず含まれています。

---

①タイトル（例「第〇学年　理科　学習指導案」のように，学年と教科（科目）名を記載）　②日時　③場所　④学級名　⑤授業者名（教育実習の場合には，実習を指導している教師名も記載）　⑥単元（題材）名　⑦単元について（単元観［教材観，指導観］）　⑧生徒の実態（生徒観）　⑨単元の目標　⑩単元の指導計画・評価規準　⑪本時の題材名　⑫本時の目標　⑬本時の展開（学習の流れ）　⑭板書計画　⑮本時の評価規準・評価基準　⑯その他（参考文献など）　⑰付録資料（座席表や生徒への配布物）

　一般にこれらすべてが書かれている学習指導案を「細案」（または「正案」「密案」）と呼びます。⑦，⑧，⑨，⑩，⑭，⑯，⑰を適宜省略し，⑪，⑫，⑬，⑮を中心に本時（これから行う授業）の内容に絞って簡潔に書かれているもの（分量としてA4判1枚程度）を「略案」と呼びます。

(2) 学習指導案を書く前にはっきりさせておくこと

　学習指導案は，授業の設計図です。そのためには，学習指導案の作成以前に，授業の構成要素を整理する必要があります。大髙（2017）が指摘するように，授

業者の人間的な魅力（生徒がどう授業者のことを見ているか，生徒との関係性）も構成要素の一つですし，ほかにも，指導（発問や説明）のしかたや力量，生徒とのコミュニケーション（指名のしかたや生徒とのやりとり），本時の目標（授業のねらい）と扱う内容，その学習内容の前後を含む教科書の記述内容と配列，授業環境（理科室のつくりや設備，備品，消耗品の状況），観察や実験の方法と準備物，電子黒板やPCなどICT機器に代表される教育機器の状況など，授業を構成する要素はたくさんあります。

　特に，生徒一人ひとりの学習内容についての興味・関心の程度，予備知識，基礎となる学力や前提となる経験の有無，グループで観察，実験することが多い理科の場合には，グループの構成やグループでの各生徒の役割の様子など，生徒の実態を把握し，整理することが大切です。次に，授業者がこの授業を通して，目の前の生徒に「どんな力を育みたいのか」「何を学ばせたいのか」といった，この1時間（1回）の授業でのねらいを明らかにする必要があります。

　その上で，本時の授業の前に，何をどのように学び，この後に何をどのように学んでいくのかという，単元全体についての学習の連続性を見通す必要があります。学習そのものは連続して行われますから，前後の1時間だけを考えるのではなく，ある単元の1時間目から最後の時間までの学習過程を整理し，類似内容や関連内容を扱う他教科・科目での学習内容を含めて，前学年までの学習内容に代表される当該単元前に学習した内容と，この後に学習する内容も意識する必要があります。

　これを整理していく過程が，授業者がその単元をどうとらえているのか（単元観）の整理そのものです。そのためには，学習指導要領やその解説，教科書の内容を理解するだけでは足りません。柴田（1974）が指摘するように，授業が成立するためには，基本的条件である「教科内容・教材の系統性」「学習課題の提示」「授業展開の技術」だけでなく，生徒集団の問題，生活指導の問題といった，授業過程の外部的条件も無視できません。真船（1986）が指摘するように，「いかに教えるか」は，「何のために，誰のために，何を教えるのか」によって決まります。

　生徒の実態が明らかになり，学級の生徒一人ひとりの顔が浮かんでくると，生徒に習得させたい概念や法則などである「学習内容」を生徒が獲得するために，生徒が主体的に思考を巡らす対象となる，具体的事実・現象・素材である「教材」や，教材を示すために必要な物や道具である「教具」として，何をどれくらい準備し，どのような発問や指示をどのタイミングで行い，個々の生徒にはどのよう

な支援が必要になるのかを考えることができます。それをどのような順序で，どれくらいの時間配分で行えばよいかを考えることができれば，ある1時間の授業の流れが明らかになっていきます。ここで，どのような教材をなぜ選択したのかを整理したものが「教材観」となり，どういう授業を実践していきたいのかという授業者の考えを整理したものが「指導観」となっていきます。

(3) 学習指導案を書く

　授業の構成要素が整理されていく過程を通して，ある1時間の流れが明らかになってくると，それを「いつ」「どこで」「何を目標に」「何を教材に」「どういう流れで」授業を展開するかをまとめることが，次の作業になります。それに加えて，生徒が目標に到達できたかどうかを，どのような方法と基準で評価するかが決まれば，学習指導案は完成へ近づきます。これらの内容を指定された形式に合わせて書き入れることで，学習指導案は一応完成します。

　ここでもう一度，授業の前提条件や授業で意図している事項を確認し，所定の時間内で授業を展開することができ，それによって本時で生徒が到達すべき状況へたどり着くかどうかを考えます。授業の構成や展開に矛盾や乖離，無理が生じていないかを確認していき，問題があれば修正します。修正は本時の展開だけとは限りません。生徒の実態把握に見落としがあったり，単元構成全体に無理があったりする場合もありますので，必要な修正を必要なところに加えます。修正によって，ある問題は解決しても別な問題がより悪化したりまったく別の新たな問題が発生したりすることがあります。問題が解決できるまでこの作業を繰り返すことで，学習指導案は完成していきます。

〔吉田　安規良〕

<参考文献>

藤村裕一ほか『わかる！書ける！学習指導案　～一太郎で研究授業の悩み解決！～』ジャストシステム，2006, pp.116-121.
畑中忠雄『四訂　若い先生のための理科教育概論』東洋館出版社, 2018, pp.74-126.
真船和夫『真船和夫著作集　第3巻　子どもの発達と教材・授業』真船和夫著作集刊行委員会, 1986, pp.134-135.
岡坂愼二『理科指導案づくりの上達法』, 明治図書, 1989, pp.9-27.
大髙泉「第1章　理科教育事象の特質と理科教育研究の問題設定　2　理科教育研究の対象としての理科教育事象の特質」, 大髙泉編著『理科教育基礎論研究』協同出版, 2017, pp.4-7.
柴田義松：『授業の原理』国土社, 1974, pp.47-55.
山路裕昭「第5章　理科学習指導の実際　第2節　教材研究と授業の構想」, 野上智行編著『理科教育学概論 ——理科教師をめざす人のために——』大学教育出版, 2005, pp.127-144.
山下修一ほか『深い理解をめざした理科授業づくりと評価』大日本図書, 2007, pp.162-169

3-2 学習指導案の書き方のポイント

1. 作成できれば終わりではない　―授業実践まで見通す―

　学習指導案は，生徒のために行う授業の設計図です。「授業時間に応じた，妥当で実行可能な授業展開」を考え，実践するために，授業の様子がある程度想像できるものを作成します。授業実践には，流れが必要ですから「四コマまんが」の「起承転結」に対応させて「導入（○分）・展開（○分）・終末（○分）」や「導入（○分）・展開（○分）・整理（○分）・定着／発展（○分）」といった指導過程，「前時想起（復習）・課題把握・実験・考察・発表・まとめ」といった学習過程を明記したものもあります。

　学習指導案は「案」ですから，実際の授業が指導案通りに進行するとは限りません。授業者の予想した生徒の反応よりも実際の生徒の反応が予想を超えて優れることもあれば，予想に反して低調なこともあります。生徒実験を取り入れた授業では，授業者の予想より実験に時間がかかってしまい，考察の過程まで到達できずに，「次時は実験結果のまとめから」と予告して終わることがあります。ここで学習指導案の時間配分通りに展開すれば，生徒の実態にそぐわない強引な流れの授業となります。これでは「生徒の実態（思考）を無視した教師主導型の授業」と批判されます。実験器具の使い方の指導や安全管理など，教師主導ですべきことや，行わないと効率が悪い場面も授業にはあります。問題は「生徒の実態（思考）を無視した」という点です。生徒の実態に応じて「何を，どこまで，どのようにさせるのか」を考えて実験方法を提示すべきです。

2. 学習指導案と実際の授業との間に生じるずれを減らしておくには？

　授業は①教育目標（どのような学力＜何を教え，いかなる能力＞を形成するのか），②教材・教具（どういう素材を使うか），③教授行為・学習形態（生徒にどのように働きかけるか），④教育評価（生徒の学力の実態から教えと学びはこれでよいか）という4つの要素から成立します。その上で，教師の活動としての教授，生徒の活動としての学習，教材の相互関係の中で授業が展開します（柴田，1974）。

　この相互関係を仲介するのが，城丸（1977）が示した①身のこなし，②発声法，③文字・描画の巧拙，④板書法，⑤話術，⑥発問・説明・指示，⑦机間指導の方法，⑧定型化された学習活動の取り入れ方など汎用的なものから，理科の授業の

特徴である⑨観察や実験などの準備や取り入れ方，さらにはICTの活用といった⑩新しい教材・教具の利用法までを含んだ，その授業で使う教育技術全般です。

　実際の授業は，①授業者の働きかけ方（教授方法），②生徒の学び方（学習方法），③時間，④授業者個人の力量・教授技術などの人的条件，⑤生徒の発達・能力・関心などの心理学的・人間学的条件，⑥教材・教具，施設・設備，教育機器などの物的条件，⑦教育課程（具体的には個別学習内容の選択とその学習〔習得〕順序の編成）などの，教育制度が複雑に絡み合った制約を受けます（大髙，2017）。学習指導案と実際の授業との間に生じるずれの原因と，それを減らすためのポイントは次の通りです。

(1) 授業実践中に直感的に感じる，予定していた時間配分とのずれ

　授業の実践中に，まず直感的に感じる学習指導案とのずれは，時間配分でしょう。例えば，生徒実験を取り入れた授業で，説明が長引いたり，生徒の実験操作が順調に進まなかったり，実験結果を得られずに終わったり，結果の考察や授業のまとめまで到達できずに授業間の休み時間まで食い込みそうな事態から，授業者は授業の途中で「このままでは予定通り進まない」と直感的に推測します。後述するように，これは生徒の実態（生徒は何を習得して，何を習得していないのか）との乖離に起因することが多いのです。他の学生が生徒役をしたり，一人芝居のようなかたちで行ったりする模擬授業では，学習指導案通りに授業が進みがちです。しかしそれは，学習指導案を手にしてその授業の内容を理解している大人が「できる（空気が読める）生徒」を演じたり，「授業者が期待する（授業者にとって都合のよい）生徒」だけを想定したりした結果であることが往々にしてあります。

　実際に授業者の予想通りに授業が展開するとは限りません。時間配分には余裕を持っておくことが必要です。例えば，生徒実験を15分間と見積もるなら，慣れている授業者が5分程度でできる操作内容にするといった工夫が求められます。

　本時の展開を考える際に，指導過程や学習過程を形式的に決めて書くのは，限られた授業時間の中で大まかな流れを考える際には有効です。しかし，予定した時間配分通りに授業が進まないことが実際にはあり得ます。計画段階から授業者が考えていた指導過程と生徒の学習過程との間に差が生じることもあります。

　例えば，授業者は起承転結型の指導過程で授業を計画しても，「整理」の過程で，本時で学ぶべき内容を含むが発展的なものではない新たな課題が生まれ（＝2回目の「導入」），仮説を立てて観察，実験を行い（＝2回目の「展開」），結果をまと

める（＝2回目の「整理」）というように，1時間（1回）の授業で課題発見から解決までの問題解決のサイクルが，連続的に繰り返される授業もあります。

　時間配分を考える際には，授業の流れの目安程度と意識し，生徒の存在を無視するかのように「まとめ」と称して強引に「オチ」をつけるような，教師主導型の授業にならないようにしましょう。

(2) いちばん重要な「授業者の意図」と「生徒の実態把握」に起因するずれ

　実際に理科の授業をすると，あるクラスでは予定通りに展開できても，別のクラスでは生徒の実態が異なるため，うまくいかなかったという経験をすることも多々あります。これは，学習指導案の「単元について（特に単元観〔教材観（題材観）〕と指導観〔学習観〕）」の理解と，「生徒の実態（生徒観）」の把握が不完全で，しっかり記述できていないために起こります。

「単元について」では，教育課程全体の基準である学習指導要領やその解説，さらには採択している教科書会社が発行している教師用指導書（指導資料）などをよく読み，理解することはもちろんですが，それを丸写しすればよいというものではありません。「単元について」では，この単元（教材・題材）で教えたい内容や，教えることによって生徒にどのような資質・能力を身に付けてほしいのか，何を学ぶことにより，どのように生徒が変容するのか，学ぶことにどんな意義があるのかといった，授業者が考える教材（題材）の価値を，教材観（題材観）に書きます。また，指導観（学習観）では，授業を展開する上での工夫点や，授業者の思いや願いを書きます。その上で，単元全体や学習活動を通して生徒に育成すべき資質・能力を，「知識および技能」「思考力・判断力・表現力など」「主体的に学習に取り組む態度」の3つの観点で，それぞれ評価できるように目標を設定します。

「生徒の実態」では，生徒の授業の前提となる知識・技能などの習得状況や，学習内容と関連する経験の有無，理科そのものや学習内容に対する興味・関心や好感度などについて，集団としての生徒と個々の生徒の特徴を混ぜながら書いていきます。生徒の実態把握では，授業者自身の生徒を観察する力が問われます。しかし，「…と見える」や「…と思われる」といった授業者の主観や憶測が全面に出るかたちで記載されているようでは，実態を把握できているとはいえません。

　観察して得られたこと以外にも，客観的に把握できる実態についても記述すべきです。こうした単元（学習内容）に関する事項と生徒の実態との関係は，文章で表現するよりも図式化して構造化したり，書かれている内容を端的にまとめた「見出し」を付けたりすると分かりやすくなります。

客観的な生徒の実態把握としてよく見られるのが，テストの平均点の比較や，理科が好きか嫌いかというような調査結果です。テストの結果の比較は，知識理解の差や指導方法の工夫に何らかの示唆を与えてくれます。そのためには，平均点の差が統計的に見て有意な差なのか，どの問題で正答率が有意に高い（低い）のかを踏まえて書くべきです。低正答率問題では，「どういう誤答をしているのか，誤答の背景に何があるのか」まで分析した結果が記載されるべきです。興味・関心に関する調査は，学習前の意欲の程度を知るために有効ですが，好きか嫌いかだけで授業の構成を論じるのではなく，生徒の実態をしっかり書く必要があります。

　例えば，状態変化の授業で「液体窒素の水を床にこぼすとすぐ消えた」というような観察記録や感想文が多くの生徒から得られたならば，「水」という概念と「液体」という概念が曖昧なのか，それとも単純に「語彙」の少なさからくる問題なのかを見極めるとともに，「化学変化と原子・分子」や「気象とその変化」の単元の学習指導案では，「中学1年生の状態変化の学習時の生徒の実態から，『水』という言葉が，『物質としての水』ではなく『液体という状態』を指す言葉として用いている可能性があるので，その言い回しに注意する」というように，授業実践につなげるかたちで具体的に書きます。

(3) 本時の展開は授業時間に応じて妥当で実行可能か？

　学習指導案から「授業者がどういう意図で，どんな授業をこれから行おうと考えているのか」を理解（想像）するために，本時の展開では，「生徒の活動が大まかに分かる」ことが求められます。ここでは，授業者の指示や発問などの活動全般が具体的である必要があります。指示や板書，教材・教具などの準備物をどのように使うのかという「授業者がいつ何をするのか」「生徒がどのような反応や行動をするのか」を簡潔かつ具体的に書くことが大切です。この作業は（1）で述べた時間配分の想定にもつながります。

　特に，授業者から生徒への発問は，その授業が成功するか失敗するかを左右する重要なものです。発問とは，授業者が生徒に対して行う質問の一種で，説明で済むことを問うことで生徒が「説明を聞く」という受動的な姿勢ではなく，生徒に「発問に答える」という能動的な姿勢で授業に臨ませ，生徒の考える力を育成することを意図しています。

　質問とは，一般に，疑問点や分からないところを問いただすことですが，生徒は，ときには授業者に質問し，試行錯誤しながら答えを見つけ出します。この見

つけた答えだけでなく，試行錯誤した過程も生徒の学力となります。

　１時間（１回）の授業のすべてを使って解決していく主発問は，一つに限定すべきです。その際，生徒にとって追究の必要性が感じられないのに，授業者が一方的にやらせる学習（授業者が「○○しよう」と投げかけるような授業）は避けるべきです。次の点を意識して発問を考えます。

①今までの自分では説明できない事実や現象と遭遇することで，これまでの見方や考え方とのずれを感じて，追究せずにはいられないような問題意識を持たせる

②異なる意見を取り上げ，その違いを際だたせ，どちらが正しいか，適切かということを考えさせる

③目標に向かって追究する過程で障害に遭遇した際に，どうすれば障害が解決できるかという問題意識を持たせる

④「これはどうなっているのか？」と生徒が抱いた素朴な疑問から，「何の」「どこ」が「どのように」分からないのかを明らかにしながら，それを解決したくなるように生徒の意識を変容させる

⑤「なぜ」「どうして」という因果関係は，それに必要な知識や現象・原理を理解しているから解答できるため，本時で学ぶ内容（＝まだ知らない内容）を利用しないと回答できない発問はせず，理解して習得できたかどうかを確認する際の問いとして利用する

(4) 本時の目標に迫ることができたかどうかを適切に評価できているか？

　授業は，学習者である生徒が「授業後に○○できるようになる」ために行います。そのため目標は，「生徒」が主語になるように書きます。生徒に身に付けさせたい資質・能力や，到達させたい目標はたくさんあります。それでも，最大40名の生徒に対して授業を行い，評価していくことを考えると，１時間（１回）の授業の中に数多くの目標を盛り込むことは非現実的です。本時での目標は，単元全体を通した学習活動の中で，生徒に育成すべき資質・能力である「知識および技能」「思考力・判断力・表現力など」「主体的に学習に取り組む態度」の３観点から，その授業の中軸となるものを１つか２つ選んで絞り込むのが適切です。各種研修や研究会では，その目的によってすべての観点を網羅したり，「特別な目標」を設定したりする場合もあるでしょう。それでも，各観点から１つずつ設定するか，特別枠を１つ増やす程度が限界です。

　一般に人は，物事や情報を認識するとき，まず自己の外部にある情報や操作を

内部に取り入れ，自分の認知構造を再構成（内化）します。自己の内部に取り入れた物事や情報が，どのような状況で，既有の知識や考えと同じか否か，どこがなぜ同じ（違う）なのか，それに対して自分はどう考えるのかというように，「意図的に吟味する過程」（内省）を経ます。最後に，この内部で生じた思考や認知過程を，他人に伝わりやすい方法で明示的に外部へ表します（外化）。授業者は，生徒が外化したものを見て評価するために授業をつくり，評価結果を踏まえて授業を展開します（堀，2013）。そのために本時の目標は，

① 特定の具体的な知識や能力を完全に身に付けることが要求される［達成目標］
② 論理的思考力や社会性など，包括的で総合的な高次の目標や，ある段階に達したときに示されるであろう態度や行動の様子や価値観などへの接近［向上目標］
③ 実験，観察，観測，見る，聞く，ふれる，やってみる，確かめる，発見する，感動するなど，直接的で特定の体験をすることそのものをねらう［体験目標］

の3つに区分（梶田，2010）でき，その行動の出現の有無を確認します。つまり，できたかどうかの判別が容易になる行動を設定し，「（生徒が）○○できる，△△しようとする，□□をする」というかたちで書きます。

本時の目標が達成できたかどうかについての記述が，「本時の評価」です。本時の目標と評価すべき項目は，一対一で対応します。目標にどの程度到達できたか（評価規準）を最も簡単に示す記述は，目標の文末を変えたもの（○○できたか，△△しようとしたか，□□をしたか）になります。また「何を」「どう」評価するのかという評価方法と判断基準（評価基準）もあわせて示します。

3. 授業を終えてからすること ―次につなげていくために―

授業が終わったら，学習指導案は用なしになるわけではありません。研究授業のように授業後に反省会が行われた場合はもちろんですが，授業者自身がその授業を振り返り，次の授業の改善につなげるための資料となります。そのためには，授業中に学習指導案と実際に行われた授業のずれを記入しておく必要があります。時間配分，説明や指示は分かりやすく，すぐに生徒が理解してくれたかどうか，生徒の誤解や誤答などを記録しておくことが，振り返りの際の材料になります。振り返りでは，ただ「○○が悪かった」と問題点をあげるだけでなく，実際に行われた授業（授業記録）を学習指導案の本時展開と同様の形式でつくってみたり，授業中に生じた問題点を解決し，授業者の感じた学習指導案と実際の授業との間

にあるずれを改善させた「再構成学習指導案」を作成してみたりしましょう。自分の授業の「何がよくて」「何が問題なのか」が一目で分かります。

　授業に失敗したからといって，「教材が悪かった」「生徒が悪かった」は禁句です。生徒に対して教材を選択して授業の内容と展開を考え，最終的に決定した授業者自身に責任があります。授業者には，他のクラスや翌年度以降という「次」がありますが，授業を受けた生徒は「リセットして学び直し」ができません。授業者として失敗を次への糧としつつも，生徒にとって最善の授業を考えて実践し続ける理由がここにあります。

4. 提出物としての学習指導案はどこが評価されるか？

　提出物としての学習指導案は，当然「締め切り」までに，「指定された体裁」で書かれているかどうかがまず問われます。その上で，内容が評価されます。第三者は，学習指導案から授業の様子を理解（想像）しようと試みます。理解（想像）しやすいものほど，高評価を得ます。読み手は，①授業者の思いや願い（意図）を「単元について」から，②生徒の論理に即した実践かどうかを，「生徒の実態」や「本時の展開」中の支援策や留意点に関する記述と「評価」から，③本時のイメージを「本時の展開」「板書計画」「付録のワークシートなど生徒が使用する教材・教具」から読み取り，授業者の授業構成力と学習指導案を評価します。

〔吉田　安規良〕

―――――――――――――――――――――――――――――――――――――

＜参考文献＞
相沢陽一『理科発問づくりの上達法』明治図書出版, 1989, pp.11-60.
梶田叡一『教育評価』[第2版補訂2版] 有斐閣, 2010, pp.78-83.
加藤辰雄『誰でも成功する発問のしかた』学陽書房, 2008.
加藤辰雄『誰でも成功する授業での説明・指示のしかた』学陽書房, 2009.
堀哲夫『教育評価の本質を問う　一枚ポートフォリオ評価　OPPA　一枚の用紙の可能性』東洋館出版社, 2013, pp.63-118.
小田切真「第3章　学習指導案の書き方　4学習指導案の書き方のポイント」左巻健男編著『授業づくりのための理科教育法』東京書籍, 2004, pp.73-75.
岡坂慎二『理科指導案づくりの上達法』明治図書出版, 1989.
大髙泉「第1章　理科教育事象の特質と理科教育研究の問題設定　2　理科教育研究の対象としての理科教育事象の特質」大髙泉編著『理科教育基礎論研究』協同出版, 2017, pp.4-7.
柴田義松『授業の原理』国土社, 1974, pp.44-45.
城丸章夫「第四章　教育技術とは何か　（一）指導の技術として」城丸章夫編『新しい教育技術シリーズ1　総論-新しい教育技術』日本標準, 1977, pp.96-106.
田中耕治『教育評価』岩波書店, 2008, pp.90-91.

3-3 授業と評価

1．評価って何？
(1) 成績をつけるための評価（学習評価）と評定，授業の評価

「評価」と聞いて，最もなじみ深いのは学習活動の成果（成績）でしょう。もっといえば，生徒が受け取る最も身近な評価結果である「通知表（通信簿）」に記された，総合的な評価結果を通常5段階の数値で表した「評定」が真っ先に思い浮かぶことでしょう。今日の評価は，「目標にどの程度到達できたか」という「目標に準拠した評価」です。これを，集団における相対的な位置・順序（他者との比較結果）を示す「相対評価」（集団準拠評価）に対して「（いわゆる）絶対評価」といいます。各単元や領域ごとに，授業への取り組み，観察・実験の実技やそのレポート，各種テストなどの成績根拠資料をもとに総合的に評価し，最終的におおむね満足できる状況に到達したときの評定が「3」です。

もちろん，授業者だけが生徒を評価するわけではありません。生徒自身も，「ここが分かった（できた）」「ここが分からない（できない）」「これはどうなるの」といった自らの学びの状況を自己評価し，さらには受けた授業や授業者を評価します。授業者は生徒の学習状況を評価した結果から，授業を改善するとともに自分自身が行った授業を評価します。これが「授業の評価」です。

(2) 指導と評価の一体化

例えば，「ペーパーテストで生徒が〇〇点だった」から「生徒が目標を達成できなかった」と評価すれば，「その内容を扱った授業が〇〇点」であり「生徒が目標を達成できなかった授業」と評価されます。ここで終わらせずに指導と評価を相互往還的にとらえ，評価結果から後の指導を改善し，さらに新しい指導の成果を再度評価することが「指導と評価の一体化」です。

教育基本法や学校教育法にある教育の目標は「…目標を達成するように行われるものとする」と規定されています。これは「生徒が目標を達成することを義務付けるものではないが，教育を行う者は『目標を達成するよう』に教育を行う必要があることに留意する必要がある」（文部科学省，2018a，2018b）と解説されています。生徒が目標を達成できる授業を提供するために「指導と評価の一体化」を進めるには，「効果的な行動を実現するために，自分の行動がもたらした結果をデータとして取り込み（feed），次のより適切な行動のために活用するシステム」であるフィードバックが必要であり，生徒の学習状況や授業者の学習指導に関す

る精度の高い情報の収集（指導に生かす評価の充実）が不可欠です。

(3) 評価・評定と指導要録

　学校は「児童等の学習および健康の状況を記録した書類の原本」であり，学校教育法施行規則で「学校において備えなければならない表簿（公簿）」と規定されている「指導要録」を作成します。指導要録の様式は各学校の設置者（公立の場合は教育委員会）が定めますが，文部科学省が示した「参考様式」とほぼ同一です。

　学年末（年度末）には成績根拠資料をもとに指導要録に生徒の成績を記録します。学年末の通知表は指導要録の「部分的な写し（抄本）」といえます。実は通知表の作成には法的根拠はなく，各学校の任意です。そのため学校によって通知表の形式はさまざまですが，評価や評定欄は指導要録の様式と対応させることが多いです。

　2008（平成20）年に告示された中学校学習指導要領および2009（平成21）年に告示された高等学校学習指導要領に基づく指導要録（参考様式）の様式2（指導に関する記録）の「各教科（・科目等）の学習の記録」に，「評定」の欄が設定されています。中学校では「観点別学習状況」の欄が設定され，理科では「自然科学への関心・意欲・態度」「科学的な思考・表現」「観察・実験の技能」「自然事象についての知識・理科」という4つの観点が用意されています。高等学校では週あたりの授業時数に対応する「修得単位数」の欄が設定されています。

　2017（平成29）年に告示された中学校学習指導要領および2018（平成30）年に告示された高等学校学習指導要領に基づく指導要録（参考様式）は，2019年1月の時点ではまだ公開されていません。しかし，これまでの指導要録の様式改訂に倣えば，学校教育全体や各教科などにおける指導を通して育成を目指す資質・能力である，「(1)知識および技能」「(2)思考力，判断力，表現力など」「(3)学びに向かう力，人間性など」という3観点で評価した結果を「観点別学習状況」欄に「A：『十分満足できる』状況と判断されるもの」「B：『おおむね満足できる』状況と判断されるもの」「C：『努力を要する状況』と判断されるもの」の3段階で記入することになるでしょう。学習指導要領では，各教科，各分野，各科目の目標が，この3つの観点に対応するかたちで設定されています。この3つの観点別の評価結果を総合した結果を評定欄に数値で記入します。このため，観点別学習状況の評価が同一でも，境界領域に位置する生徒では評定が異なることがあります。

2. 評価に関する基礎知識
(1) 評価規準と評価基準
　評価の際には目標と呼応している3つの観点別に生徒の学習状況を見る必要があります。この観点に対して，学年，学期，単元，学習内容，各授業時間，授業中のある特定の段階といった内容や時間の枠組みの中で，「目標に到達できたかどうかの程度の枠組み」を示したものが評価規準です。これは目標が達成できた生徒の姿を質的に表したものです。この目標に対する生徒の実現状況をABCの3段階に分ける際の，具体的指標となる「ものさし」が評価基準です。評価規準も評価基準もどちらも読み方が「ひょうかきじゅん」なので，混乱を避けるために評価規準を「ひょうかのりじゅん」，評価基準を「ひょうかもとじゅん」と読んで区別することがあります。学習指導案の「本時の評価」には評価規準を示します。さらに評価事項を明確にするために，評価基準をABCの3段階で具体的に示すこともあります。観点と各段階で見られる認識や行為の特徴を，表の形式で示したものをルーブリックといいます。C評価はB評価未満を意味するので，その代わりにC評価の生徒に対する支援策（回復学習の内容）を書く場合もあります。

　例えば，中学2年生の「気象観測」の「気象要素」のところで，「気温，湿度，気圧，風向などを理解できる」を評価規準とした場合，言葉の意味（用語の定義）を理解して，天気図を読むことができればB，天気図から気象情報を読み取るだけでなく，天気用図記号を用いて気象情報を天気図に書き込むことまでできればA，言葉や天気用図記号の意味を暗記した程度で終わっていたりそこまでも至っていなかったりした状況をCというように，目標に対する達成度や程度を表したものが評価基準です。評価基準は，この例示のようにその尺度に見られる認識や行為の特徴を言葉で表現したり，「終末段階で行うペーパーテストで5問中3問正解するとB」というように量的に表現したりします。

　評価基準例は教科書会社などがwebサイトで公開しています。国立教育政策研究所が公開している指導資料・事例集，評価に関する文献，授業づくりのための参考書や他の実践事例での評価基準なども参考にして下さい。

(2) 診断的評価・形成的評価・総括的評価
　「指導と評価の一体化」における評価は，生徒を選別するためではなく生徒の学力や発達を保障するものです。「機会の平等」より「結果の平等」を学校で実現するために「マスタリー・ラーニング（完全習得学習）」を提唱したブルーム（Bloom, B. S.）は，評価を指導のための手がかりを得る手段と位置付け，評価の実施時期

によって「診断的評価」「形成的評価」「総括的評価」とその機能を3つに分けてフィードバックを行う必要性を主張しました。

　学習を始める前の生徒の状態を把握した上で授業を準備して実践しなければ，目標到達に向けて高い効果が期待できる授業はできません。学年の初めや一連の学習開始時などにおいて，学習の前提となる知識・技能などの習得状況，生活経験の実態や有無，レディネスなどを把握するための評価が「診断的評価」です。

　授業がねらい通りに展開したかどうかを判断し，生徒が目標に到達したかどうかを判断するための評価（プロセスの評価）が「形成的評価」です。形成的評価の結果は生徒にすぐにフィードバックされるべきものです。そのため，その学習内容の一番のポイントで形成的評価を行います。学習指導案に書かれる本時の評価は，その1時間の学習の結果から生徒の実態や指導の成果を把握し，次時以降の授業をよりよくするための形成的評価です。その結果，C評価の生徒がいた場合，自分の授業の改善策とその生徒に応じた支援（次の手）を考えます。授業がねらい通りに展開していないと判断された場合には，「なぜここで間違ったのか」を把握し，回復学習と再評価を行い，授業計画を修正します。

「総括的評価」は，形成的評価とは異なり，教えたこと以外も問うことで応用力や総合力といった学力の発展性までをみとる評価です。総括的評価は，直接的に通知表や指導要録に記載される評価・評定とつながります。しかしその結果は，成績として用いるだけではありません。授業者は実践を反省し，生徒はどの程度目標に到達できたかを確認するというように，フィードバックに用います。

　教育活動はさまざまな大きさのまとまりが重層的に重なって進行するため，あるまとまりの終わりは，見方を変えればそれより大きなまとまりの途中でもあり，次のまとまりの始まりでもあります（梶田，2010：92）。そのため実施時期だけで，診断的評価，形成的評価，総括的評価を区分して理解すべきではありません。生徒にとって上級学校への進学のための入試は，「総括的評価」のイメージがありますが，その学校からすれば「診断的評価」です。このように，ある評価行為が，診断的評価，形成的評価，総括的評価を兼ねることはあり得ます。例えば，「化学変化と原子・分子」の「物質の成り立ち」の「原子・分子」のところで，原子の記号と化学式を1時間の授業で学んだ場合，「物質を原子の記号で表すことができたか」は形成的評価ですが，化学式の習得という意味では総括的評価になります。一方，後に続く「化学変化」「化学変化と物質の質量」や「化学変化とイオン」の学習に対する診断的評価にもなります。

(3) 評価の際に意識しておくこと

　実際の評価では，生徒の学習の過程と成果の両方をみとります。評価と授業を結び付けるためには，目標の設定が重要になります。「○○（内容）を理解する（行動・認知過程）」という目標が，①「○○についての用語や公式を覚えている（知っている）」，②「因果関係など○○に存在している関係性を説明できる（分かる）」，③「○○を生活場面で活かせる（使える）」のどの解釈（学びの深さ）を意味するのかによって，到達すべき学びの深さに決定的な違いが生じます。評価しているものが対象となっているカリキュラム全体を網羅しているのかという「カリキュラム適合性」と可能な限り評価に関する条件を公平にする「公正性」の確保は，評価の大前提です。その上で評価対象をどれほどよく測れているのか（「妥当性」）や評価対象をどの程度安定的に一貫して測れているのか（「信頼性」）を確保します。異なる評価者が評価基準を共通理解した上で，同じ評価基準で公平に評価されるという「比較可能性」の担保や入手可能な評価材料を与えられた時間内で効果的に評価できるかという「実行可能性」も重要です。唯一絶対で万能な評価方法は存在しません。組織的で計画的に評価項目と評価方法を上手に組み合わせて，生徒の実態に合った授業をデザインし，実践し，評価することが求められます。

　適切な評価を授業に組み入れるには，授業した後になってから「どうやって評価するのか」を考えるのではなく，成果から遡って「目標を設定する際に同時に対応する評価方法を検討する」ことが重要です。このように「①求められている結果を明確にする（教育目標の明確化）」「②承認できる証拠を決定する（評価方法の選択・開発）」「③学習経験と指導を計画する（授業の計画）」という順番で授業を構想していくことを「逆向き設計」論といいます。

(4) 評価方法のいろいろ

　評価方法は様々なものがあります。「日常的な評価」では，授業者による観察が最もよく用いられます。発問に対する応答から生徒の理解度を確認したり，生徒の活動の様子を観察したりします。

　「筆記による評価」の代表例はペーパーテストやワークシートです。ペーパーテストによる評価は，解答形式により「選択解答式」と「自由記述式」に大別され，解答方法によりさらに細分化されます。

　習得すべき技能が実際に使えるかどうかを評価する実技テストは「実演による評価」の代表例です。この他に「ある特定の文脈のもとで，様々な知識や技能などを用いて行われる人のふるまいや作品を，直接的に評価する方法」であるパフ

ォーマンス評価があります。特定の文脈の中でさまざまな知識やスキルを応用・活用・総合して使いこなすことを求めるような複雑な課題をパフォーマンス課題といい，これに挑戦させ，自分自身の作品をつくりあげるプロセスやつくり上げた作品・表現による評価のことをパフォーマンス評価ということもあります。

　学習活動において，生徒自身がどのようなことに努力しているのか，どこがどのように成長したのか，何を達成したかなどについての証拠となるものを，目的・目標に照らして系統的・継続的に収集したものをポートフォリオといいます。これに基づいて生徒の成長を評価する方法がポートフォリオ評価です。授業者のねらいとする授業の成果を，生徒が1枚の用紙（OPPシート）の中に，授業前・中・後の学習履歴として記録し，学習者が自分の学習履歴と変容をモニタリングしながら自己評価する方法が一枚ポートフォリオ評価法（One Page Portfolio Assessment, OPPA）です。

　どの評価方法も一長一短があります。例えば選択解答式は，客観的かつ簡単に評価できますが，デタラメに答えても正解する可能性があります。ワークシートでは，文章や図の表現力（自分が分かっていることを他者に伝わりやすいかたちで適切に外化できるか）だけでなく，文字の見やすさ（美しさ）や構図の巧拙といった，内容に直接関係しない見栄えの部分が評価に影響します。「授業がおもしろかった」や「楽しかった」「つまらなかった」という漠然とした思いや感想が自己評価として生徒から寄せられても授業改善にはつながりません。今日の授業と普段の授業との違いが「何」で「なぜ」そう感じたかを生徒に明確にさせるようにします。ノートの提出率や挙手の回数，さらには手の上げ方に代表される姿勢のような，授業内容と直接関係しない一般的な「学習態度」で「学びに向かう力，人間性など」を評価するのは問題です（田中，2008：114；西岡ほか，2015：8，88-89）。社会生活に必要な「約束や締め切りを守る」ことは大切な学びですが，提出期日を遵守したという理由だけで内容的に劣るものを安易に高く評価するのも問題です。

3．評価を授業につなげるために

　どの評価方法も「分かっているかどうかを確かめる手段の1つ」であり，ある切り口から生徒の分かり方を推定するものです。当然，生徒の分かり方のすべてを映し出しません。授業はペーパーテストで良い点数を取らせるためのものではありません。それでは，分からないままに暗記することが生徒の学ぶ目的になり，

ペーパーテストの問題の解法を教えることが授業者の目的となり，「(ペーパーテストは) できるけど (本質を) 分かっていない生徒」を育てることになります。

　繰り返しになりますが，生徒を評価した結果は，生徒が受けた授業に対する評価でもあります。授業の振り返りとして教育活動を問い直すとは，心情的な反省を行って「謝り」を入れる前に，授業のどこに「誤り」があったのかを明示的に把握することです（田中，2008：138）。授業者には授業を構造化（構成する要素に分解して相互関係をつかみ，整理して体系化する）して，教科指導がきちんとできることが求められます。

〔吉田 安規良〕

<文献>
安彦忠彦編『カリキュラム研究入門』勁草書房, 1985, pp.71-74.
畑中忠雄『四訂　若い先生のための理科教育概論』東洋館出版社, 2018, pp.228-256.
堀哲夫『教育評価の本質を問う　一枚ポートフォリオ評価　OPPA　一枚の用紙の可能性』東洋館出版社, 2013.
堀哲夫・西岡加名恵『授業と評価をデザインする　理科』日本標準, 2010.
梶田叡一『教育評価[第2版補訂2版]』有斐閣, 2010.
松下佳代『パフォーマンス評価—子どもの思考と表現を評価する—』日本標準, 2007.
文部科学省『中学校学習指導要領（平成29年告示）解説　総則編』東山書房, 2018a, p.14.
文部科学省『高等学校学習指導要領解説　総則編』http://www.mext.go.jp/component/a_menu/education/micro_detail/__icsFiles/afieldfile/2018/07/13/1407073_01.pdf （2019年1月現在）, 2018b, p.17.
西岡加名恵・石井英真・田中耕治編『新しい教育評価入門—人を育てる評価のために』有斐閣, 2015.
城丸章夫「第一章　教育実践のつかみ方」城丸章夫編『新しい教育技術シリーズ1　総論—新しい教育技術』日本標準, 1977, pp.9-26.
田中耕治『教育評価』岩波書店, 2008.
田中耕治編『よくわかる教育評価[第2版]』ミネルヴァ書房, 2010.
Wiggins, G. & McTighe, J.(西岡加名恵訳)『理解をもたらすカリキュラム設計－「逆向き設計」の理論と方法』日本標準, 2012.

3-4 学習指導案の具体例（観察・実験中心）

1．授業を通しての留意点

　授業に観察・実験を組み込む場合，やりっ放しにならないよう，十分なまとめの時間を確保したいです。そのためには，生徒観を念頭に指導計画を立て，事前準備を入念に行います。また，後片付けと整理の時間を柔軟に用いるなどして，生徒の失敗をフォローできるゆとりを組み込む配慮も必要です。

2．学習指導案例

(1) 題目　状態変化により物質の体積と質量がどのように変わるのか調べよう。
(2) 目標
・加熱器具を正しく扱い，安全に注意しながら実験を行うことができる。〔技能〕
・状態変化をすると，物質の体積は変化するが質量は変わらないことを，実験結果から導き出すことができる。〔思考・表現〕
(3) 単元観
　ロウの加熱・冷却実験を行い，状態が変化する前後での体積や質量を比較し，状態変化によって物質の体積は変化するが質量は変化しないことを見い出させる。加熱器具を正しく安全に取り扱い，実験を行うことができる。
(4) 生徒観
　ガスバーナーの取り扱いに少しずつ慣れてはきたが，まだ恐る恐る扱っている生徒もいる。現象理解面においては，ロウが凹んだことと体積減少とがすぐには結び付かない生徒が多いことが予想され，教師のサポートが必要である。（後略）
(5) 指導方針
　温度の変化により，いろいろな物質が状態変化することを復習し，状態変化における質量・体積の変化の有無を予想する。ロウが液体から固体に変化する前後での体積と質量の変化を調べ，質量は保存されるが体積は変化することに気付かせる。ついで，袋に封じたエタノールを湯煎で気化させる演示実験を行い，液体が気体に変化すると体積が増えることを示す。以上の結果が他の物質でも（後略）
(6) 準備するもの
　ロウ（105 mmの試験管に深さ4 cm程度），（後略）
(7) 展開　（別紙）
(8) 評価
・十分満足
　〔技能〕安全に実験を行い，質量保存と体積変化を示す結果を得ることができる。
　〔思考・表現〕状態変化において，物質の質量は保存され，体積は変化することをワークシートにまとめることができる。
・大むね満足
　〔技能〕実験器具を正しく扱い，安全に実験を行うことができる。
　〔思考・表現〕ロウやエタノールの状態変化で体積が変化すること，ロウの状態変化で質量が変わらないことを，ワークシートに整理することができる。

(7) 展開

所要時間	学習活動	指導上の留意点
3分	1 物質の状態が，温度により変わることを復習する	・水，鉄，ドライアイスなどの変化を例として示す
4分	2 状態変化において，体積や質量が変わるか予想する	・水の凝固や沸騰を元に，隣同士で1分程度考えさせる ・予想の根拠を聞く
	状態変化によるロウの質量・体積変化を調べよう	
25分 説明5分 実験20分	3 ロウの状態変化実験の説明を聞き，実験を行う	・ワークシートと道具を示しながら説明を行う ・特に気をつける操作 　炎やお湯の取り扱い 　冷却時に試験管を傾けない ・机間巡視で結果を確認し，質量が変化した班には測り直しを指示する ・早めに終了した班には片付け，結果の整理を指示する
5分	4 班ごとに結果を整理し，全体で共有する	・ロウの凹みを体積減少に結び付けるよう声かけする ・ホワイトボードシートに結果を記録して黒板に貼る
3分	5 エタノールの状態変化の演示実験の説明を聞き，予想を立てる	・隣同士で1分程度話し合わせ，何組かの意見と根拠を聞く
5分	6 演示実験を観察し，結果をワークシートに整理する	・実物投影機を用いて気泡の発生を明示し，体積変化との関係を強調する
5分	7 まとめ 教師の話を聞き，本時で分かったことをワークシートに記入しまとめる	・鉄やドライアイスでも同様であることを伝える ・気体への変化と溶質の溶解との類似点を示唆する

3. 授業で使用するワークシート

状態変化での質量と体積の変化

　　　　　年　　組　　番　名前_____

☆予想：状態変化では，物質の質量と体積は変化するのか？
・〔質量〕変わる ／ 変わらない　　・〔体積〕変わる ／ 変わらない

◇実験手順
① ロウ入り試験管を100 mLビーカーに入れ，質量を測る。
② 200 mLビーカーにお湯を約150 mL入れ，ロウ入り試験管を浸けてガスバーナーで加熱する。
③ ロウが全部とけたら試験管を取り出し，まわりをよく拭いて質量を測る。
④ ロウの最上部に油性マーカーで印を付け，垂直に立てた状態で氷水に入れ，冷却する。

☆結果：
・〔質量〕　固体_____g，液体_____g

液体→固体の形状の変化，体積変化

◇演示実験：エタノールの状態変化（液体→気体）
☆変化の予想：〔体積〕減る ／ 増える ／ 変わらない
☆結果：〔体積〕減った ／ 増えた ／ 変わらなかった

生じた変化

○まとめ：状態変化での質量や体積の変化から分かること。

〔南　伸昌〕

3-5 学習指導案の具体例（対話・発表中心）

1. 生徒の活動を重視した学習

　ここでは，生徒との対話や，生徒の発表を重視した学習指導案を紹介します。ここで重要なことは，生徒たちとの対話の中で発する「問いかけ」として，「何を提示するか」と「何を身に付けさせたいか」「どのようにして，次につなげていくか」を想定して授業を展開することでしょう。そのために必要なことは，担当する生徒をどのようにとらえるか，という「生徒の実態」を把握することです。「生徒の実態」として，一人ひとりの生徒の特徴と，教室全体の集団としての特徴を，どのように把握できているかが，対話や発表を重視した授業を成功させる鍵になります。例えば，何らかの理由で叱られた直後の授業で，

　【導入】前時の授業の復習として，例題を提示しノートに解かせる。解けた生徒には，まわりの生徒と解答を比較させて，授業内容の定着を確認する。

として，生徒たちの活発な活動を期待しても，生徒が積極的になる可能性は低いでしょう。しかし，気持ちの切り替えに積極的なAさんが，こちらの意図を察知して，クラス全体に呼びかけを行うなどの可能性があるかもしれません。このようなAさんの存在も含めて，授業者が計画を練る必要があります。

　一方，対話や発表の形式の授業に適した題材（教材）と，適していない題材があります。一般的に，発表形式の授業に適した題材としては，正解のない問いかけや，正答が一つにならない場合で，例えば「エネルギーの利用」や「生命倫理」のようなものです。しかし，適していないとされる題材であっても，授業の展開や題材の一部，あるいは学習した内容に関係する具体例を紹介させるなど，工夫次第では，発表形式や生徒同士の議論を促せるものもあります。対話や発表を中心に展開すると，事実を提示して伝達する授業よりも時間がかかりますが，その分，生徒の能動的な学習や，学習に対する意欲，普段の生徒の生活と学習内容を結び付けようとする意識を高めることにつながります。時間数に多少余裕のあるときや，学習に行き詰まったとき，生徒の学習意欲が低下してきたときなどに，発表形式の授業を展開することで，効果が期待できると思います。

　高等学校　理科（物理基礎）学習指導案　　　　　授業者　○○　○○
　1.　日時　○○年○○月○○日（○曜日）　第3校時　11時～11時50分
　2.　学年　第1学年　○組（36名　男子20名　女子16名）

3. 単元名　エネルギーとその利用
4. 単元目標
中学校では，運動エネルギーや位置エネルギーの総和である力学的エネルギーが変化しないこと，身のまわりにある多くの電池は物質の持つ化学エネルギーを電気エネルギーに変換していること，日常生活や社会ではさまざまなエネルギーを変換して利用していること，人間は，火力，水力，原子力などからエネルギーを得ていること，エネルギーの有効利用が大切であることなどを学んでいる。
本単元では，力学的エネルギーや化学エネルギー，電気エネルギーなどのさまざまなエネルギーは，他のエネルギーに変換されることで，エネルギーの総和（総量）が変化しないことや，私たちにとって，電気エネルギーが利用しやすいこと，火力発電や水力発電，原子力発電による発電の基本的な原理と，α線，β線，γ線などの放射線の特徴とその利用について学習する。
5. 生徒観
生徒の実態を把握し，生徒の状況に基づいて，記述する。
6. 指導計画
①さまざまなエネルギー，②エネルギーの利用，③原子力エネルギーと再生可能エネルギー（本時）
7. 本時の目標
本時では，前回の授業終了時にグループごとに与えられた課題の発表をもとに，原子力発電では，核分裂の連鎖反応を利用した核エネルギーを熱エネルギーに変換し，さらに電気エネルギーに変えて送電していることや，放射線の線種による特徴やその利用，および安全性や危険性について理解すること，また，非再生可能（枯渇性）エネルギーや，再生可能エネルギーを用いた発電について理解することを目標とする。
8. 評価の観点
①知識および技能
放射線の基礎的な特徴を理解できているか。また，非再生可能エネルギーと再生可能エネルギーの違いとその利用について，メリット・デメリットや問題点について理解できているか。グループ活動に関しては，グループ構成員のそれぞれの意見を聴いて，まとめていこうという姿勢が見られたか。発表の方法や手段について考えられていたか。
プリントなどを用いて評価できる。
②思考力・判断力・表現力
それぞれの放射線の特徴に基づいて，安全性や危険性について冷静にとらえる（考える）ことができたか。放射線のどの性質を利用しているかについて考えることができたか。また，得られた知識や理解を自分自身の言葉で他者に伝えることができたか。
振り返りシートや発言の記録から評価できる。
③主体的に学習に取り組む態度
自宅で調べ学習を行ってくると，自信を持ってグループ内で発言できることを体験できたか。また，自分自身が分からない内容について，他者に質問することができるか。同時に，質問された内容を理解し，相手が納得できるように表現し，説明することができたか。
机間指導や発言を通して評価できる。
9. 本時の展開（次ページ）

(9　本時の展開)

展開	学習活動	指導上の留意点
導入 5分	前時の課題について確認する。 ①放射線の安全性について ②放射線の危険性について ③放射線は何に利用されているか ④非再生可能エネルギーとは何か ⑤再生可能エネルギーとは何か ⑥発電の仕組み	1グループ3人を目安とし，グループごとに課題を渡してある。 課題の指示は漠然としているので，その課題の意味は，各自が解釈して調べてくることを前提としている。 1課題について2グループが調べていることになる。
展開 35分	前半10分で，各自が調べてきた内容について，グループ内で共有し，意見をどのようにまとめればよいかを議論させる。 中盤10分で，A3用紙1枚程度に課題への回答をグループごとにまとめさせ，発表の準備を行わせる。 後半15分で，グループ発表を行わせる。同じ課題については，どちらか一方のグループが発表する。	目安の時間を提示し，展開の時間内に，発表資料（原稿）をまとめさせたい。 発表は提示装置（書画カメラなど）を用いる（生徒の負担軽減）。 発表以外の生徒からは，補足（基本的には否定はしないようにする）の発言を積極的に行わせたい。
まとめ 10分	各グループの発表内容について，誤った解釈や行き過ぎた発言などについてフォローを行う（基本的には，生徒の発表内容を尊重する）。	さまざまな意見から，それぞれの生徒が自分なりの意見を持てるよう情報提供がなされているか，また，基礎的事項の理解について確認する。

　授業展開から分かるように，時間が限られているので，発表のチャンスを均等に与えることが難しいのが現状です。その結果，受動的な生徒は，最終的に何を学ぶべきかを理解できないままになってしまい，結果的に「何かをやった」という記憶しか残らないということになりかねません。一方，真剣にかかわった生徒にとっては，問題点を把握し学習のモチベーションを向上させることができた，と思ってくれるに違いありません。生徒全員が真剣に，積極的に取り組めるように，生徒のかかわりを見守り，声かけをしていくことが大切です。　　　　〔林　壮一〕

第4章 授業のデザインと方法

はじめに ― この章のねらい

1. 新しい時代の教師に求められる「授業デザイン力」

本書の序章で,新しい時代の理科教育を展望しました。そうした新しい学びを創るために重要なことは,一人ひとりの教師が自分自身のカリキュラムを創れるほどの,高度な「授業デザイン力」を身に付けるということです。しかし,日本では,学校で教える内容が細かく規定されてきたために,教師は自分でカリキュラムをつくることに慣れていません。また,大学の教員養成でも,そのためのトレーニングが不足しています。

2. 体験を通して「生きた知識」を身に付ける

授業を行う教師に必要な知識は,非常に多様です。それらを少々強引に単純化すると,図1に示すような3つの知識に分類できます。基本となる3つの知識とは,第一に「教える内容についての知識」,第二に「学習者についての知識」(例えば,生徒の素朴概念や学ぶ意欲などについての知識),そして第三に「教える方法についての知識」(例えば,実験や発問の方法

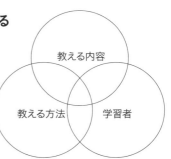

図1:授業を行う教師に必要な3つの知識

などについての知識)です。特に,異なる知識が互いに重なりあっている部分が重要で,かつ教師の専門性が問われるところだと思います。

ただし,以上の知識を単に知っているだけではダメで,教える内容や生徒の状況などに応じて,最も適切な方法を選んで柔軟に使いこなせること,つまり「生きた知識」を身に付けることが必要です。そのためには,Plan→Do→Check→Act の授業実践のサイクルを繰り返し体験することが不可欠です。この章のねらいは,そのような営みにヒントを提供して,教師の授業デザイン力の向上を支援することです。

[内村 浩]

4-1 授業の計画 (Plan)

1. 授業のデザインをするときのポイント

　ここでは，授業をデザインするときの基本的なポイントをまとめています。関連したポイントが，第2章，第3章1節，第5章1節にも書かれていますので，参照してください。また，授業をデザインするのに役立つ具体的なヒントが，本書の随所にちりばめられています。

(1) 授業のイメージと目標を明確にする

　授業をデザインするための前提として重要なことは，第一に，自分がめざしたい「授業像」を明確にすることです。それをイメージしながら，授業を構想します。例えば，ある人は生徒たちが静かに自分の話を聞いてくれている授業をイメージしているかもしれません。しかし，今自分が抱いている授業像（学習のとらえ方）は，個人的な経験に基づく独りよがりなものかもしれません。「本当にこのままでよいのか？」という自分への問いかけは，生涯にわたって必要です。

　第二に重要なことは，授業の「目標」を明確にすることです。そうでないと，授業を評価することもできません。少なくとも「本時の目標」では，その時間で獲得させたい知識や，態度，スキルなどを具体的に示した「到達目標」を明らかにすることが必要です。例えば，単に「～を理解する」ではなくて，「～ができる」といった具体的な行動で到達目標を決めるとよいでしょう。そのことによって，その授業の評価の枠組みもより明確なものになります。

(2) 教える内容を検討し，精選する

　教える単元の内容について，まず教師自身が深く学ぶことです。単に科学の理論を理解するだけではなくて，その単元の内容が，教材としてどんな価値を持っていて，生徒にとってどんな意味があるのかを検討する必要があります。特に，その単元の内容が身近な自然や日常生活と，どのようにかかわっているかについて調べて，それを授業で生かすことが大切です。

　また，あれもこれもと教えるよりも，内容をしぼり込んで，その内容を豊かに扱った方が，生徒は深い理解ができ，印象にも残ります。

(3) 生徒の知識や経験，学習実態などを検討する

　生徒は白紙の状態で学習しているのではありません。ですから，その単元の学習にあたって，生徒が過去にどのような先行学習や経験をしてきたか，さらにはどのような素朴概念を持っているか，などに関する実態を把握することが必要で

す。そのことを前提として，学習のつまずきに対する解決策や，新しい知識をどう教えるかを検討します。

(4) 学習のための資源（リソース）を検討し，使いこなす

教科書だけが学習のための資源（リソース）ではありません。まずは，これから教える単元で使えそうな学習資源を調べて，リストアップしてみましょう。教室に持ち込める学習資源のレパートリーとしては，観察，実験，工作，科学パズル，お話，補助教材（プリント類），手づくりの模型，写真や動画，Webコンテンツ，コンピュータ・シミュレーション，ICT，そして生きた動物や植物…などなど，さまざまなものがあります（ICTについては第8章1節を参照）。また，地域の博物館や大学の研究者など，教室の外にも学習資源が見つかります。多様な学習資源と生徒とを相互作用させることにより，生徒に学ぶ意義を感じさせたり，学校で学ぶ知識と現実世界との関連を感じさせたりしたいものです。

(5) 観察・実験を重視する

理科学習の基本は，観察と実験です。できるかぎり取り入れる努力をしてください。ただし，単に面白いからという理由だけでやみくもに多用するのは，本末転倒です。その観察・実験をする目的を明確にした上で，それを学習全体の中にどう位置付けるかをよく考えてください。また，教師に指示された通りにやる実験だけではなくて，ときには，生徒が自分で実験方法を考える実験を取り入れる必要があります。

(6) グループ学習を取り入れてみる

主体的，協同的に学ぶというアクティブ・ラーニングにも，ぜひチャレンジしてください。本書の中で多くの実践例が紹介されています。　　　　　　　［内村　浩］

<参考文献>
鈴木誠『意欲を引き出す授業デザイン　―人をやる気にするには何が必要か―』，東洋館出版社 (2008)（授業デザインの考え方と方法が具体的に紹介されています）
畑中忠雄『四訂 若い先生のための理科教育概論』, 東洋館出版社 (2018)（理科授業の進め方が詳しく具体的に書かれています）
髙垣マユミ 編著『授業デザインの最前線　―理論と実践をつなぐ知のコラボレーション』北大路書房 (2005)（授業技術が6章と7章にあります）
西川純『学び合う教室　―教師としての学習者，プロデューサーとしての教師の学習臨床学的分析―』東洋館出版社 (2000)

4-2 授業の進め方（Do）1 ―導入，発問，観察・実験

　授業を進める中で，教師は，説明や発問，板書，観察・実験，話し合いの指導，ときに生徒をほめたり叱ったりなど，生徒に対してさまざまな働きかけをします。これらの働きかけを効果的に行うためには，それなりの専門的な知識と技術を身に付けておく必要があります。ここでは，理科の授業を進めるときに必要な指導技術として「導入」「発問」「観察・実験の指導」に焦点を当てて，それらの基本的な考え方と留意点をまとめてみます。

1.「導入」で生徒を引き込む

　「つかみ」という，タレントの業界用語がありますが，相手の興味・関心を引きつけるための努力と工夫は，授業でも必要です。特に，授業の導入では，生徒の学習意欲を高め，学習の「本題」にスムーズに導くことが重要です。いつも前時の復習から始めるというのでは，工夫が足りません。導入の工夫は，1時間の授業の始まりだけでなく，新しい単元に入るときや，年度始めの「授業開き」など，いろいろな段階で必要です。導入の基本的な機能とその留意点を整理すると，次のようになります。

① 学習の目標を明確にし，目的意識を持たせる

　生徒に学習の目標や見通しを持たせることなく，いきなり学習内容の説明に入るというのは，感心しません。学習の前には「これからの学習で何が分かり，何ができるようになるのか」という到達目標を，生徒に明確に示すことが必要です。できれば，教師が考えている指導計画の流れについても知らせます。授業前に黒板に「本日のテーマ」や「目標」を書き出すとよいでしょう。

② 生徒の学習意欲を高め，期待感を持たせる

　生徒に「これからの授業が楽しみだ」「頑張ってみよう」「授業に積極的に参加しよう」という気持ちにさせましょう。そのためには，

・教材に対する興味・関心を呼び起こす。
・「なぜ？」とか「あれっ!?」という疑問や葛藤を持たせる。
・身のまわりの現象や生活との関連を感じさせる。
・これから学習することの意義について知らせる。

などの工夫が有効です。そのために使えそうな学習資源（リソース）としては，以下のようなものが考えられます。こうしたアイデアを日頃から集めて整理して

おくことを勧めます。
- 簡単な教師実験
- 生徒の素朴概念を揺さぶるようなクイズ
- 教材に関連した身近な話題
- 科学史のエピソード
- 実物や模型
- 図，写真，動画など

③ 生徒のこれまでの経験や知識を意識化させる

　授業の始めに，生徒がすでに学んだことや経験したことを想起させ，これからの学習に必要となる知識を整理させると，授業の主題にスムーズに入っていけます。また，教師にとっては，生徒の実態を把握して，次の学習指導への手がかりを得ることができます。ただし，できるだけ生徒が興味を持って思い出せるようにしたいものです。例えば，単元の事前テストとして，ゲーム的に「○○に関する検定テスト」というのを実施してみて，生徒の経験や知識を意識化させ，さらに「これからの授業でこの答えが分かるようになります」という目標を提示するというのも面白いと思います。

④ 授業に参加する心構えや態度を確立する

　先生から受動的に教えてもらうだけが学習ではありません。生徒には，学習の主体としての責任感を自覚させたいものです。そのためには，生徒たちがいっしょに計画を立てたり，話し合ったりする機会をつくるとよいでしょう。また，特に最初の「授業開き」では，授業に参加する際に守るべきルールを示して，お互いの学習権を尊重する雰囲気を確立することが肝要です。授業の始めに行っている互礼などの「儀式」は，生徒を学習活動に方向付けるように気持ちを切り替えさせるという，かくれた心理的効果もあります。

2.「発問」で学習を深める，意欲を高める

　発問は，たくさんすればよいというものではありません。単に生徒の記憶を確かめるようなレベルの発問や，意図が明確でない安易な発問が繰り返されると，かえって生徒は深く考えようとしなくなってしまいます。発問とは，何らかの意図を持って行う，生徒への問いかけです。授業中に教師から生徒に問いかける目的は，生徒の思考活動を促す，学習意欲を高める，理解度をチェックする，注意を喚起する，発言の機会を与えるなど，多様です。適切な発問を行うためには，その目的や，内容，難易度，タイミング，発問する教師の態度などを十分に吟味した上で，計画的に行うことが肝要です。発問するときには，次のような点に留意しましょう。

①発問は具体的かつ明快に

　発問の意味が生徒に伝わりにくいようでは，かえって混乱を招きます。発問では，「燃焼とは何か？」といった漠然としたものよりも，「燃焼は身のまわりのどこで見られるか？」「燃焼では何ができているか，どうやって知ることができるか？」など，具体的なものにします。答えが漠然としたものになりやすい発問では，いくつかの選択肢を設けて考えさせるとよいでしょう。

②生徒の興味・関心を高めるように

　教師からの問いかけに対して，生徒がよく聞こう，考えよう，答えようと思えるような発問をしたいものです。そうでない発問が続くと，生徒は考える意欲を失ってしまって，かえって逆効果です。生徒にとって考える意味が感じられるような発問を用意するのは簡単ではありませんが，「仮説実験授業」の授業書を参考にするなどして，教材研究をしっかりと行ってください。

③発問したら，考えるゆとりを与える

　教師は，発問するとすぐに答えを要求しがちです。知識の確認をするレベルの発問では，それでもよいでしょう。しかし，その発問が授業の核となるようなものであれば，生徒に考えるゆとりを与える必要があります。全員が精一杯考えた上で，互いの意見を交流するようにしましょう。このとき，ノートに「自分の考え」を書かせると，考えるゆとりを取りやすくなります。

④間違った意見や少数意見を大切に

　教師が「正しい答え」を握っていて，それに一致した意見を言った生徒だけが活躍し，そうでない生徒は無視されるようでは，間違うことが恥ずかしいような教室の雰囲気をつくってしまいます。場合によっては，教師の無神経な対応で，生徒の学習意欲をつぶしてしまうことにもなりかねません。

　生徒の意見には，たとえそれが間違ったものであったとしても，それぞれに根拠があります。まずは，どうしてそう考えたのかという理由を丁寧にたずねてください。そうして，生徒が持っている誤った日常知（素朴概念あるいは誤概念）を意識化させ，それを知識の再構成をはかるための手がかりとして活かすことを考えてください。また，生徒が自分で一生懸命に考えたことに対しては，次のような共感的な態度で返すことが大切です。

「A君の意見は，実は昔の科学者も同じように考えていたことなんだ」

「〜の条件のもとでは正しい考えだね」

「A君の意見があったから，問題がはっきりしたね」

「A君と同じように考えていた人もいると思うけど，A君はそれを代弁してくれたね」
「A君の意見は，実験では間違っていたけど，とても説得力があったよね」

3.「観察・実験」の指導

まずは，教師は予備実験をしっかりと行い，安全対策を含めて事前に十分な準備をしておくことが大前提です。その上で，本番では以下のことに留意して指導にあたります。

① 安全第一！

安全のための指導には，「いい加減なやり方は許さない！」という毅然とした態度でのぞみます。実験中に生徒同士がおしゃべりをしている場合，実験と関係ある会話ならよいのですが，ただの私語ならすぐにやめさせます。それでもだめなら，実験をいったん中止するくらいの構えが必要です。詳しくは，本書の第7章(授業における安全管理)を熟読し，実行してください。

② 観察・実験の目的や意味を明確に

生徒が観察・実験を始める前に，その観察・実験の目的やねらい，それぞれの操作の意味，注意することとその理由などを生徒に十分徹底し，納得させる必要があります。「何のために実験するのか？」という目的が曖昧では，いくらよいデータを出すことができたとしても，教育効果は半減どころか，かえってマイナスにもなりかねません。例えば，以下の言葉は，大学生が中学校や高等学校でやった実験について回想したものですが，目的意識を欠いた実験に対する生徒の認識をよく表しています。

実験についての回想
・教科書に書いてある通りの実験結果を出そうと必死になるあまり，実験そのものよりも出た結果ばかりを気にして，ひどいときには，実験の目的や意味を忘れてしまうことがあった。
・理科の実験と聞くと，堅いイメージがあって，ただひたすらに教科書通りの方法で結果を得ようとする感じを受けていました。

---

③ 机間指導をこまめに行う

生徒が観察・実験を行っているとき，机間指導（または机間巡視）をこまめに

行うようにしましょう。ただし，単に机の間をうろうろすればよいのではありません。生徒を注意深く観察してまわりながら，必要に応じてグループや個人への指導を行います。観察の視点としては，安全かつ適切に実験を行っているか，グループ内での協力はできているか，遅れているグループはないか，観察や実験の記録をきちんととっているか，などがあります。ときには教師は教壇の上にじっと立って，教室全体を見回すこともよいでしょう。

また，机間指導は，個別指導を行う絶好のチャンスでもあります。機会をとらえて，生徒を個人的に励ましたり，アドバイスを与えたりして，普段の授業ではできにくい生徒とのコミュニケーションをはかるようにしましょう。例えば筆者の場合は，生徒が探究実験を行っているときには，次のことに留意しながら生徒への言葉かけを行っています。

ア．生徒の試行錯誤を奨励し，創意工夫を促す。
　　…「失敗にも意味がある！」「これは面白そうだね」
イ．生徒が「自分で決めた」「任されている」と感じられるようにする。
　　…「こんな考えもあるけど，君はどう思う？」「自分で決めなさい」
ウ．一人ひとりの努力や進歩を見つけ，積極的に賞賛する。
　　…「前よりもよくなったね」「これはすごい！」

④ 教師実験の場合の留意点

実験には，生徒実験と教師実験（演示実験）があります。生徒実験にしなければならないのは，操作に慣れることが意味ある場合（例えば，顕微鏡観察やろ過の実験）や，実験をしながらいろいろなことが分かる場合（五感を通して事実を認識していくような実験の場合）です。一方，絶対に教師実験にしなければならないのは，安全上問題があるもの，操作に高度の知識・技能を必要とするもの，生徒にやらせるとまちまちの結果が出てしまうものです。

教師実験を生徒に見せる場合には，「百発百中」になるまで十分に練習を積んでから臨みたいものです。失敗して「本当は○○になるんだ」と言っているようでは，実験をやった意味がありません。また，教室の後ろの生徒にもよく見えるかどうかを確かめてください。必要に応じて，教卓の上に台を置いてその上で実験を行うか，教室の前に生徒を集めます。

［内村　浩］

4-3 授業の進め方（Do）2 ―黒板などのツールの活用―

　理科は，「もの（物事）」や「こと（現象）」を扱う教科なので，授業の中では「もの」や「こと」を提示したり紹介したりする場面が多くなります。ここでは，授業を進める上で，どのようにツールを選び，利用すればよいのか，いくつかの例を紹介します。

1. 黒板（黒板，ホワイトボード，電子黒板）

　一般的に，生徒のノートの幅に対して黒板の幅は大きいので，黒板は横に２つから３つに分割して使う場合が多いでしょう。黒板に書く文字や図の大きさは，教室の大きさ（特に，奥行き）と生徒の学年などによって決まるので，授業の前に，黒板にいろいろな大きさの文字を書いて遠くから見る，という練習をしておきましょう。後方の生徒に，字の大きさや見え方などを確認することも有効です。黒板の使い方には直接関係ありませんが，漢字の書き順にも注意してください。

　実験室や教室などでは，上下式の黒板で授業をすることもありますが，上下させるときに，どちらの黒板が奥側になるかを確認してください。例えば，奥側の黒板に書いた文字や図を，前の黒板で隠しておくことも可能です（奥側の黒板にヒントや答えを書いておき，タイミングを見計らってそれを提示する，などの小技に使えます）。また，奥側の黒板にマグネットを使って掲示物を貼るときには，マグネットが黒板の移動を妨げないか，黒板の移動で掲示物がずれないか，にも注意してください。さらに，上下式の黒板が左右両側にある場合は，注意が必要です。生徒によっては，どの黒板から書いているか，あるいは，どことどこがつながっているかが分からなくなることがあります。あらかじめ，使う黒板の順序を決めておくことや，黒板の隅に数字（ページ番号）を書いておきましょう。

　最近では，縦横に細い罫線（方眼）が入っている黒板が増えています。罫線を上手に使って，文字や図のバランスのよい板書になるよう心がけましょう。なお，黒板は，板の表面に黒板の材料となる塗料を塗装したもので，塗装面は消耗品です。学校の状況や黒板の状態によっては，再塗装を検討する必要があるかもしれません。再塗装の際には，罫線を入れてもらえるか相談してみましょう。

　また，前列の両端の生徒からは，黒板の反対の側が見にくいことにも配慮が必要です。高校の物理の光の単元で紹介する「偏光板」を用いることで，黒板に当たる外光の反射を抑える（偏光板を回転させて，位相の揃った反射光を遮断する）

ことができ，光が横波であることを紹介する際の題材として使うことができます。色のついたチョークを使用する際には，色の区別が苦手な生徒がいる場合があります。教科書でも，「カラー ユニバーサル デザイン（CUD）」として，グラフを色によって区別すると同時に，実線，波線，点線などの線種も変えて描いているのと同じように，板書でも色だけで描き分けるのではなく，線の太さや線種などでも描き分けるように心がけましょう。

　直線，正弦波などの曲線，円などをフリーハンドでも描けるようにしましょう。立体的な図，細胞や植物などのスケッチを，生徒が分かるように描かなければなりません。図や絵を描くときのコツをつかむまで練習が必要です。

　少人数の教室では，ホワイトボードを使う場合もありますが，色の使い方（重ねて描けない）や見え方（コントラストがきつい），ペンの書き味（よく滑り，線も細くなる）なども違いますので，事前に確認しておくとよいでしょう。

　教室に電子黒板が導入されている場合もありますが，電子黒板は通常の黒板よりも小さいので，大教室での利用にはあまり向いていません。しかし，電子黒板では，提示している画像に直接コメントを書いたり，簡単な図を描いたり，前回の板書を記録しておくこともできます。電子黒板の機能を有効に使うことで，高い学習効果を期待することができます。ただし，生徒が黒板をノートに書き写すことを考えると，事前に用意しておいた板書を見せられても気持ちが入りにくく，緊張感に欠けるようです。手間はかかりますが，生徒と向き合って板書するという臨場感を大切にして，授業を行いましょう。

2．OHP，ビデオ，プロジェクタ

　透明なシートにマジックで描いた文字や線画や，コピー機で転写した絵や文字を投影する機器がOHP（Over Head Projector）です。以前の理科教材の中には，OHPを使って提示する教材（電気力線を見せる教材や，写真やイラストなどを提示するシート教材など）もあり，現在のプロジェクタにはないユニークな教具でした。以前の教材を試すことで，新たな提示の仕方に気付くことがあるかもしれません。

　理科の映像教材には，ビデオ教材もありますが，現在ではビデオの再生機を手に入れることが困難になっています。しかし，多くの学校の理科室には，ビデオ教材が残っていると思います。著作権の問題などもあるため，むやみにDVDやBDにダビングすることには問題がありますが，貴重な映像教材を保存したり，

生徒に見せたりできるような方法を考えておくとよいでしょう。時間のあるときに、古い映像教材に目を通しておき、必要なものを取捨選択しておくことも必要です。なお、生徒に映像教材を見せる場合には、著作権にも注意を払うことを忘れないようにしてください。

　生徒に映像を提示する装置としては、大型モニタ（テレビ）やプロジェクタがあります。大型モニタは、部屋が明るくても見えることがメリットですが、プロジェクタほど大きく提示できません。一方、プロジェクタは部屋を暗くしないと映像がはっきり見えないなど、それぞれのメリットやデメリットがあります。教材を見せる目的に合わせて、選びましょう。

　なお、最近の明るいプロジェクタ（高輝度プロジェクタ）の中には、黒板に直接映せる製品も開発されています。電子黒板までの機能は必要ないが、静止画や動画、教科書のページなどに直接書き込みたい、などが目的なら、このようなプロジェクタで、黒板に投影した映像にチョークで上から描くなどができます。

　なお、プロジェクタとビデオ機器の接続には、黄（映像）、赤（右音声）、白（左音声）のRCA端子（ピンケーブル）やHDMIケーブルなどを用いる方法があります。また、パソコンとは、VGA端子（ミニD－Sub［15ピン］ケーブル）やHDMIケーブルで接続できます。それぞれの機器が、どの接続方法に対応しているかを調べて、ケーブルを用意しましょう。

3. 書画カメラ、デジタルカメラ、無線カメラ

　書画カメラ（OHC：実物投影機）はプロジェクタなどに接続し、教科書で着目している部分や、手元のスライドガラスの上にカバーガラスをのせる手順や、薬品のラベル、岩石の様子などを拡大して見せるのに利用できます。以前は、追従性が悪いため、動いているものを映すのには向いていませんでしたが、最近の機種は、動きにも早く反応できますので、目的に合わせて機種を選びましょう。動きに早く反応できる機種なら、机上を滑る物体の運動や、動き回る昆虫の様子などを映し出すこともできます。また、ズーム撮影でルーペや実体顕微鏡程度の倍率まで拡大した映像を映し出したり、顕微鏡の接眼レンズの上に取り付けて、検鏡画像を撮影できる機種もあります。

　デジタルカメラの中には、撮影している画像をそのまま出力できる機種もあります。そのようなデジタルカメラとモニタやプロジェクタを接続すれば、書画カメラのように使用することができます。また、ハイスピード撮影（通常の動画は1秒

間に30フレーム（30 fps：frames per second）の撮影をしていますが，ハイスピード撮影では，240〜960 fpsの撮影が可能）や，タイムラプス撮影（例えば，1分に1枚の割合で12時間撮影した720枚の写真を動画のように流し，12時間の変化を約24秒に圧縮して再生することなどが可能）などの機能を持つ機種もあります。ハイスピード撮影では，瞬間的に割れた水風船の中の水が，風船のゴムが縮んでもそのままの形であり続けようとする性質（慣性）や，タイムラプス撮影では，昆虫が脱皮する様子や花が咲く様子などを撮影することができます。なお，スマートフォンのアプリには，このような撮影ができるものもあるので試してみるとよいでしょう。

　最近では，耐衝撃や防水などの機能を持つカメラ（アクションカメラ）が増えています。そのようなカメラの中には，映像や音声を無線で送れるものもあります。物理分野では，非慣性系（加速度運動する系や自由落下や回転運動する系）から周囲を観察したときの様子や，生物分野では，鳥の巣箱の近くに設置して，遠くから巣箱の様子を観察するなど，授業で利用できる映像を撮影できる可能性が広がるので，カメラの機能をよく調べて，利用するとよいでしょう。

4. 百円ショップ

　理科の教材作成に欠かせないものとして，百円ショップ（百均）をあげておきます。生徒に実験を行わせる場合や，演示実験を見せようとすると，教材費用が必要になります。しかし，どこの学校でも，それほど予算がないのが実態です。ですので，百円ショップにある商品を活用することは有効な方法です。

　例えば，自由落下する的に吹き矢をぶつける実験（モンキーハンティングと呼ばれていました）では，吹き矢の筒として，突っ張り棒の芯，糸，矢の替わりのスーパーボールを購入して，的の空き缶や空のペットボトルなどと組み合わせることで演示実験ができます。小型の懐中電灯を分解することで，LEDを手に入れることもできます。また，一部の百円ショップでは，「夏休みの自由研究用の実験キット」として，簡単な実験ができるセットを販売していることもあります。これらの商品を上手に利用することも有効です。

　ただし，百円ショップで扱っている商品は回転が早く，異なる時期や，同系列のショップでも，異なる店舗で同じものを手に入れることができる保証はありません。必要な商品や利用できそうな商品を見かけた場合には，気付いたときに数を確保したり，全国のショップから取り寄せてもらったりして，授業で有効に使

えるような方法を考えるとよいでしょう。

　ここでは，理科のそれぞれの科目に共通した教材やツールを紹介しましたが，科目ごとに便利なツールや教材として使えるもの，あるいは，便利グッズ[1]などがあります。教材開発の文献や資料などにも積極的に目を通し，新たな教材や，生徒に合わせた教材を開発する目を養っていくことが必要です。　　　　［林　壮一］

<参考文献>
日本理科教育学会編「【特集】授業を変える『便利グッズ』」,『理科の教育』東洋館出版社, 2018, 780(5)

4-4 授業の反省と改善（Check, Act）

　授業が「やりっ放し」にならないよう，しっかりと反省（Check）しましょう。さらに，そこで得た教訓を，次の実践（Act）につなげていくことが大切です。授業の反省は，授業者本人が個人で行う場合と，参観者といっしょに集団で行う場合とがあります。個人で行う反省については第3章3節（授業と評価）を参照していただくとして，ここでは集団で行う反省について，いくつかのポイントをあげておきます。

1. 授業検討会のポイント

　集団で授業を検討する目的は，単にその授業がよかったかどうか（ましてや，授業が上手かどうか）を判定することではありません。お互いの考えを出し合うことで，授業を見る目を養い，授業のデザイン力と実践力を高め合うことをめざすべきです。そのためには，次のことを心がけましょう。

①**事前に，授業の目標と評価の枠組みを明示しておく**

　授業の前に，授業者はその授業の目標を明確に示しておくことが必要です。目標が曖昧では，参加者がどのように評価してよいかも分かりません。また，人によって授業観（学習のとらえ方）は違います。同じ授業を見て議論しても話がかみ合わないことが多いのは，そのためです。例えば，教師が意図した通りの発言を生徒に求めている人と，生徒同士で多様な考えを交流することが重要だと考えている人とでは，授業の善し悪しを判断するための評価の枠組みそのものが違ってきます。したがって，授業の前に，評価の枠組みについても明示しておくことが必要です。大学での模擬授業などでは，指導教員からあらかじめ評価の枠組みが示されることが多いと思いますが，その場合でも，それがなぜ重要なのかについての共通理解が不可欠です。

②**教師と生徒の認知過程に目を向ける**

　授業後の検討会では，教師の「行動」が結果的によかったかどうかに目が向きがちです。しかし，その行動の裏にある教師の「認知過程」にもっと目を向けるべきです。つまり，その場面で，教師は何をめざしていたのか，それはなぜなのか，そして状況をどのようにとらえていたのか，といったことを明らかにすることが重要です。もちろん，教師はすべてのことを自覚して行っているわけではないので，検討会の中で，教師があらためて自分の考え方に気づくこともあるでし

ょうし，自分が無自覚にとった行動を反省することもあるでしょう。そうした教訓を集団で共有することに，検討会の意味があります。

　さらに，生徒の認知過程に目を向けることが必要です。すなわち，授業中に，生徒たちは，何を考え，どのように感じていたのかを明らかにすることが重要です。そのためには，まずは生徒をしっかりと見ることです。また，大学での模擬授業などでは，生徒役だった人に生徒の気持ちを代弁してもらうこともできます。生徒役の人は，生徒の心理を推測して授業を評価するとよいでしょう。

③批判をするときには代案を出す

　教師の考え方を理解することなしに批判するのは，厳に慎むべきです。教師は，多くの制約の中で，即時的に意志決定しながら授業を進めています。そうした状況で教師が常に最善の方法をとって授業を進めることなど不可能ですから，結果論で批判するのは簡単なのです。もちろん，批判によって学ぶということはあると思います。しかし，批判をするときには代案を出すくらいの姿勢が必要でしょう。以上のポイントに考慮してつくられた授業分析シートの例を表に示していますので，参考にしてください。

表1：模擬授業で生徒役が記入する授業分析シートの項目(例)

授業者：【　　　】　　対象：【中学生，高校生】　　科目名：【　　　　】
単元とテーマ：　【　　　　　　　　　　　　　　　　　　　　　　　　】
この授業の目標：【　　　　　　　　　　　　　　　　　　　　　　　　】

生徒の評価：（自分が生徒だったころの心理を推測して答えてください）
① 授業の始まりで，思わず授業に引きつけられましたか？　　4－3－2－1
② 先生からの指示や質問の意味は，分かりやすかったですか？　4－3－2－1
③ 授業の内容を，よく理解できましたか？　　　　　　　　　4－3－2－1
④ 授業中，熱心に考えましたか？　　　　　　　　　　　　　4－3－2－1
⑤ 授業で学んだことは，自分のためになったと思いますか？　4－3－2－1
⑥ この授業をまた受けてみたいですか？　　　　　　　　　　4－3－2－1

授業への意見：（上記の観点や授業の目標を参考に，具体的・建設的に書いてください）
①よかった点や参考にしたいこと，さらなる改善案など（自由記述）
②よくなかった点と，その改善案（自由記述）

2. 授業をビデオに撮って反省する

　授業の反省を教師の力量形成に役立てるためには，具体的な授業場面に即した検討は必要不可欠です。しかし，授業を一通り見てから参加者が発言する方法では，大まかな印象での議論になりがちです。また，具体的な場面を取り上げても，他の人がその場面のことをよく思い出せないということもあります。それを解決するのに，ビデオカメラによる記録が役立ちます。

　ビデオ記録を授業の反省に活用するための一つの方法として「ストップモーション方式」があります。ストップモーション方式は，集団で授業のビデオを再生して視聴し，発言希望者があればビデオを一時停止して発言してもらい，必要に応じて議論するという方法です。これにより，具体的な授業場面に即した検討が容易になります（参考図書を参照）。

　ストップモーション方式では，通常，カメラを教室の後ろに固定して（つまり，参観者が授業を思い出しやすいような視点から）授業を撮影します。ビデオの視聴と議論は，原則的には1時間の授業全体を通して行いますが，時間がかかりすぎるという難点があります。そのため，途中でビデオを早送りするとか，授業の特定の場面だけに絞って検討することも行われています。例えば，若い教師や実習生の「教育技術」を見る場合，5分から10分の授業場面でもかなりのことが検討できます。この方式では，どこで一時停止して議論するかが重要なポイントになります。参加者でその判断が難しい場合には，司会者が積極的にビデオを一時停止して議論を始めることも有効です。また，ビデオを見ての議論は，細かい点で授業者を批判しやすくなるため，授業者に批判を浴びせるような雰囲気にならないよう，注意が必要です。

［内村 浩］

<参考文献>
藤岡信勝・左巻健男 編著『ストップモーション方式による1時間の授業技術〈中学理科〉』日本書籍（1990）
　（学年別に計3巻がある）

4-5 素朴概念

1. 素朴概念とは

　児童・生徒は，学校で学習する以前に，自然についての理解を自分の生活体験の中で深めていきます。身のまわりの自然現象を見たり体験したりしながら，自分で身に付けていくのですが，我々が科学として持っている体系とは異なる理解，つまり科学としては誤っているのだけれども，ある程度の一貫性のある理解をしている場合が多くあります。これを素朴概念と呼んでいます。この概念は，日常生活の経験から獲得されているので，強力で変化しにくく，大人になるまで保持していることがあるという特徴があります。これに対して，科学の体系に沿った概念は，科学的概念（科学概念）と呼ばれています。

　そもそも概念は，人間が言葉を生み出して表現できるようになり，文明をつくり出すことに大きく寄与してきたのですが，この言葉の表すものが概念で，言語の種類によらずに，人間に共通の事柄を示しています。例えば，"犬"は日本語ですが，さまざまな言語でも人間共通の同じ"犬"を意味するものが存在します。これが犬の概念ということです。人

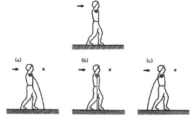

図1：ボールの落下問題（McCloskey et al.[1983]を一部改変）

間は他の動物と異なり，この言葉というかたちで人間共通の概念を理解し表現することができるようになった動物といえますし，このことは文明を促進する大きな原動力となったことでしょう。人間は言葉と言葉を組み合わせて文章をつくりますが，これは概念と概念を組み合わせて，ある意味を新たに示していることになります（有意味といいます）し，この組み合わせをまとめて概念と呼ぶこともあります。

　素朴概念についてはさまざまな研究がなされてきており，特に物理分野での素朴概念についてはよく調べられています。例えば，McCloskey et al.（1983）は，ボールの落下問題について取り上げています。これは，ボールを持って歩いている人がある地点でボールを離したら，ボールはどの地点に落下するのかという問題です。つまり，（a）離した地点より進行方向に対して前に落下するのか，（b）離した地点に落下するのか，それとも（c）離した地点より後ろに落下するのかということです（図1）。この問題を大学生に考えさせると，半数程度が（b）か

（c）を選ぶとのことです。しかし，正解は（a）で，慣性の法則で前のほうに移動し，重力により放物線を描いて落下するのです。これは自分の生活体験から間違った理解をしてしまう例です。また，Clement（1982）は，運動している物体には，それと同じ方向に力が働くという素朴概念があることを明らかにして，「Motion Implies a Force（動きは力を暗示する）」というＭＩＦ誤概念を提唱しました。日本の大学生でも，「等速運動している物体にはその運動方向に力が働いている」と考える人が多くいます。これも生活体験からくる素朴概念といえるでしょう。

2．素朴概念の例

素朴概念の例をいくつかあげてみましょう（左巻ほか［2018］）。

- 体重計に両足で乗ったときの目盛りよりも，片足を上げたときの目盛りは小さくなる。（実際は，目盛りは同じ。）
- 湿度が高い空気と低い空気では，湿度が高い空気のほうが同体積で重い（実際は，同体積の水蒸気と乾燥空気では水蒸気のほうがずっと軽い）。
- 真っ暗闇でも，目が慣れてくるとまわりが見えてくる（実際は，可視光線がないと，目をこらしても何も見えない）。
- 豆電球を通った電流は，通る前より小さくなる（実際は，前後で電流の大きさは変わらない）。
- 湯気は水蒸気である（実際は，水の気体である水蒸気は目に見えない。湯気は莫大な数の水分子の集まりである）。
- 砂糖水を放置しておくと，下のほうが濃くなる（実際は，全体として均一〔どこも同じ濃さ〕になる）。

3．素朴概念と科学的概念

素朴概念の例について見てきましたが，この素朴概念は科学的には誤っていることが多いので，その場合はミスコンセプション（誤概念）などとも呼ばれます。学校での理科の授業の役割は，科学的概念を児童・生徒の中に育てていくことです。そもそも，科学的概念とは何なのでしょうか？　科学の体系に沿った概念であると先に述べましたが，17世紀のさまざまな科学の発見による科学革命後，科学の体系がかたちづくられ，人は科学的概念を持ち得るようになりました。そして，科学的概念を持つ人が新たな科学の発見をすることで，科学の体系がさら

に発展してきたのです。つまり，人が共通して持っている科学的概念のお陰で，科学が進歩し，我々もさまざまなかたちで科学の恩恵にあずかることができているといえるでしょう。

　さて，次に学校の理科の授業について考えてみます。実は，学校の理科の授業の大切な役割は，この科学的概念を児童・生徒たちに教えることでもあるのです。科学の体系に基づく科学的概念を，広く人が共通に持つことができるのも，この教育という手段に負うところがとても大きいのです。ところが，この科学的概念を教える際に邪魔をするのが素朴概念です。素朴概念は，先に述べたように自分の生活体験から獲得され，自分なりに一貫性を持っているので，児童・生徒がそれと異なる科学的概念を教えられても，なかなか受け入れることができないのです。このように，素朴概念を科学的概念に変えるのはとても困難を伴うのですが，授業で科学的概念を獲得できずにいると，科学的概念を持たない大人になります。そう考えると，素朴概念を理科の授業で科学的概念に変えていくことが，とても大切であることが分かるでしょう。

4．科学的概念とミスコンセプション（誤概念）

　理科の授業では，素朴概念を払拭して科学的概念を教えていくのが大切な役割でもあるのですが，さらに理科の授業で新たなミスコンセプションを生み出す場合もあります。これは素朴概念とは異なり，新たに授業で生み出されるミスコンセプションです。その例を見てみましょう。

　中学校第1学年ではレンズを学習します。この単元では，屈折の学習後に，凸レンズの焦点や焦点距離，実像や虚像について作図法を用いて学習します（図2）。Taga & Onishi (2018) は，大学生104人に凸レンズにおける光の屈折する場所を調査し，「光は凸レンズと空気の境界で2回屈折する」と正しく認識しているのは

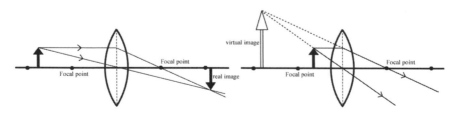

図2：中学校理科の教科書で用いられている実像・虚像の作図法 (Taga & Onishi, 2018) 左は実像，右は虚像の作図法を示す

33人（32％）で，不正解者の101人のうち，62人（全体の60％）は「レンズに垂直に入射した光は，凸レンズの縦の中心線（図2のレンズ中の破線）で屈折する」と認識していることを示しました。実際は，光は異なる物質の境界，つまりレンズと空気の境界で2回屈折します。大学生は，中学生時代の作図法の影響で，ミスコンセプションを持っていると考えられます。教科書には実際はレンズの端で屈折するという記述はあるのですが，多くはあまり意識しないのでしょう。また，屈折についての科学的概念をしっかりと獲得し，それを自分で応用して考えることができれば，凸レンズを作図法で学習したとしても，レンズを通る正しい光の道筋を導き出すことができるはずで，本来はそうあってほしいものです。

　ところで，記述の分析から「レンズの縦の中心線で光が屈折する」とした学生62人のうち，25人は学校で習ったことも記憶しており，その記憶から（誤って）判断しているのですが，33人は学校で習ったことを覚えておらず，自分自身の考えとしてミスコンセプションを選択していました。つまり，授業で学習したことも忘れて，自分自身の考えとしてミスコンセプションが定着していることを意味しています。このように，理科の授業で正しいことを教えているつもりがミスコンセプションとなり，児童・生徒自身の考えとなってしまうこともあるのです。これはたいへん危惧すべきことです。一度できた科学的概念やミスコンセプションは，長い人生で変化せずに持ち続けるかもしれないことを考えると，学校での理科の授業はとても大切な役割を持っていることが分かるでしょう。いかにして素朴概念から科学的概念に変えるのか，いかにして新たにミスコンセプションを生まないようにするのかについて，教師は，いつも注意を払いながら工夫を凝らし，授業を行うことが必要なのです。

［多賀　優］

<参考文献>

Clement, J「Students'preconception in introductory mechanics」1982, American Journal of Phisics, 50. pp.66-71.

McCloskey, M, Washburn, A., & Felch, L「*Intuitive Physics：The straight-down belief and its origin.*」1983, Journal of Experimental Psychology：Learning, Memory, and Cognition, 9, pp.636-649.

日本理科教育学会編『理科教育学講座2　発達と科学概念形成』東洋館出版社,1992, pp.335, 222-232.

左巻健男, 山下芳樹, 石渡正志編『授業をつくる！最新小学校理科教育法』学文社, 2018, pp.176, 106-107.

Taga, M., & Onishi, T「Misconceptions among University Students Regarding Convex Lenses Caused by the Drawing Method at Junior High School.」2018 *Conference proceedings. New perspectives in science education 7th edition*, Libreriauniversitaria.it, pp.708, 553-558.

第5章 探究活動と探究的な学習

5-1 探究活動

1. 探究活動とは何か?
(1) 探究活動の定義

「探究活動」とは,端的に言えば生徒が自らする科学研究です。英国のある有名な定義によれば,「生徒が自分ではただちに答えが分からず,答えに至るルーチン的な方法も分からないような課題に取り組む」活動です。

より詳しく典型的なかたちを述べると,生徒が,①自分で選んだ,②自分にとって答えが分からないテーマについて,③計画を立て実験や観察を行い,④その結果に対して考察し結論を導き,そして⑤全過程を吟味し,⑥批判的な聴き手に向かって発表するような活動と言えるでしょう。

これまで日本では,大半の生徒にとって,こうした活動を通じて科学の研究の一端を体験する機会はありませんでした。平成21年改訂の高等学校学習指導要領の理科でも,各大単元の中で「探究活動」を行うこととされていたのですが,実際は通常の実験さえ行われることが少ない中で,ほとんど行われていませんでした。

しかし英国などでは,数十年前から中等教育でこのような生徒自身による研究活動が行われてきました。そして,日本でも今は全国で200校ほどに増えたスーパー・サイエンス・ハイスクール指定校(以下SSH校)などで,「課題研究」という名称のもとで,さまざまな探究活動が行われています。さらに,今次の学習指導要領改訂では,高校の教育課程に「理数探究基礎」と「理数探究」という科目が設置され,そこではほぼ上記のような探究活動を行うこととされています。

本章では,このような活動の保障は,日本の理科教育でも重要な課題であるということを説明し,その指導についてなるべく分かりやすく論じたいと思います。

(2) 探究活動とわが国の生徒

探究活動を指導する際に,教師は,研究テーマ,実験・調査の計画,測定や観察の方法,得たデータの分析,方法と結論の評価(振り返り),研究発表などの一

連の要素の選択や決定を，生徒たちに，どの程度・どのようにゆだねるかを絶えず問われます。また，生徒にこれらの諸側面をゆだねるときの支援のしかた，生徒が自分で選択する力を，どのようにつけさせるかが問われます。

現在，日本の中学・高校生は，ふつう自分で実験の計画を立てた経験がありません。どのように計画を立てるのかを教わっていません。データを正確に取るべきなのはなぜかを，自分で考えた経験もおそらくありません。中学校の教科書でも高校の教科書でも，なぜその実験が必要なのか，その実験の各段階の手続きにはそれぞれどんな必要性があるのか，問題提起や説明がされずに，手順だけが書かれたレシピ的な実験が掲載され，1回取ったデータの例が掲げられ，それが期待した形のグラフを生み，さらに，示された「実験」とその「結果」が一般的な概念や原理や法則を学ぶ授業展開の基礎とされることがしばしばです。そういう教科書で（実験をする機会もしばしば省略されて）理科を学んできているのですから，自分で「科学をする」力がついていないのは，まったく当たり前のことです。探究活動の指導をするというのは，このような不足を取り戻し，科学をする力を初歩から身に付けるような指導の計画やそのための教材を考え，必要な経験をさせるということです。

(3) 探究活動の意義

探究活動の意義は，それが生徒に（教科書に出てくる）科学上重要な概念や法則を自分で発見する機会を与えてくれるからではありません。あるいは，探究的なスキルや方法の習得のほうが，科学的概念の習得よりも重要だからというわけでもありません。これらは，実は歴史的に繰り返し登場してきた「探究学習」論の中でなされてきた主張や仮定ですが，実際にはうまくいかないのです。（このことは，今次の学習指導要領とかかわるので，後で改めてふれたいと思います。）

それでは，探究活動の意義は何でしょうか。それは何よりも，中学・高校生に「科学をする」機会を提供すること，そのものです。将来，科学者になるか否かにかかわらず，すべての生徒たちに科学者の活動を味わう機会を与え，科学の営みへの洞察を得させることに意義があります。科学者は未知の事柄を明らかにしようとしているのですから。例えが単純ですが，体育でサッカーについて学びながら試合をしない，音楽である楽器について学びながら演奏する機会がないというのはつまらないことです。理科の目標が，すでに確立された科学的知識を効率よく教えることだけではなく，次世代の市民が科学の営みを体験し，その体験から科学についての洞察を得ることを含むならば，探究活動の機会を与える努力を

真摯に（そして教師も楽しみながら）行う必要があります。

(4) より具体的な意義

生徒にとって探究活動は，次のようなより具体的な意義があります。

1つ目に，探究活動は，生徒が既習の物理的概念・公式などを，実験スキルとともに総合的に用いる機会を提供します。生徒は，どの探究活動においても，授業で学習した科学的概念や専門用語を用いて論理的に考え，共同実験者や教師と討論し，まとめ，発表する機会を，ふんだんに与えられます（教師は，生徒たちの概念や専門用語の用い方に気を付けながら，議論に付き合う必要があります）。

2つ目に，探究活動は，本来の科学観・研究観を育てる可能性を開きます。これまでのように，実験の全過程を前もって指示し，一つの実験によって法則を「導出」または「確認」したことにするプリントに従って「結果」を書き込んでいく経験ばかりさせるのでは，科学とは何かについての生徒の実際的な理解をひどく損ないます。探究活動が与える未知のものの解明という経験こそ大事なのです。

3つ目に，探究的でオープンエンドな活動は，生徒に非常に高い満足度を与えます。生徒が，好奇心や知的な探究心を満たし探究していくという，科学本来の楽しみを体験する機会を与えることができます。ただし，ここで重要なのは，満足度が高いのは何らかの科学的に意味のある探究ができた場合であることです。

2. 探究活動の指導

(1) 探究活動の指導においてまず強調すべきことは何か

探究活動の指導で，最も重要なことは何でしょうか。私見では，①これから行う活動は科学的であるべきこと，②探究活動は直線的なものではないこと，③探究活動で最も大事なのは，自分（たち）の主張について批判的な聴き手に証拠を示すことであること，の3点が重要で，なるべく早い段階で生徒全員に意識させなければならないし，また，実験活動のあらゆる段階で繰り返し思い出させるべきであると思います。

第1点は，当たり前すぎるようですが，日常的なあいまいな概念や方法ではない，科学の概念体系や方法を踏まえ論理的な思考を働かせた探究をしようというスイッチを入れるという意味です。

第2点も，そのままではただの一般論ですが，探究の途中の段階で絶えず思い出させることは大事なことです。

そして第3点は，私見では探究活動の急所です。よくある探究の図式化された

手順を示し，それが科学の方法だと教えることは不毛です．また，実験の諸注意を網羅的にしながら，それらは何のために必要なのかを考えさせないのでは，生徒はいやになります．それよりも，科学の方法はそれぞれの分野によって多種多様だけれども，どの分野においても科学者が共通して行わなければならないのは，何かの現象についての自分たちの主張について，批判的な聴衆に対して科学的によい（妥当であり信頼できる）証拠を示すことであるということを，説明することが重要です．

　探究活動で，よく練った計画に基づいて諸変数を制御することがなぜ大切か，実験でより質のよいデータを取ることがなぜ大事か，例えば，なるべく不確かさを減らしながら複数回取るのはなぜか，実験の記録をすべて実験ノートに残すのはなぜ大切か，あるいは，実験結果は主張しようとしていることに対して，妥当性のある証拠を提供するものになっているかの吟味がなぜ必要かなど，多くの個別の注意点は，すべてこの「批判的な聴き手に証拠を示す」ためなのです．そして，これらの注意点から，聴き手に信頼される証拠を示すための「評価」（自己点検）が，探究活動の全段階を貫くべきなのだということも説明できます．

(2) 適切なタイミングでの適切な指導は，生徒に自然に受け入れられる

　先に述べたように，探究活動は生徒の満足度が非常に高いことが多いのですが，その大事な前提の一つは，その活動が科学的に何らかの意味のある探究になっていることです．そして，中学・高校生が科学的に意味のある探究活動をするには，教師が生徒と密接な討論を行って指導・助言を与えることが必要です．中学・高校生のみならず大学生であっても，実験中に出てくるほとんど自明と思われるような関係に気付くのもしばしば容易ではなく，何が科学的に意味のある探究かを，正当に評価しながら実験をしていくことは難しいようです．生徒たちが非本質的な現象を捨て，本質的な特徴に注目したり，他人のすぐれた洞察を認めたり，自分の間違いを訂正したり，目的がずれている実験や，袋小路に入りそうな実験を避けたりするためには，教師の問題提起，質問，示唆などが，しばしば決定的に重要です．

　それでは自由な探究ではないではないかというと，そんなことはないようです．日頃のレシピ的実験と違って，課題は依然としてオープンであり，その探究の主人公は生徒です．実際，重要な示唆をほとんど与えてしまったのではないかと教師側が思った探究活動においても，その示唆が，生徒たちが十分に問題を理解しつつ迷っている場合のような，適切なタイミングでなされれば，「自分たちで進

めることができて楽しかった」「自分たちでよく考えることができてよく分かった」という満足度は，例外なく意外なほど高いのです。

　探究活動における教師と生徒の関係は，大学の卒業研究や院生の研究での，指導教員と学生・院生との関係と似ていて，教師は科学的に意味のある探究の道筋を保障すべく，絶えず生徒と議論し，褒め，疑問を呈し，考えの整理を助ける必要があり，またそうしてもよいのだと思われます。教師や教科書が用意した，あらかじめ「合理的」な探究過程をなぞった実験から「期待される」結論まで，一直線に進むプリントに，生徒が従うだけの作業と，生徒が迷って真に欲しているときに教員がアドバイスを与えることとは，決定的に違うのです。

(3) 探究活動のテーマ選び

　探究活動をすることになった生徒たちも，探究活動の指導をすることになった教師も，最も苦労するのは，探究活動のテーマ選びです。現在も多くのSSH校で，テーマ選びに苦労しています。SSH校などで今行われている「課題研究」は，1年ほどかけて一つのテーマについてグループで研究するものがほとんどですので，なおさらハードルが高くなり，科学的に意味のある研究を保障してやれるかを考えて，生徒の持ってくるテーマを前に，教師が逡巡することが多いわけです。先輩のしていた，ある程度科学的に意味があるものになった研究を受け継いで発展させる研究がよく見られるのは，指導上安心であるという面があると思います。

　残念ながら，ここで筆者が何か特別な解決策※を提案することはできないのですが，教育的な観点からは次の3つのことが言えると思います。

　　※ある高等学校では，生徒たちのブレイン・ストーミングから始め，そのアイデアを，近隣の大学の理工学部の先生方との相談会で，科学的に意味のある研究テーマに仕立て直す試みを続けています。

　1つ目は，本来，学校における「探究活動」では，特別なオリジナリティを要求する必要はないということです。このことが，新設の「理数探究」に関して，平成27年12月の中教審答申でも述べられていたのは歓迎すべきことです。探究活動をさせるのは，その生徒たちの教育のため，生徒たちが成長するためであって，科学上の新発見を生むためではありません。

　2つ目は，探究活動のテーマは，「(何らかの)具体的な現象・事物の振る舞い」，の探究でよいということを説明することです。もちろん，中には誰もが興味を持つとても不思議な振る舞いもあるでしょうが，極端に言えば何でもよいのです。日常的な振る舞いでも正確には知っていないことや，条件を変えたらどうなるか

という発想に立つと興味がわく現象はたくさんあります。そのような例を生徒とともに探し，疑問を科学的な問いに仕立て直すと，どんな実験が可能かを考えてみることで出発してよいと思います。そして，その現象・事物の振る舞いの条件やパターンの特徴を明らかにしたり，もしできれば原因を明らかにすることを目指すのです。

3つ目は，「仮説」を立てることが探究活動の出発点ではないということです。この点は不毛な図式主義的理解に陥らないためには重要です。よくSSH校での「課題研究」の生徒発表会で，取って付けたような「仮説」がいきなり冒頭で述べられることがありますが，そのようなものが必要だと生徒たちに思わせてしまうのは不幸なことです。興味を持った現象・事物の振る舞いを調べ，ある程度その振る舞いに影響をしている要因が分かり始めて，初めて調べるべきことについての科学的に整理された問題意識が生まれ，それをもとに科学的に定式化された実験をするのが自然です。

ルーチン的な生徒実験と探究活動との違いは，端的に言うと次のようになります。自由落下の加速度測定の実験は，しばしば，すでに学んでいるとか，あるいはさらに悪いことに，例題や問題演習でさんざん「定数」として扱われている重力加速度を，なぜか自分たちで得るための実験と受け取られ，せいぜい$9.8m/s^2$という「正解」に近い値が出るかどうかに一喜一憂することになりがちですが，それを，この地域での重力加速度を正確に調べるという探究活動にすれば，やりがいのあるものになります。そのとき，答えは未知になり，実験方法の設計が重要となり，実行の全過程での不確かさのできるだけの排除が問題になり始めます。

計画の立て方：入力変数，制御する変数，結果の変数という観点の利用

筆者の経験では，探究活動の計画を立てる上で，生徒たちの頭の整理に最も役立つのは，どんな変数が対象の振る舞いに影響を及ぼし得るかをあげていくこと，つまり「入力変数」(これは英国のある教材のinput variableという用語の訳です)の候補をあげていくことと，振る舞いはどのような変数の値の変化として調べられるか(こちらは「結果の変数」〔これは同じ教材で使っていたoutcome variableの訳です〕ともいえます)を，ともに議論することです。このことを次の「温泉卵をつくる」という課題の例で見てみましょう。

(4) 温泉卵をつくる

筆者の共同研究者の中学校教師若林教裕氏が考えた探究実験に，「温泉卵はどのようにしたら，必ずつくることができるのか」というものがあります。この実

験は2時間程度で，クラス全体で各班に分かれて行う探究活動として行われました。筆者も変数の扱いを中心とした探究活動への入門例として，何度かこの授業をしてきました。また，この授業のテーマは，個人の探究活動にとっても十分興味深いテーマになります。

　この授業では，まず「温泉卵」とは何かを皆で定義します。（このときの「結果の変数」は質的なものです。）次に，温泉卵をつくることに関係する変数を班で考え，クラスで発表しあいます。つまり，操作する「入力変数」と制御する変数をクラスで考えるわけです。卵の大きさ，温める温度，時間のほか，卵の品種，塩を水に入れるかどうかなども出てきます。（温め方のパターンなども変数として出てきてよさそうですが，授業ではあまり出てきません。）授業では，たいてい，きょうは卵の大きさはMサイズに揃えよう，水は水道水にしよう，そして卵を温める湯の温度と，温める時間の2つを，入力の変数としようなどという限定を与えます。そして，各班で温泉卵をつくるために最適と予想する水温と時間の値を考えて，班ごとに実験をします。

　すると面白いことに，多くの班が40℃程度の温度設定を選んで，まったく固まらず失敗します。しかし，中には必ず70℃から80℃程度の温度で5分から15分程度の時間を選び，かなり温泉卵風の結果を得る班が1，2班あります。ここで大事なのは，各班の1回目の実験計画と，温泉卵ができたかどうかの情報を，横軸に加熱時間，縦軸に加熱温度をとったグラフ上にプロットして，クラス全体で検討することです。そして各班に，もう一度実験する機会を与えます。すると，かれらはもちろん，ほぼ成功した班の温度と時間の例を見て，その上下（温度）・前後（時間）を調べようとします。すると授業の終わりには，「温泉卵ができる温度・時間帯」が，その周囲の温泉卵ができない領域の中に印象的な形で浮かび上がります。つまり卵は温度と時間の条件の変化によって，どのように温泉卵になるかの振る舞いが浮かび上がるのです（最後に，卵黄と卵白の凝固温度が異なるのはなぜか，卵白の中で早く白く凝固する成分と，それ以外の違いは何かということの探究，つまり「振る舞いの原因の探究」が次の課題であるという示唆をしてもよいのです）。

(5)「思考のスケジュール表」「変数表」，課題の「自由度 (openness)」

　その他，探究活動の設計段階での「思考のスケジュール表」や「変数表」を利用した指導については，本書の第1版でふれたのでここでは省略します。また，実験における問題の定義，方法の選択，解答への到達の3局面を分け，各局面にお

ける「自由度」(openness)，すなわちどれだけ生徒に選択・決定の自由を委ねるかという点から実験活動を設計するという非常に示唆的な方法についても，本書の第1版でふれたので，参照していただければと思います。

3. その他の重要点
(1) 探究の報告の機会を必ず設けること（レポートと発表会）

レポートとともに，クラスでの口頭発表の機会を設けることは，生徒の意欲を高めるだけでなく，教育上大きな意義があります。第1に，これまで述べてきたように，批判的聴衆の前での公表そのものが科学の営みの根幹にあり，自分たちの研究の全過程を批判的に振り返る理由となるからです。そしてまた，友だちや教師との口頭発表の練習を通じて，初めて科学の用語を意識的に使い，論理的に実験の内容を再構成する経験をするということが少なくありません。

(2) 探究活動の諸側面を明示的に教えるための活動を，意識的に設定すること

探究の方法についての理解も，実験をさせていれば自然に発達するわけではありません。さらに，教師が，探究の特定の諸側面を学ばせようとして実験や作業をさせても，生徒たちがその意図を正しく受け止めるとはかぎりません。英国のある研究では，教師としてはプロセスに関する学習を主眼としていたある実験活動で，何を学んだかと事後に聞かれた生徒の大多数が，題材となったトピックの内容だけを答え，プロセスに関して学んだことに言及した生徒は20％に留まったそうです。しかも，プロセスに関する回答のうち半数は，秤の使い方といったごく具体的なものに留まったそうです。つまり，もし「砂糖が水へ溶ける速さに影響するものの探究」という活動に取り組んでも，生徒はその活動の目的は溶解についての学習だと受け取り，探究の方法を学ぶ機会だったとはあまり思わないのです。となると，トピックに関する学習目的と探究活動の教育的目的を区別し，後者についてきょうは何を学ぶのかということを生徒にはっきりと強調し，振り返らせるなどの方法を取らなければなりません。探究活動の各側面に明示的に焦点を当てた教材や活動，それらが評価される探究活動などを意識的に開発しなければいけません。

(3) 実験ノートの意義

さらに，科学研究における実験ノートの意義と，実際の取り方について教え，実際に実験ノートを使う機会を与えることも，とても意味があります[※]。

※これについては，自分で大事だと思えるしっかりしたノートを使うこと，自分の記憶を信じ

ず，実験ノートに必要事項とデータを直ちに書くこと，一度書いた記録は決して消さないことなどを，簡潔かつ分かりやすく説明する，村田隆紀氏の高校生向けの講義資料があります。

(4) 研究倫理についての学習

研究倫理については筆者は，よく英国物理学会による，中学・高校生向けにちょうどよい，学校の理科実験のコンテキストを用いた楽しい教材を紹介します。その教材では「ねつ造するな」「改ざんするな」「盗用（剽窃）するな」「勤勉であれ」「安全を守れ」「協力的であれ」「専門以外のことで専門家のふりをするな」などを考えるような問題が組んであり，クラスで話し合いをしながら授業を進めるとたいへん盛り上がります。筆者は，新設される「理数探究基礎」でも，この「研究倫理」という科学の営みの重要な側面についての理解を目指すことが明記されているのは，たいへんよいことだと思いますが，それがうまく機能するかどうかは，このような教材の工夫次第です。

(5) 探究的味わいのある実験を準備する

最後に，普通の生徒実験に，生徒が探究の喜びを感じる発見の機会を，意図的に仕組むこともお勧めしておきたいと思います。これは，生徒の目線に立って，生徒実験を設計することから生まれます。そのような視点は『ナフィールド物理』以来，2002年に英国物理学会が製作した「アドバンシング物理」という，日本では高2・高3に相当する学年向けの物理コースの教材に至る，英国の中等物理コースの教材のよい伝統となっていて，日本でもそのような教材を多くつくることが現実的であると思います。（その一例は本書の第1版で紹介しています。）

4. 探究活動の評価

探究活動の評価にかかわる根本問題は，その科目の最終評価への組み込みです。探究活動を重視するのであれば，本来は理科全体の評価の中で，その重視を反映した探究活動の評価が占めるべきです。英国では長年，探究活動の評価が大学進学などに使われる評価に制度的に組み込まれてきました。もちろん，評価対象になる探究活動は，基本的に個人で行われています。新科目の「理数探究」で同様なことが可能かどうか，制度も含めて検討されなければなりません。新学習指導要領や，それに先立つ中教審答申（2016年12月）の記述でも，これらの点は不明瞭です。

しかし，本書ではこの点を一端横において，一般的に探究活動の評価の方法について考えましょう。探究活動の評価に最もなじむのは，パフォーマンス評価で

す。つまり，ルーブリック評価や，それに準じるものの利用がよいように思われます。総括的評価においてもそうですが，特に形成的評価においてルーブリックを用いた評価は役立ちます。そのとき，評価の対象・材料としては，レポートがよい場合もあるし，途中および最終の発表会での発表がよい場合もあります。また，提出された実験ノートも含めて評価する場合もあります。

(1) 評価の観点と採点の基準

　評価の観点と採点の基準はどのように定め，どのように運用すればよいのでしょうか。筆者も何度か課題研究などの評価ルーブリック作成に協力した経験がありますが，ルーブリックを生徒の探究活動の向上および探究活動の能力の向上に役立てたいならば，以下のことが必要であると思います。

　第1に，指導および採点する教師間で，評価のしかた，観点，判定基準についての検討会を（複数回）開いて十分な合意形成をする。例えば，試作したルーブリックを使った採点の試行を行い，行った採点の互いの食い違いを検討し，ルーブリックの解釈などを調整する。（その場では，例えばルーブリックを用いる評価は基本的に絶対評価であることを確認するところから始めるべき。）また，それとともにルーブリックの改良を行う。

　第2に，探究活動実施前に，どんな側面について，どのような努力をすれば高い評価となるか，評価の観点と採点基準を具体的に明示をして生徒と共有する。例えば，前年のよいレポートの例を示し，どこがよいかをクラスで討議することで，クラス全体のレポートは飛躍的によくなる。

　第3に，長期にわたる探究活動では，中間報告会などでも評価し，その評価結果を絶えず生徒にフィードバックする。（その際，優れたパフォーマンスの例を他の生徒に示し，なぜよいのかを検討しあう。）

　ここで，先にも少しふれた英国の「アドバンシング物理」コース（日本の高2・高3相当の学年向けのコース）の探究活動の評価の観点と，その観点ごとの3段階の評価基準の記述を紹介します。皆さんが見慣れているルーブリックに比べて，やや抽象的な表現が多いように思われると思いますが，よく読むと驚くような深さが感じられます。特に，物理の実験なのだから，物理学のよい理解に基づく判断をしながら，実験や解析の方針を立て実行しているか，そしてまた，随所に注意深さやよいセンスを示しているかを評価してくださいという，評価設計者のメッセージが感じられると思います。

(2) 英国「アドバンシング物理」コースにおける探究実験（Practical Investigation）の評価の観点

①アプローチのしかたと実験的スキル
- 実験は，装置の取扱いと使用のスキルを示し，系統的に注意深く行われたか？
- 実験はよく計画されていたか，また注意深く方法論的に行われたか？
- 作業を行う上で，よいセンスと創意工夫が可能なかぎり示されたか？
- 課題に取り組むのに十分な観察と測定が行われたか？

レベル1：始めるための助けが必要で，問題は簡単な言葉で定義されている。アプローチのしかたは欠点があるか限界があり，干渉的な効果に対処する試みがほとんどない。

レベル3：（省略）

レベル5：問題が，背景となる物理学の観点から明快に分析されている。方法とアプローチはよく選ばれている。結果を得るために，かなりの（レベルの）スキルと注意が用いられている。

②進展，自立性，物理学的思考の使用
- 探究活動の進行の判断上で，物理学の健全な知識が用いられているか？
- 生徒は自立性を示し，適切な場合にアドバイスを活用しているか？
- 進展と発展を示しながら，十分な範囲の実験をしているか？

レベル1：研究はおおむね経験的なもので，生徒はかなりのガイダンスを必要とする。実験作業は限定的なもので，要求が欠けている。

レベル3：（省略）

レベル5：物理学の健全な知識が，探究活動の進展について判断する際に用いられている。自立性が示され，アドバイスを主体的に求め活用する。十分な範囲の実験がなされて，進歩と発展を示している。時間の制限だけが研究の限界となっている。

③観察の質と表現
- レポートは，その実験の物理学（的な内容）を明快に説明していたか？
- グラフとプロットはうまく選ばれ，注意深く正確に適切な縮尺と単位と最適曲線と不確かさのバーとともに，発見したことを可能なかぎりよく伝えるためにプロットされているか？

・目的に即して英語を効果的に用いているか？
レベル1：データは量または範囲が限られているか提示に欠点がある。例えば，グラフへのプロットは見にくく不適切であるなど。実験の物理学の説明が貧弱である。
レベル3：（省略）
レベル5：広範なデータが収集され，明快かつ正確に示されている。すなわち，グラフのプロットはデータを最も効果的に示すためにうまく選ばれている。レポートは簡潔でよく書かれていて，よい構造，明快な例示，（文献の）参照によって，探究活動の価値を高めている。

④結論と評価
・データの分析方法を決定するために物理学的理解が活用されていたか？
・データは，異常点や予期していなかった特徴を探しながら，そして可能なかぎり多くの情報を取り出しながら，丁寧かつ注意深く分析されていたか？
・不確かさと，可能な系統的誤差に関する限界に言及しながら，結果についてはっきりとした主張がなされていたか？
・その分析は，関係する物理学の明快で正確な理解を示しているか？
レベル1：分析は，測定されたデータの直接的比較やプロットにかぎられている。結果を物理学的考えに基づいて説明する試みはほとんどない。手続きの限界についての議論は欠けているか不正確である。
レベル3：（省略）
レベル5：データは深く分析され，その結果，生徒は変数の間に関係を提案し，関連する物理学の観点から結果を議論できている。結果における不確かさを用いられた手続きの限界の観点から議論している。

［笠 潤平］

5-2 探究的な学習

1. 探究的な学習とは何か

さてここで，探究活動と似た名称で，しばしば混同される「探究学習」(Inquiry Learning) とか「探究に基づく科学教育」(Inquiry-based science education) などと呼ばれる，理科の学習論・カリキュラム論について，少し丁寧に扱いたいと思います。理科の学習や授業は，生徒たち自身が自分で自然を探究する中で行われるべきだという原則論に基づく学習論やカリキュラム構成論は，さまざまなニュアンスを持ちながら，世界中で繰り返し主張されてきました。日本でもかつてさかんに主張されました。この主張と探究活動とはどのような関係にあるのでしょうか。本章後半では，このことを解きほぐすことを試みます。それは，理科の新学習指導要領をどうとらえるかに深くかかわるからです。

(1) 新学習指導要領における「探究」の強調

すでに序章でふれられていますが，理科の新学習指導要領のキーワードは「探究」です。例えば，高等学校学習指導要領の「第5節　理科」の「第1款　目標」では，「…自然の事物・現象を科学的に探究するために必要な資質・能力を次のとおり育成することを目指す」とし，「(1) 自然の事物・現象についての理解を深め，科学的に探究するために必要な観察，実験などに関する技能を身に付けるようにする。(2) 観察，実験などを行い，科学的に探究する力を養う。(3) 自然の事物・現象に主体的にかかわり，科学的に探究しようとする態度を養う。」と述べています。これを1つ前の平成21年告示の高等学校学習指導要領と比較すると，「自然の事物・現象についての理解」や，「科学的な自然観」を育成することに明示的にふれないものになった一方で，「科学的探究」をする技能・力・態度の育成が強調されているのが分かります。

さらに，「第2款　各科目」中の「内容の取扱い」の中で，「この科目で育成を目指す資質・能力を育むため，観察，実験などを行い，探究の過程を踏まえた学習活動を行うようにすること」などとし，さらに「その際，学習内容の特質に応じて，情報の収集，仮説の設定，実験の計画，実験による検証，実験データの分析・解釈，法則性の導出などの探究の方法を習得させるようにするとともに，報告書などを作成させたり，発表を行う機会を設けたりすること」などと踏み込んで述べています。つまり，目標で「探究」を強調するだけでなく，生徒の学習方法（教師の授業方法）においても，「探究の過程」を踏まえることを要請しています。（ほ

ぼ同じ趣旨の事柄が，中学校理科の新しい学習指導要領でも書かれています。)

　これらの方針と，先に述べた「理数探究基礎」と「理数探究」という科目の新設を合わせて一くくりにすると，新学習指導要領のもとでのこれからの10年ほどの期間は，全体については「アクティブ・ラーニング」ないし「主体的で対話的で深い学び」の時代であるとともに，理科については「探究の時代」と後に呼ばれることになるかもしれません。

(2)「探究的な学習」の陥穽

　けれども，世界の科学教育の歴史の中で，「探究」が強調されたのは今が初めてではありません。むしろ理科の学習では，知識の伝達ではなく，生徒自身の主体的な「探究」を取り入れるべきであるということは，原則的に正しいものとして繰り返し主張されてきました。例えば，最近でも欧州委員会の科学教育の教授法に関する2012年の報告「最新の科学教育—ヨーロッパの未来のための刷新された教授法」(通称「ロカール報告」)も，「探究に基礎を置く学習」こそが科学教育の基本となるべきであるということを主張しています。

　また，日本でもさかのぼって，昭和44年改訂の中学校学習指導要領の理科「目標」では，「自然の事物・現象への関心を高め，それを科学的に探究させることによって，科学的に考察し処理する能力と態度を養うとともに，自然と人間生活との関係を認識させる」としています。かつて栗田一良氏は，この改訂では米国のカリキュラム現代化運動の精神や内容が最大限取り入れられた結果，「探究学習という新しい方向」が打ち出され，この「探究学習の特徴は，教育目標やカリキュラムおよび学習指導法においても，科学の基本的諸概念を獲得するための探究の過程や探究の技法(科学の方法)を同時に修得さすことにあった」と指摘しています。今次の学習指導要領の方針は，これとよく似ているように見えます。

　ところが，これまで「探究的な学習」論はなかなかうまくいかなかった歴史があります。実際，昭和44年の学習指導要領の「探究」の強調はあまり成功しなかったとされています。その理由の一つは，プロセス・スキルの習得を過度に強調する「探究学習」論が現場の教育とは乖離していた点にあるとされています。しかし，プロセス・スキルの強調だけがいけなかったということではないと思われます。理科の授業は，科学者による自然の研究とは違うところがあるのです。

　実際，本書で説明されている理科のよい授業の特徴は，科学の研究の過程とはいくつかの点で異なります。そこで身に付けてもらいたい知識や考え方は，「科学的な」知識と「科学的な」考え方ですし，科学の方法やスキルについても学ぶこ

とも理科の目的です。しかし，教師が準備する授業は，未知のことを追求する科学者の研究とは違いがあり，生徒たちは科学者とは違うところがあります。

例えば，先に例に出した欧州委員会の報告書に対して，イギリスの物理教育研究者J.オグボーン氏は「典型的な科学授業の枠の中で，科学の探究過程を複製するのは不可能である」と批判しています。なぜなら，「科学的な探究は，その本性上，長い時間（通常，数年単位）と，探究者の全力の批判的な注意のいずれもが必要となる非常にゆっくりとした過程である。ミスがおかされ，誤った進路が取られる。突然の理解の瞬間が訪れる場合でも，それはその問題の詳細に対して長く没頭した結果現れる」。しかし，授業はどうでしょうか。「これとは対照的に，授業では短い時間（30分と言ってよいだろうか）の枠内で結果が必要となる。それは，生徒たちの速い思考によって生まれる直観的な反応に頼らざるを得ない。その多くはたいていの場合，間違っているか，誤った方向に導くものであるだろうが，かれらにはよいように見え，抗（あらが）いがたいのである」。

本書の随所でふれられているように，生徒たちの考えはしばしば強固な素朴概念で構成されていて，生徒たちはそれに疑問を持っていません。それ以外の考えの可能性を自発的に追究しようとはしません。さらには，特定の状況に依存した説明で満足し，ある場面での自分の説明と，他の場面での説明が首尾一貫しているかどうかもそれほど気にしていません。つまり，研究者のような自己に批判的な姿勢を持って，科学のプロセスを追って学習をしようという志向を持っているわけではないのです。

では，ふだんの授業も科学のプロセスを踏めばよいという考えがナイーブであるとしたら，逆にふだんの授業は探究的な要素とはまったく関係がないのでしょうか。そうではありません。授業にある種の探究性がないと，授業は面白くないというのも事実です。このあたりの事情は丁寧に理解しておく必要があります。

2. うまくいく「探究型の授業」とは何か
(1) 日本で開発された「探究型の授業」

科学のプロセスそっくりの授業はうまくいかないということと，一見矛盾するように思われるかもしれませんが，授業に探究的な要素がまったくなければ，その授業はつまらない授業になります。本書の授業例を見て分かるように，一般に面白い授業の条件の一つは「生徒が追究したくなる課題」があることです。

例を典型的に示すと，ある実験の結果はどうなるか考えようというかたちで課

題が示され，生徒たちがそれぞれの考えに基づく予想を出し合い，他人の予想に対して意見や質問を述べ，論争しあい，互いの予想の背景にある考えや論理をはっきりさせた上で，どの予想が正しいか「自然に問いかけて」決着をつけるために実験を見るという授業です。これは自然科学における仮説や理論の検証実験としての実験の意義を，理科の授業展開の中に生かすものです[※]。

> ※板倉聖宣氏らの「仮説実験授業」の授業書に組み込まれた実験はこれに当たり，この種の実験の意義については，板倉氏自身の諸著作に詳しく書かれています。また，岡本正志氏は理科教育界における理科実験論がこの観点から見ると不十分であることを指摘し，仮説実験授業の実験論の意義を強調しています。

このときの実験は，決着をつけるべき問題がクラスの誰の眼にも明らかになったところで行うので，その実験は（教師を含めた）誰かが代表してクラス全員の前で行えば，生徒たちは自分の手で行わなくても実験を非常に熱心に見まもり，その結果を受け入れます。

この授業形態は，生徒による実験の自由な計画や選択と実行に基づいているのではありません。基本的には課題設定などがよく練られた授業案のガイドによりつつ，生徒全員が「共同の探究者」となった知的な冒険をする，いわば「ガイドされた探究型授業」です。これは仮説実験授業，玉田泰太郎氏の授業，そして川勝博氏らの「認識ののぼりおり」の授業などでも同じです。

理科の本当に面白い授業というのは，ただ好奇心が満たされるだけでなく，科学的に意味のある一般的な原理や基本概念の認識が，好奇心や主体的な思考や知的満足の連鎖の中で身に付くことを意味するのだとすると，そのためにはしっかりとした授業構成の中に，生徒たちの知的な「探究」が展開されることが必要となるのだと思われます。（ただし，練られた授業案を用意することと，教師が生徒同士の討論の中で意見を都合のよい方向へ持っていこうとするのとは別です。後者では，生徒の主体的な思考や討論がたちまちしぼんでしまいます。）

本書でも，教師が問題を提起し，生徒たちに予想させ，討論させ，演示実験などでその結果を確かめて，新しい概念，法則，原理を生徒たちに理解させようとする授業例が紹介されています。こうした授業は，十分練られた授業の展開と単元構成によって初めて成功します。それで，簡単には準備しにくいのですが，成功したときのそのすばらしい効果はよく知られています。興味深いことに，近年アメリカを中心に発展している「物理教育研究」から生まれた教材には，同じような意義を実験に付しているものが多数あります。

［笠 潤平］

5-3 おわりに

　日本では，探究活動がまったく行われていないかというとそうではありません。以前は，例えば金城啓一氏や滝川洋二氏のような並外れた探究活動の指導例が点在していたように思いますが，この20年余り各地のSSH校で豊富な予算的・時間的裏付けのもとでの探究活動の例が報告され，それは年々充実しているように思えます。しかし，日本全体としては探究活動の指導の検討はまだ始まったばかりです。実際，日本では現在，普通の学校教師が個人や班ごとの探究活動を全生徒にさせる物理的な条件はなかなか揃いません。しかしそれでも，皆さんが探究活動の試行・実践的検討に乗り出すことがそろそろ必要になってきたように思います。皆さんが部分的であれ探究活動の試行について日本各地の理科のサークルで発表しその検討を提起することで，先輩たちも刺激を受けるに違いありません。皆さんはその経験の上に立って先輩たちと，授業あたりの生徒数の削減など探究活動が本当に可能な条件を求めて運動していくことができると思います。

〔笠 潤平〕

【第5章の演習課題】

1　次の（ア）～（ウ）について論じなさい。
　（ア）探究活動とは何か。その意義は何か。日本の理科教育にとってそれはなぜ重要か。
　（イ）探究活動と「探究学習」の違いは何か。
　（ウ）探究型の授業とはどのようなものか。それは「探究学習」とどう異なるか。

2　中学校または高等学校の理科の教科書から実験を選び，生徒の決定の自由が少なく探究の余地がないという指摘が当たっているかどうかを，他の受講生と議論しなさい。その上で，探究的にするためにはどのような実験書を作成すべきか，その内容を考えなさい。

3　探究活動のテーマを1つ自分で選び，2週間でできる探究活動を行い，簡単なレポートを書き，また他の受講生の前で発表しなさい。

第6章 理科の教材研究・教材開発

6-1 教材研究の進め方

1. 最高の教師になるために持つべき「武器」

　教育者によく知られた言葉があります。ウィリアム・アーサー・ウォードという，アメリカの学者にして詩人・牧師・教師が述べた言葉です。
「平凡な教師は言って聞かせる。よい教師は説明する。優秀な教師はやってみせる。しかし最高の教師は子どもの心に火をつける。」
　授業を通して，生徒は「今日の発達水準」から，教師やいっしょに学ぶ生徒の支援と自らの意欲で，「明日の発達水準」へと，自らの能力を発揮し，さらに発展させるのです。これこそ最高の授業であり，それができるのが最高の教師です。
　教材研究では，学習内容として何が大切なのか，授業が楽しく分かるように展開するのによい問題・課題がないか，どんな実験教材があるか，ということを考えたり，実践記録から生徒の認識の実態（どこで，どのようにつまずいているのか）を探ったりします。
　ある単元の授業のために教材研究というと，学習内容を自分で考える，自分で創っていく，というのではなく，つい教科書の内容を深めて理解することだ，と考えてはいないでしょうか。そうすると，教材研究とは，教科書の記述を深めたり，教科書の実験を予備的にやってみることになってしまいます。
　教科書は，誰が使ってもある程度の成果が上がるように，これまでの経験の蓄積に立って工夫して編集しています。筆者は，教科書の編集委員・執筆者の一人として，教科書の編集・執筆のプロセスを熟知しているので，本当にそうだと思います。学習指導要領の枠内とはいえ，全国の教師からの意見を聞き，これまでのさまざまなレベルの実践研究の成果などを反映させて，何回もの書き直しをして完成していったものです。それでも，教科書は平凡な平均的な教師用につくられているということを知っておいた方がよいでしょう。教科書が元にしている学習指導要領の内容もそうです。もう一歩踏み出して，教材研究をして学習内容を根本的にとらえ直し，教科書で教えるよりももっと豊かな世界を示せたら，よい

教師の段階です。生徒にとって価値ある学習内容の学習を通して，生徒がそれまで知らなかった豊かな世界を知り，もっと自ら学ぼうとし始めたら，最高の教師への道が開かれます。

　学習内容を知っただけでは授業になりません。授業で，「教師と生徒」と「自然の事物・現象」「自然科学の概念・法則」の三者の媒介物（お互いに橋をかけてつなげるもの）になるものが教材です。

　教科書も理科資料集も教材の一つです。問題（課題）を考え合って（予想や仮説を出し合って），それを確かめるために観察・実験を計画します。観察・実験も教材の一つです。

　教師は，ときには自然の探究の指導者として，ときには補助者としての役割を担います。

　さらに，生徒の気持ち（科学の概念や法則から見た自然のすがたと，直観的にとらえていた自然のすがたのギャップからくるこだわりなど）にフィットした説明や，生徒にとってイメージが深まったり広がったりする話も必要です。

　教材研究は，本来は，こうした豊かな営みであり，創造的なことなのです。このような教材研究の成果を武器として授業を展開し，生徒の心に火をつける最高の教師をめざしたいものです。

2. よいものは真似る

　「人真似は嫌だ」と，他の人の授業や，授業について書かれた本などから学ばない人もいます。しかし，もっと気楽に，よいものはよい，よいものはどんどん真似しようと考えたらどうでしょうか。真似は恥ではありません。真似を嫌って，生徒が理科を嫌いになるようなひどい授業をやっている方が恥なのです。

　授業のよい学習指導案，ワークシートや授業書・授業テキストというのは，よい問題（課題），教材をうまく配列することによって，生徒が楽しく分かっていく道すじをつくり出しています。いつもの授業よりも生徒が集中して問題に取り組み，深く多面的に考え，自分の意見を述べ，他の生徒の意見を聞くようになることが多いものです。この体験は，自分で授業をつくっていく土台になります。そして，気に入った学習指導案やワークシートなど（全体あるいは部分）も自分の「財産」となっていきます。

　授業のよい学習指導案，ワークシートなどは，教育内容が考え抜かれているとともに，問題（課題）とその配列，教材とその配列が「授業の法則性」にのっとっ

ていて，他人への伝達可能性を持っています。他の成果から学ぶとともに，自分の授業をつくるときに，他の人でもうまくいくような授業をつくっていくという気持ちを持つことが大切です。

3. まず「これだけは」という価値ある学習内容を

　自然科学の授業の理想は，生徒が「本質的なことをとらえる」ことによって，自然を科学の目で見ることができ，さらには自然に働きかけることができるようになっていく授業です。

　授業において，あらゆることを生徒に考えさせるわけではありません。生徒から引き出すことはとても大切ですが，教師が説明をするとか読み物を与えるとかを選択することも多いのです。説明してしまった方がよいところで無理に考えさせたり，考えさせなければならないことをすぐに説明してしまったりすることを避けなければなりません。

　実は，生徒に考えさせた方がよい場合は多くはありません。生徒が，考えることの基となる基礎的な知識を持ち，考える方法を知っているという条件が必要です。ここでの「基礎的な知識」というのは，以前の授業で学習したことであったり，生活体験から得た認識であったりするかもしれません。基本線として「前の授業が生きること」をおさえた上で，生徒の自由な発想が発揮されるように考えさせましょう。

　1時間の授業で，ぎりぎり「何を」教えるのかを吟味します。この「何を」が授業のねらいとなります。この「何を」は，生徒にあっては学ぶ価値がある内容です。学ぶことによって，自然を豊かに科学的にとらえられるようになる，つまり科学の目でまわりを見ることができるようになるものです。

　そのために，
- 学習内容を考える。学習内容を，単元のねらい（到達目標）として，できるだけ「これだけは」というものにしぼる。基礎的で本質的な内容，すなわち，より適応範囲が広く一般性があり，具体的な事実や現象にぶつかったとき，生きて働く知識となるものにしぼる。
- 生徒の実態を考慮しながら，学習内容を教材として具体化する（教材化）。
- 教育内容が定着し，しっかりした認識になるように，何時間かの授業を組み，その中の1時間，1時間の授業の展開を考える。

という作業を進めます。

4. よい問題（課題）づくりとその配列

　ある概念なり法則を，浅くてもある程度理解されるように導入します。いくつかの場面へそれを適用させる中で，深い理解に至らせるための作戦を練ります。

　生徒は，自然に対して「自分の仮説」を持って働きかける中で，認識を深めていきます。私たちは，生徒たちが，途中，とまどったり，つまずいたりしながらも，正しい認識を深めていけるような問題（課題），教材と，その配列を考えなければなりません。

「よい問題（課題）」の条件の一つが，「生徒の側からの意外性」です。「生徒の自然の認識をゆさぶり，深めるような問題（課題）」をつくり出すことが，授業を成立させるために不可欠の条件となります。

「浅い理解→習熟→深い理解」は，授業のシリーズ，すなわち問題（課題）の系列化を考えるとき，よりどころにする原則です。

　習熟というのは「物事に慣れてうまくなること」という意味です。「浅い理解」（半わかり）の認識をもとに，いくつかの場面に仮説を持ってぶつかっていくことで，「深い理解」に至ると考えるのです。

5. 実験・観察が授業の中に正しく位置付いているか

　実験・観察をすれば，楽しく分かる理科の授業になるわけではありません。

　レシピ通りにやると料理がつくれますが，それはほとんどの場合，どんな料理ができるかの写真があり，イメージをわかせながら行うことができます。しかし，何のためにやっているか分からない実験では，いくら詳しいやり方があってその通りにやったとしても，ただ操作をしているに過ぎません。

　感動や驚きから問題意識を持たせようという導入実験を考えたり，問題（課題）について話し合って，各自の仮説の正否を自然に問いかけたりする中で決着をつけられるよう，そのためにはどんな実験なり観察がよいのかを考えることです。

6. 教材研究と授業例

　ここで一つ，筆者が新任の中学校の理科教諭だったときに実践していた授業を紹介しておきましょう。保健室から体重計を借りて，運んできてあります。

「体重50キログラムの人が，中身1キログラムのジュースを飲んだ直後，体重をはかると，体重計は何キログラムを示すだろうか？

　ア．ほぼ51キログラム　　イ．51キログラムより少し軽い　　ウ．51キログラム

より少し重い」

　その問題の前に「体重計に二本足で乗った場合と一本足で乗った場合，針はどうなるか？」という問題を考えさせて，「物の形が変わっても重さは変わらない」ということを示していました。いくつもの意見が出ます。討論が一段落したところで，一人の生徒に実際に飲んで体重計に乗ってもらいます。生徒は皆一生懸命に針を見つめます。正解はアですが，飲んだ後に時間がたつと汗などが出て，イになってしまいます。

　これは，「物には重さがある。物の形が変わっても，物の状態が変わっても，その物の出入りがない場合には重さは変わらない。出入りがあれば，出た分だけ軽くなり，入った分だけ重くなる。逆に，初めより軽くなったら何か物が出ていった，重くなったら何か物が付け加わった」という科学の論理（質量保存の法則）をとらえることをねらいにした授業です。教材研究の結果，これは学習内容として価値があると考えたのです。

　こうした授業をすると，水を飲んだり，トイレに行ったりした後に体重はどうなるかと，興味津々で体重計に乗ってみるようになるものです。

　質量保存の法則という言葉が教科書で最初に出てくるのは，中学校理科の化学分野です。「化学変化の前後では，物質全体の質量は変化しない」というものです。ここで質量保存の法則の内容，あるいはこの法則を確認するために行った個別の実験の内容を覚えさせて終わりなら，この学習から科学の目で物事を見る姿勢を身に付けさせるのは難しいでしょう。

　質量保存の法則は，物理変化でも化学変化でも成り立ちます。例外は，核分裂や核融合のような質量とエネルギーの相互転換を無視できない場合です。実は，質量保存の法則が化学分野で出てくるというのは，物理変化では当たり前だけれども，「化学変化のように別の物質ができる場合」でも成り立つというところが大切なのです。

　「物には重さがある。物の形が変わっても，物の状態が変わっても，その物の出入りがない場合には重さは変わらない。出入りがあれば，出た分だけ軽くなり，入った分だけ重くなる。逆に，初めより軽くなったら何か物が出ていった，重くなったら何か物が付け加わった」という決まりだけでも，いろいろな場面に適用可能です。さらに，質量保存の法則を原子レベルで支える「原子は，なくならないし，新しく生まれはしない。化学変化が起こっても，原子の組み替えが起こっただけで原子全体は変わらない」という認識が身に付くならば，さらに強力な科

学の目を持ったことになるといえるでしょう。

7. 授業後の反省

「生徒が分かってくれない。教え方の技術が悪かった」と言う前に，もう一度，学習内容や教材のとらえ直しをすることです。そして，生徒に投げかけた問題（課題）がよかったかどうかを吟味することです。

　授業の計画は，いったん決めたらそれでやり通さなければならないなどと，硬直化した考え方は捨てましょう。授業を進めながら，不断に軌道修正をはかっていくべきものです。

［左巻 健男］

6-2 教材開発の方法論

　筆者の編著『中学理科の授業1　生徒の分かる教え方と教材・教具の開発法』（民衆社，1986）という本が手元にあります。

　そこに故古川千代男氏（当時，愛媛県東雲学園中学校教諭）の「教材・教具の開発法」という文章があります。

　かつて，若いときにこの本を読んだ教師から，筆者に感想が寄せられました。「当時，古川先生の『教材・教具の開発法』を読んだはずなのによく分からなかった。その後20年間あまり理科の教師をやった今読むと，頭にしみ入るように分かる」と。

　それを若い頃から分かったら，どんなに素晴らしいかと思います。

　この節では，古川さんの「教材・教具の開発法」をもとに，その文章の趣旨がよく伝わるように構成してみました。教材開発の方法論をいっしょに考えていきたいと思います。基本的には（ほぼ全部が）古川さんの考えをもとにしています。

1. 過熱水蒸気の実験

　古川さんが開発した実験に「過熱水蒸気の実験」があります。

　生徒の多くが「水蒸気は最も高温でも100℃である」という素朴概念を持っています。

　児童・生徒は，就学前から多くの体験と観察を通して，さまざまな知識を自分から獲得しています。つまり児童・生徒たちの頭の中は，「白紙」ではないのです。児童・生徒たちの頭の中が「白紙」なら，教育はそこに働きかけて，白紙に書き込んでいく営みになります。ところが，「白紙」ではなく，すでにさまざまな事柄が書き込まれているのです。児童・生徒たちそれぞれに体験や観察が違うために，書き込まれている内容は違います。それは，ある程度の一貫性があり，もっともらしい説明ができる知識・概念であり，素朴概念，あるいは素朴理論と呼ばれます。科学概念とは異なっていることが多いので，ミスコンセプション（誤概念）とも呼ばれます。

　児童・生徒たちは，未体験の自然現象に直面しても，すでに持っている素朴概念を使って解釈や説明を試みたり，予測を行ったりします。

　古川さんは，目の前の生徒の実態を見て，つまり生徒の持つ素朴概念を科学概念に修正していくために「過熱水蒸気の実験」を開発しました。

実験には黄銅管コイルを使います。プラモデル屋さん・ラジコン屋さんから購入した黄銅管をコイル状に曲げたものをつくります。その黄銅管コイルに水蒸気を通しながら黄銅管コイルをバーナーで加熱すると、数百℃の水蒸気が出てくるというものです。その過熱水蒸気を紙に当てれば黒く焦げるし、マッチ棒の頭に当てると発火します。水蒸気は湿っぽいものだという素朴概念がありますが、過熱水蒸気はまったく湿っぽくなく乾いた分子です。

今では、「過熱水蒸気」もオーブン電子レンジの加熱機能に使われるぐらい身近になってきました。古川さんのこの実験も、この実験の様子の写真を載せたりする教科書が現れるようになって、「知る人ぞ知る」という実験です。

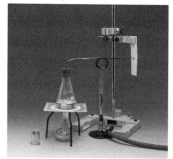
図1：過熱水蒸気の実験
写真／内田雄二

2. 古川さんの教材開発は、生徒のつまずき・疑問から出発

古川さんの教材開発は、生徒の持つ素朴概念から出発します。これは、テストをした結果、正答率の低いところをどうしようという発想ではありません。こちらが思いもかけないようなところで、とまどっている生徒を見たときの驚きが出発点なのです。

例えば、生徒たちの中には「無色透明な液体は、水と同じように100℃で沸騰する」、鉄や銅は金属でも「アルミは金属ではない」と思っていたりします。

生徒が持っている、素朴で、常識的でない疑問、そこを乗り越えると理科が好きになるかもしれないという疑問が、新しい見方の発見場所なのです。

私たちの身近で沸騰している液体といったら、水くらいしか見かけないかもしれません。生徒にとって、液体とは水なのかもしれません。それなら、そういう素朴概念を克服して「物質の世界ってそうだったんだ！」と感動するような教材や授業を考える必要があります。

その過程では生徒が本音を出し、そこでは、当然、誤った考え、意見も大切にされ、正答と同等の扱いを受ける権利がなくてはいけません。生徒の素朴概念も大切にしていく、口先だけでなく、実験をやれるものなら実際にやってみます。

(1)「沸点以降、気体の温度は上がらない」という素朴概念

生徒のつまずき・疑問からの教材開発の例として、「気体の温度は上がらない」「水蒸気を熱しても温度は上がらない」という素朴概念に対する場合を考えてみ

ましょう。

　あるとき、中学校第１学年の融点・沸点を教えている途中で、休み時間に話していると、沸騰して気体になると、もう温度は上がらなくて、まわりの空気と同じ温度になるという生徒がいるのを知りました。他の生徒に聞いてみると、気体になるともう温度は上げられないと考えているようでした。だから空気も100℃なんかにはならないと思っているありさまでした。

　水の状態変化でも沸点以降を測ることはありません。すべてが気体になったとき、加熱を続けると、その気体の温度が上がっていくことを知らせないと、融点や沸点の意味も明確になりません。

　熱エネルギーは、状態変化の最中は分子配列を変化させるのに使われ、状態変化が終了すると、ふたたび分子運動をさかんにすることに使われるということをはっきりさせるためには、沸点以降の測定をやらねばならないようです。

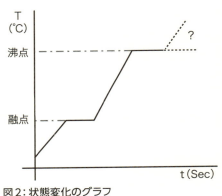
図２：状態変化のグラフ

　次の授業のとき、「水の沸点は100℃、そのとき出てくる水蒸気を加熱すると100℃以上になるだろうか。つまり200℃の水蒸気はできるだろうか」と問いかけてみました。

　「できる」というのは思った通りごく少数で、「水はいくら熱しても100℃以上にならないのだから、水蒸気だって上がらない」という、いたって平凡な答えが大多数でした。つまり、融点のところでやった「状態変化が終わった後、加熱を続けると、再び温度が上がり出す」という知識が沸点では生きてこないということです。

　そこで、生徒といっしょに「どんな実験をやればYes, Noがはっきりするか」を探りました。

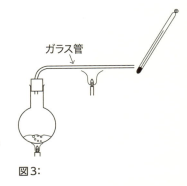
図３：

　受け持ちの生徒の中に漁具屋さんがいたので、船のエンジンに使う銅パイプを探してもらい、古い銅管を２メートルほど分けてもらいました。

熱効率をよくするためコイルにし，実験をしてみました。これは大成功でした。

200℃を超える過熱水蒸気ができました。出てくる水蒸気は目に見えず，湯気とは違うことがよく分かります。

200℃を超えたところで紙に当てると焦げます。木も焦げます。水蒸気でぬれるのでなく焦げるのです。ふと思いついて，マッチを近づけてみました。パッと点火するではありませんか。マッチは摩擦熱で200℃まで上がれば発火するという知識を，後になって思い出しました。沸騰をやめ水蒸気を止めると温度計はみるみる下がります。

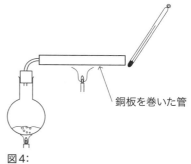

図4:

(2) 授業は大ウケ

水蒸気で紙や木が焦げ，マッチが点火するという実験は，たいへんな反響でした。「200℃の水蒸気があるだろう」と予想していた少数派はもちろん，反対派もいっしょになって「実験大成功，すごいなあ」と大喜びでした。

それからいく度やっても，この実験は生徒たちの目を引き付けました。中でもマッチが発火するのは意外性があって，考えをゆさぶるのにたいへん有効でした。

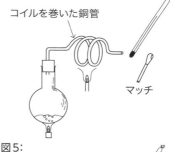

図5:

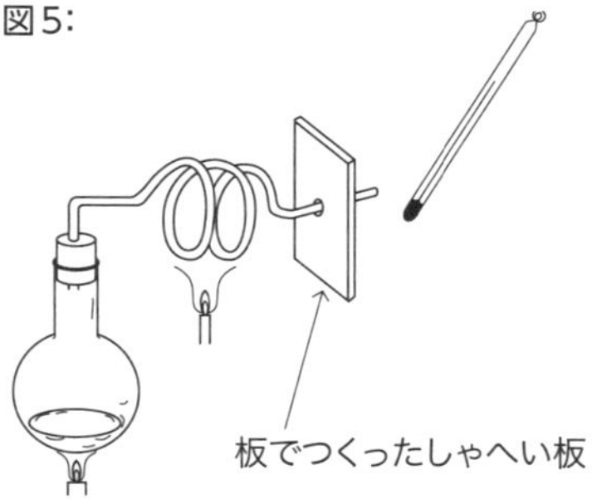

図6:

その後，「えひめ科学教育サークル」の例会で，この実験を発表しました。このとき，「バーナーの放射のためだ」という誤解をさけるために，「遮蔽板を取り付けたら」という提案を受けました。

そしてこの実験法も完成し，いつでも誰でも使えるものになったのです。

3．常温で気体の物質を液体にして見せたい！
(1)「常温で気体の物質は液体にならない」という素朴概念

かつて，科学者が「気体の種類によっては，どんなことをしても液体にならな

い気体（永久気体）がある」という説を持っていたことがあります。例えば，水素やヘリウムがそんな気体でした。その後，水素もヘリウムも液体にすることができて，「永久気体は存在しない」ということが分かりました。

生徒は，「常温で気体の物質は液体にならない」と思っている場合があります。これも素朴概念です。日常生活の中で，気体が液体になる変化を見るのは水の場合くらいです。しかも，水の気体である水蒸気と湯気とは同じだと思っていたりします。

実際は，ガスが燃料の携帯コンロのボンベ内ではブタンが液体になっていたり，プロパンガスのボンベの中ではプロパンが液体になっています。中は見えない場合が多いですが，少し使用した携帯コンロのボンベを振ってみると軽くなっていることと同時に，液体が動いているのが音や手の感覚で分かってきます。ガスライターなどの点火器具の燃料もブタンですが，ブタンが液体になっているのが見えて，使っているうちに液体が減っていくのを目にすることもあるでしょう。

(2)「原子論」を大切にした授業

古川さんは，中学校でも，重さ（質量）の保存性，体積の不可入性，密度，気体の物質性（重さ・体積）など，「すべての物質が持つ共通性」についてきちんと学べるようにしてきました。

そして，すべての物は原子や分子で構成され，その原子や分子は絶えず運動をしているという，素朴ですが基本的な「原子論」をきちんと身に付けさせるようにします。

古川さんは，この「原子論」の導入を「気体」の学習，中でも体積の圧縮性から，気体がスキマの存在する粒構造を持っていること，分子が運動していることを発見するところから始めます。

さらに固体，液体の物質に広げ，「状態変化」の学習で分子運動と分子配列の関係を学ぶことで，初歩段階を終えることにしています。「状態変化」の学習は，「原子論」の大切なまとめでもあります。

(3) 多様な物質を扱いたい

古川さんは，状態変化の学習で，教科書に出てくるわずかな種類の状態変化だけではなく，「すべての物質が状態変化する」と一般化できるような，生徒にとって思いがけない物質の状態変化を見せ，感性をもゆさぶってやりたいものだと思いました。

そのためには，まず，日常経験できる温度を上下に大きく超える温度を得なく

てはなりません。そこで「寒剤」を調べてみました。
- エタノール（エチルアルコール）＋ドライアイス（固体炭酸） −72℃
- エチルエーテル＋ドライアイス −77℃

という組み合わせがありました。食塩と氷の混合物の寒剤（−21.2℃）に比べるとだいぶ低いです。

出入りの理科教材会社で，−70℃まで測定できる温度計を入手しました。

エタノールは高価なので，いちばん安い燃料用アルコールをドライアイスの入った器に注いでみました。激しい泡立ちがおさまったところで温度計に入れると，みるみる下がって−70℃を切りました。

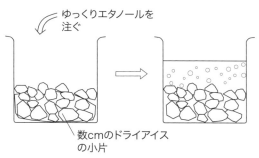

図7：アルコール／ドライアイス寒剤

花を入れるとまるでドライフラワー，ゴム管も固化して折れ，ビニル管は割れ方までガラスと同じ，水もまたたく間に凝固します。とにかく勝負が早いし，日常では見られないような現象が現れます。水銀の固体もこのとき初めて見ました。小さな試験管に入れ，何度も入れたり出したりして楽しみました。

(4) プロパンを液化せよ

実はこの寒剤でやってみたい本命は，常温で気体のものを液化することだったのです。

水やアルコールで液体⟷気体の変化はよくやりますが，本来，常温で気体の物質も気体⟷液体の変化をすることをやってみないと「すべての物質は」と一般化できないと考えていたからです。

「そうすると，−70℃までに液化する物質を見つけなければ」と，『理科年表』などを調べました。

　　　　　　　　融点（℃）　　沸点（℃）
- アンモニア　　−77.73　　　−33.34

・プロパン　　　－188　　　－42
・硫化水素　　　－85.5　　　－60.7

アンモニア，硫化水素は扱いにくいし，純度の高いものは手に入りにくいので，プロパンを選ぶことにしました。もうすでに家庭用に普及していて，よく燃える気体であることも知られている物質です。燃える気体なので圧縮性がないなどと特別視している生徒もいるくらいですから，液化を見せてやれると面白いはずです。

図7のように，寒剤に漬けてある試験管の中に，プロパンを徐々に吹き込んで冷却するという装置をつくりました。

ガス管に付けたスクリュー型のピンチコックは，調圧器を出たガス圧が大きすぎるので流量調節のために付けたもの。初めてやってみたときは半信半疑だったのですが，サラサラした無色透明な液体がとれたときは感激でした。

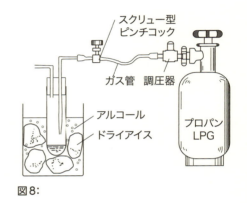

図8:

次に試験管を空気中に出し，口に火を近づけるとポッと引火し，中から出てくる気体が燃える物質であることが分かります。手で温めて沸騰させると大きい炎になり，冷却すると小さくなってやがて消えます。沸騰していてもたいへん冷たいのが分かります。液体が沸騰しているときはいつも100℃だと思っている生徒たちを驚かせるのによさそうです。

(5) 授業は成功

授業は，プロパンが液化するかどうかで大討論会になりました。

実験は，ドライアイスを見せ，アルコールを注ぎ，温度計を入れ，そしてボンベを出し試験管をつなぎ…と，教卓で延々と準備をしましたが，みんな一生懸命見て，手伝ってもくれました。液化したのを見せるとほーっと感心し，沸騰している試験管にさわって驚き，炎が大きくなったり小さくなったりするのを大喜びで見ていました。工夫したかいがあったなどと感じるときです。

この実験は，「原子論」を確立したいと考え，状態変化をその大事な柱にするために考えている中で開発できたものでした。

このプロパン液化の実験は，その後，世の中の進歩にしたがってプロパンボンベからガスライター補充用ボンベを使うようになり，さらに現在では卓上コンロ用ブタン・カートリッジを使うようになりました。

　試験管にも，単純に上から吹き込んだだけで捕集できることに気付きましたし，ポリ袋に一度取ったブタンを試験管に吹き込んだり，袋のままドライアイスの塊に押し付けて液化させたり，指で温めて気化させたり（これはポリ袋に入れたアルコールの液化・気化の実験との類似を求めたため）というふうに，簡便になってきています。

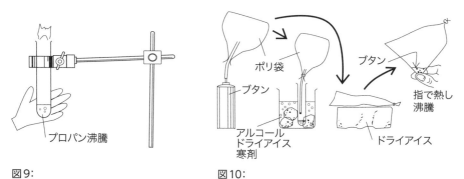

図9：　　　　　　　　　　　図10：

4．好奇心―私をつき動かすもの―

　古川さんは，「生徒たちが物質の世界を科学的に豊かにとらえてほしい」という願いを持って，素朴概念や誤概念に着目し，自然科学の基礎を教えようと思っていました。

　それを支えたのは好奇心です。好奇心こそ開発の原動力です。あらゆることに鼻をつっ込むこと，いつもキョロキョロしていること，何でも面白がること，生徒の知的好奇心をゆさぶってやろうという，好奇心を失わない教師になりましょう。

〔左巻 健男〕

6-3 教材開発物語1
黒板上で演示する物理実験

1. 教材研究の楽しみ

　学校の実験室や準備室は宝の山です。どこの学校にも，理科教育振興法（理振法）の主旨に則って買いそろえられた実験器具・教具・標本などの教材が整備されていて，実験室や準備室の棚に格納されていることでしょう。理科好きな生徒ならば「これは何だろう」「さわってみたい」などと興味を示すに違いありません。あなたの好奇心は生徒に負けていませんか。あなたはそのうちのどれだけを使ってみたことがありますか。

　実験室や豊富な実験器具・教具は，学校ならではの得がたい環境です。家庭ではもちろん，大学の授業でもお目にかかれないものがたくさんあります。授業に使えるかどうかは別の問題として，今学校にある実験器具・教具をとにかく全部いじってみることです。これは極めて効果的な研修になります。せっかくあるのに触りもしないのは，まさに「宝の持ち腐れ」です。将来，異動先で同じ環境が得られるとは限りません。今が旬，まず実験器具・教具いじりから始めましょう。

　教師の仕事は自転車操業です。教材研究は仕事でもあり自己研鑽でもあります。教師は授業をしながら育ちます。学生だった頃は理解していなかった科学的概念や原理を，教材研究の中でようやく納得できた，ということはしばしばです。教師は生涯勉強し続ける職業なのです。特に初任の頃の教材研究は，一生の貴重な財産になります。

　時間を作って実験室や準備室の実験器具・教具を片っ端から取り出して使ってみましょう。見たこともないものもあるでしょうが，マニュアルや実験図鑑を参考にして，とにかくいじりまくりましょう。この過程であなた自身の科学への理解が進み，現象に対する感覚も磨かれます。教師の自己研鑽でも実験・観察は大切なのです。

　教師経験を積むにつれ，授業のノウハウや教材のストックは増えていきます。生徒の反応も予想できるようになって，マイペースで授業が進められるようになることでしょう。安定期を迎えて，ある意味楽になるわけですが，そこであぐらをかいてはいけません。この時こそ，教材を改良したり，新たにオリジナル教材を開発したりするチャンスです。受け持つ生徒の実態に合わせて教材を工夫して提示すること，それが教師の役割なのです。

予算が許せば，計画的に新しい実験器具を購入するのもよいでしょう。教育の世界でも技術革新は急速で，魅力的な新製品が次々にリリースされています。しかし，仮に高価な道具が手に入らなくても，「先生の手作り教材」は生徒の注目度が高く，教育効果が抜群です。百円ショップや通信販売サイトはそんな先生の強い味方です。あなたも自作教材づくりにチャレンジしてみませんか。

　具体的な教材開発の例を，以下に項を改めて紹介します。

(1) 黒板用フレキシブル斜面と放物すだれ

図1：黒板用斜面と放物すだれ

　神奈川県の水上慶文氏はあらゆる物理実験を黒板上で演示することで有名です。一般教室に道具を持ち込んで黒板を実験室にしてしまいます。[1] 氏の取り組みにヒントを得て，できるだけ手軽に扱えて，しかも効果的な放物運動の演示をめざして工夫したものが図1の実験装置です。[2)3)]

　斜面部分は配線モールにストローを接着し，マグネットフックをストローに挿して白板に固定しただけです。磁石を移動すれば白板上で自由に変形できます。先端には簡易速度測定器「ビースピν」（ナリカ）が取り付けてあって，射出速度を測定します。予備投射で測定した鉄球の射出速度に合わせて，白いゴムひも（衣服用の織ゴム）を0.5秒後の直進位置まで引き伸ばすと，紙テープで一円玉をつり下げたすだれが放物線を描きます。初速度に合わせて自動的に変形するところがポイントです。もう一度斜面上の同じ位置から転がした鉄球は，正確に一円玉の位置をトレースして見事に右下の的に命中する，という仕組みです。材料はビースピν以外はすべて百円ショップで調達できます。

(2) 黒板演示用回路

　「黒板演示用回路」とは，スチール黒板（白板）に貼り付けて使用する，大型の演示用回路です。各ユニットをマグネットバーのように独立させ，それを黒板上で貼り重ねていくことで，多様な回路が組み立てられ，そのまま実際に電流を流して黒板上で演示実験ができる手作り教具です。

　黒板演示用回路の基本セットは，図2の左から，電池，抵抗，電球，コンデンサー，LEDおよび導線の各ユニットからなります。これらのうち，導線ユニット

はマグネットシートの表面に
銅箔テープを貼っただけです。
片面のみ導通します。

　他のユニットは，すべて厚さ2.5mmの厚紙（カルトナージュという手芸用の厚紙）を裁断して作ります。両端にパンチ穴を開け，百円ショップの「超強力マグネットミニ」（直径6mmのネオジム磁石）を埋め込み，銅箔テープを裏

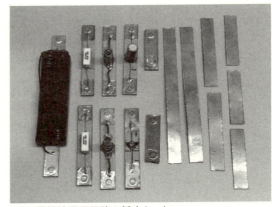

図2：黒板演示用回路の基本セット

から表にかけてはさむように貼り付けて磁石を固定します。写真で表面に銅箔があるところは裏面も銅箔になっていて，表裏が電気的につながっています。この銅箔部分に抵抗などの回路素子をハンダ付けして各ユニットを作ります。

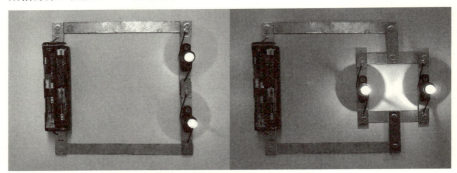

図3：電球の直列接続と並列接続をその場で組み替えて演示できる

　磁石を埋め込んだ部分を重ねることで，自然に磁石同士がしっかりとくっつき合って導通します。磁石の中心の間隔は40mmの倍数になっています。ユニットの幅は磁石のサイズに合わせて15mmとし，幅15mmの銅箔テープを使いました。太いので教室の後ろからでもよく見えます。

　厚紙の切断や穴あけの加工が一番工夫したところですが，学校の印刷室や事務室にある，大型裁断機や強力ペーパーパンチを活用すると比較的楽に，しかもきれいに加工できます。紙面の都合で各工程の詳細は省略しますが，製作マニュアルをWebに公開してありますのでご覧ください。[4)5)]

　黒板演示用回路を実際に組み立てた例を図3，図4に示します。スチール黒板

（白板）上にまず導線ユニットを貼り，その上に他のユニットを貼り重ねていきます。マグネットバーを黒板上に置く要領です。磁石同士が結合して自動的に位置が決まり，回路図そっくりの回路ができあがります。最後に電池を入れるとそのまま黒板上で演示実験ができます。

回路上の各点にテスターを当てれば，各部の電位の測定も簡単です。小学校から高等学校まで，電気回路の実験に広く使える教材です。

図4：コンデンサーとLEDを含む回路

工作材料は，さまざまな会社から通信販売で入手しましたが，少量をばらばらに買い集めるのは大変だと思います。材料をキットとして実費でお分けしますので，下記のサイトをご覧ください。

http://ypc.fan.coocan.jp/ypc/circuit.htm（2019年現在）

ここでは基本セットのみご紹介しましたが，授業の目的に合わせて，同じ規格で太陽電池や，ブザー，スイッチ，定電流装置などを追加することもできます。各自で工夫してみてください。

2．サークル活動のススメ

教材研究は複数で行うのが効果的です。職場内に先輩教師が若手の相談に乗れる環境があれば理想的ですが，同じ科目の教員がいなくてそれがままならないケースも多いでしょう。私自身は自主研修サークル「横浜物理サークル（YPC）」の仲間と共に活動しています。毎月の例会には30人ほどが集まり，校種を越えて授業研究と情報交換を行っています。仲間を持つことは心強いことです。上で紹介した研究も，まずサークルで発表して批評を仰ぐと細かな改善案が示されて，更にチューンナップされていきます。

物理教育関係の全国的な組織としては日本物理教育学会や，物理教育研究会（APEJ）があります。後者は毎年7月に「基本実験講習会」を開いて，基礎的な物理実験の技術継承をはかり，積極的に後進の育成に当たっています。科学教育研究協議会（科教協）は全国の草の根理科サークルの集まりです。

教材研究の上で孤独を感じている方は，ぜひ地元の研修サークルや，前記の学会・研究会にアプローチしてみてください。幸い，現代はインターネット万能の

時代ですから，遠隔地であっても情報交流は可能です。私も自分自身の教材やサークル活動の報告をWebページに公開しています。

http://www2.hamajima.co.jp/~tenjin/tenjin.htm （2019年現在）

　思えば，まだインターネットというものがなくて，有線電話回線を使ったダイヤルアップ接続で細々とパソコン通信が行われていた1990年代，NiftyServeの教育フォーラム「理科の部屋」で，全国のアクティブな理科教員がつながるというブレイクスルーがありました。本書の著者にも当時知り合った方が何人もいます。そうした全国の仲間たちとの交流・情報交換の中で，「虹ビーズ」や「ビースピ」など，今や学校でも定番となった実験教材が続々と世に送り出されていったのです。「理科の部屋」の世話人だった楠田純一氏の名文句を最後に掲げて本稿を閉じることにします。

「情報は発信するところに集まる」

[山本 明利]

<参考文献>
1）水上慶文「黒板でモンキーハンティング」『ＹＰＣニュース』, No.145, 横浜物理サークル, (2000)
2）山本明利「高校教師が教える物理実験室」工学社 (2015)
3）山本明利「黒板用フレキシブル斜面と放物すだれ」『ＹＰＣニュース』, No.323, 横浜物理サークル, (2015)
　　http://www2.hamajima.co.jp/~tenjin/labo/parabolic_motion.pdf
4）山本明利「黒板演示用回路の製作と活用法」『理科教室』, 第59巻第9号, 本の泉社 (2016)
　　http://www2.hamajima.co.jp/~tenjin/labo/circuit_rikakyoushitsu.pdf
5）山本明利「黒板演示用回路キット製作マニュアル」
　　http://www2.hamajima.co.jp/~tenjin/labo/circuit_on_blackboard_manual.pdf
　　（URLはいずれも2019年現在）

6-4 教材開発物語2　ロウソクの炎の探究

1. ロウソクの科学

ロウソクは，さまざまな先人たちにより，理科の教材として昔から紹介されています。ご存じのように，元祖は物理および化学者であるマイケル・ファラデー (1861) による "The Chemical History of a Candle"（邦訳：矢島〔1933〕『ロウソクの科学』）です。近年では，著名な科学者の P.W. アトキンスは，"Atom, Electrons, and Change"（邦訳：玉虫（1994）『新ロウソクの科学』）でファラデーの例にならって化学反応がどのように起こるかを，原子や電子の再配列として易しく著しています。

また，日本でも伍井（1990）がロウソクの実験集として『たのしいロウソクの科学 おとうさんといっしょ実験・観察』を著し，ロウソクを用いた面白い遊びや実験をまとめています。

これらは，一見単純に見えるロウソクを例に，ロウソクが物理的に化学的にたどる過程を通して，物質の外観や内部の営みを説明しようとした素晴らしい教材です。ファラデーは「自然科学の勉強を始めるには，ロウソクほどよい入口はありません」とも述べています。まるでそれは，ロウソクのように身近で簡単なものの奥底に横たわっている森羅万象に繋がる現象を明らかにすることが，多くの人の興味をかき立てることを知っていたかのようです。

このように，ロウソクは化学分野（粒子）で学習する状態変化と化学変化の両方の現象を含む貴重な教材で，中学生，高校生でも十分楽しめます。

また，これらのロウソクに関する実験は，科学の方法としての探究的な活動として楽しく学べるものになっています。仮説を立てたり，実験計画を立てたりすることは，実験本来の意味を理解することや，目的を持って実験をするために大切なことです。仮説や実験計画などの立て方や探究方法にはさまざまな形態があり，一様ではなく多様です。例えば，「中学校学習指導要領解説　理科編」(2017) には，学習過程のイメージが次の3段階で示されています。

　課題の把握（発見）：自然事象に対する気付きや課題の設定。

　課題の探究（追究）：仮説の設定，検証計画の立案，観察・実験の実施，結果の処理。

　課題の解決：考察・推論，表現・伝達。

ここでは，ロウソクを使って，仮説を立てたり，実験計画を立ててみたり，仮説演繹法としての探究の一例を紹介します。ただ，探究は慣れないと時間がかかり，準備する器具なども多種多様にわたり，非常に手間がかかります。そのため，小学校では実施されていますが，中学校や高等学校では探究的な本来の実験はあまり実施されていない現状があります。

そこで，以下のようにある程度の実験方法を示し，それらから実験を選択する方法をとると，不慣れでもある程度探究を進めることができ，準備する器具も限定できます。慣れてくれば，必要なものを持参させたりできるようになります。

2. 実験の手順
①検証可能な仮説を立てる。（初めは簡単な例を示すとよい）
②その仮説を検証するための実験を選ぶ。（慣れれば各班で実験を計画する）
③その実験の結果を，根拠を持って予想（推論）する。
④選んだ実験の準備をし，実際に実施してみる。
⑤自分たちが立てた仮説が検証できたか判断し，考察をする。

3. 必要なもの
実験A～Jに必要なもの：ロウソク（一般的な西洋ロウソクの他，和ロウソクも可），ロウソク立て（厚さ1cm程度の板に，ロウソクの太さより少し大きい穴を開けたものなど）
- 実験A：マッチ棒
- 実験B：竹ひご（10 cm程度，割り箸などの木の棒でも可）
- 実験C：白ボール紙（10 cm角程度），
- 実験D：ガラス管（内径5 mm，長さ5 cm程度）
　　　　　ピンセット（ルツボばさみやガラス管に持ち手を付ける針金）
- 実験E：ピンセット
- 実験F：マッチ棒
- 実験G：注射器（先を細く絞ったガラス管と脱脂綿と針金でピストンをつくったものでも可能，またシリコン製のニップルで吸引してもよい）
- 実験H：鉛筆の芯の粉，黒鉛の粉末
- 実験I：スライドガラス
- 実験J：20cm程度のガラス管とゴム管，ゴム栓，アルコールランプ，マッチ

4. 実験方法
(1) 外炎の存在
　一般にロウソクの炎は，炎心，内炎，外炎の3つの部分に区別されます。しかし，外炎は目では見えません。そこで，「炎の明るい部分（内炎）の外側に見えないが熱い部分（外炎）が存在する」と仮説を立てます。これを検証するための実験方法を各班で話し合い，実験群（実験A～J）から選び，その実験結果を予想します。各班である程度まとまったら，実際に実験してみます。
　　仮説例：炎の明るい部分（内炎）の外側に，見えないが熱い部分（外炎）が存在
　　　　　　する。
　　実験例：実験Aを選択
　　　　　　炎の明るい部分（内炎）の外側に，マッチ棒の頭を持っていく
　　　　　　（マッチ棒の頭は，内炎の上ではなく横がよい）。
　　予想例：炎の明るい部分（内炎）の外側に置いたマッチ棒に火がつく。

(2) テーマ例
　①外炎，内炎，炎心のどこの温度がいちばん高いか。
　②炎の明るい部分（内炎）は，どんなものが燃えているか。
　③ロウソクの炎は，ロウのどんな状態（固体，液体，気体）のものが燃えているか。
　④ロウソクの芯は，どのような役割をしているか。

5. トラブルシューティング
　1種類の実験が，複数のテーマの実験に使える場合があるので，ある実験を一面的にとらえないようにします。また，この他にも，これらと同じ器具を使い，他の用法や応用的な実験も可能です。

6. 注意点
　実験では，反証は確定できても，確証はできません。例証ができるのみです。目的とする仮説の妥当性を高めるために，どんな実験が必要で，どんな実験が可能かを考え，複数の実験を計画し，仮説をより確かなものにしていくことが必要です。

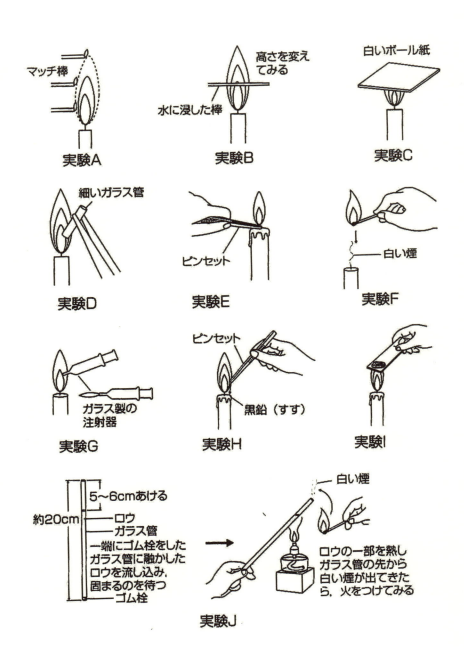

図1：各実験方法例

7．実験方法の例（p.178の図も参照）

実験A：炎の明るい部分（内炎）の外側にマッチ棒の頭を持っていき（絶対見える炎と接しさせない），マッチに火がつくか観察します。

実験B：①明るい部分（内炎）の上，②明るい部分（内炎），③炎の芯に近い暗い部分（炎心）と明るい部分（内炎）の両方がある部分に，水に浸した竹ひごを入れて，ようすを観察します。

実験C：白ボール紙を炎にかざします。高さを変えてようすを観察します。

実験D：炎の芯に近い暗い部分（炎心）や明るい部分（内炎）にガラス管を差し込み，出てくる煙の違いを観察します。また，煙に火をつけてみます。

実験E：炎の芯をピンセットできつく挟んで，しばらく炎のようすを観察します。

実験F：ロウソクに火をつけて，しばらく燃やした後に炎を吹き消し，出てくる白い煙に，上から火を近づけます。

実験G：炎の芯に近い暗い部分（炎心）の中の気体を捕集し，炎の中に放出したり，ゆっくり出しながら火を近づけたりします。

実験H：ロウがとけている入り部分に，鉛筆の芯の粉や黒鉛の粉末をピンセットや金属製さじで少量振りかけ，その動きを見ます。

実験I：①明るい部分（内炎）の上，②明るい部分（内炎），③炎の芯に近い暗い部分（炎心）と明るい部分（内炎）の両方がある部分に，スライドガラスを入れて，ガラスの表面のようすを観察します。

実験J：図のようなロウを入れたガラス管を用意し，ロウの上部を熱し，ガラス管の先から発生する気体に火をつけます。

〔寺田 光宏〕

....

＜付記＞
本文は，寺田光宏「ロウソクの炎を探究してみよう」左巻健男編著『やさしくわかる化学実験事典』東京書籍，2010, pp. 151-153. を改訂したものである。

＜参考文献＞
ファラデー著 矢島祐利訳『ロウソクの科学』岩波書店，1933
伍井一夫『たのしいロウソクの科学 —おとうさんといっしょ実験・観察—』新生出版，1990
文部科学省『中学校学習指導要領（平成29年告示）解説 理科編』学校図書，2018
P.W.アトキンス著 玉虫伶太訳『新ロウソクの科学—化学変化はどのようにおこるか—』東京化学同人，1994
「新 観察・実験大事典」編集委員会編『新 観察・実験大事典〔化学編〕』東京書籍，2002

6-5 教材開発物語3
生物の色素に着目した生物濃縮

1. 教材開発の視点

　本書を活用している人の中には，教育学以外の学部に在籍し，教職課程を履修している学生の皆さんも多いのではないでしょうか。私自身も，元々は微生物・植物・動物の酵素や遺伝子を対象にした専門的な研究を行ってきました。現在は，その研究生活の中で培った知見や実験技術を活用しながら，農学分野の先端的な知識・実験技術を取り入れた理科教材の開発を行っています。特に，生物を構成する物質機能の有用な面に着目し，その物質が生物にとってどんな役割を果たしているのかが考察できるような，生物分野の実験教材に焦点を当てて研究をしています。中でも生物の「色素」に着目し，色の変化から直感的に変化を観察でき，興味・関心を引き付けられる理科教材の開発をめざしています。

　このように教材開発とは，開発者（教師）が学習内容を自らの専門性を活用しながらデザインする，たいへんクリエイティブな作業といえます。この節では，教師が教材開発するときの事例も示しながら，考え方やアイデアを具体的に解説します。

2. 身のまわりの色

　日常の私たちの身のまわりを眺めてみると，私たちは，建物の外壁の色，部屋の中にあるさまざまなものの色など，人工的な色も含めたさまざまな色に囲まれていることを感じるのではないでしょうか。これは，人が自分の好みや何らかの意図を持って，自らの環境を構成する色を選択しているためと考えられます。

　では，生物の色についてはどうでしょうか。例えば，植物ではさまざまな色をしているきれいな花びらや葉の緑色，動物では血の赤色や魚などのカラフルな体色を目にすることがあると思います。

　皆さんは，それら生物が色を持つ理由を考えたことはありますか？　葉はどうして緑色なの？　血はどうして赤色なの？　など，きっと幼いときに疑問に感じたことでしょう。色とその要因物質に着目して，マクロからミクロへと生物を観察してみると，意外にも共通性や多様性が見えてきます。例えば，葉の緑，血液の赤を比較してみましょう。これらは存在する部位や機能に違いはあっても，その要因物質であるクロロフィルとヘムは，非常によく似た構造をしています（図

1)。機能は違えども，光合成や呼吸にかかわる生命活動の維持に働いているのです。このように，生物の色からその要因物質や役割を明らかにしながら，メインとなる光合成や

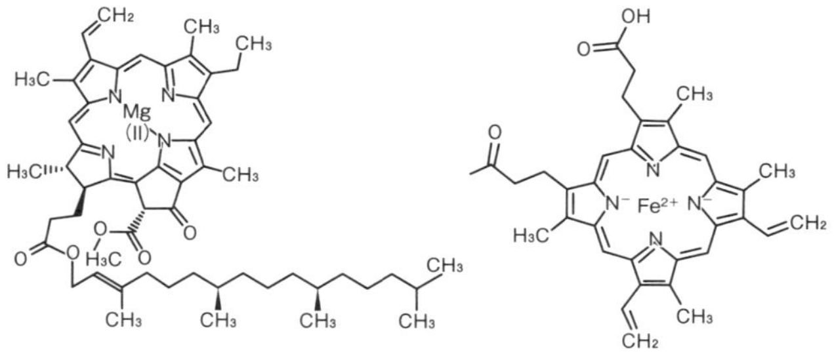

図1：クロロフィルとヘムの構造比較

呼吸などの生命現象を理解していくという視点が考えられます。

現在の教科書では，単元ごとにそれぞれ学ぶ項目が示されています。私は，それらを順番に教え込むのではなく，色に関する単純な疑問から，科学的な探求過程を通じて，生物の色とその要因物質（色素）の機能や役割を考察することのできる教材をつくりたいと考えました。以下では，私が取り組んでいる色に着目した教材の一例として，「色素の生物濃縮」をテーマとした中・高生を対象にした教材開発について紹介したいと思います。

3. 生物濃縮とは　•単元名（食物連鎖）　•教材（サケ）

生物濃縮と聞くと，皆さんはどのようなことを思い浮かべるでしょうか。おそらく，食物連鎖における有機水銀などの生体内の蓄積によって起こる水俣病や最近話題のマイクロプラスチックの例を思い浮かべるのではないでしょうか。これは人が排出した有害な物質が，自然界における物質循環の中で最終的に人に戻ってくる例であり，社会の経済活動の負の側面として扱われる内容です。このように，生物濃縮というと有害な側面が目立ちますが，反対に生物濃縮の有用な一面を考えることはできないのでしょうか。

農学の分野では，物質の有用性に着目して，対象物質がどのような機能や特徴を持っているかの研究を行います。そこで，教材開発の視点として次の3つに基づき開発を行いました。

　①学校で学ぶ内容の理科の題材であること
　②物質の有用性が分かっていること
　③直感的に分かりやすい色の変化で生命現象を追える物質であることです。

具体的にはまず，色に着目して生物界の物質の流れを眺めることはできないかと考え，サケやイクラの色に焦点を当てました。意外に思われるかもしれませんが，サケはもともと白身魚で，お寿司やお刺身などでよく目にする，赤い色をした色素をそもそもつくる能力はありません。ではなぜ，サケの筋肉やイクラは，赤いのでしょうか。その理由を考えてみましょう。

4. 教材の特徴

　実は，サケは海を回遊中に，甲殻類であるオキアミなどの動物性プランクトンを食べます。そのオキアミは，藻類の一種であるヘマトコッカスなどの植物性プランクトンを食べており，小さな生物から大きな生物へと食物連鎖を通じて，植物性プランクトンやオキアミなどによってつくられたアスタキサンチンと呼ばれる赤い色素が，最終的にサケの筋肉や卵に蓄積（生物濃縮）されるのです（図2）。

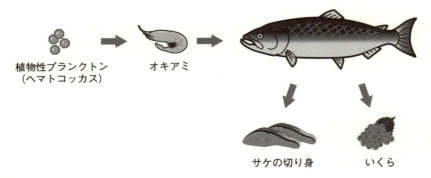

図2：サケの体色

　では，このアスタキサンチンは，サケやイクラにとって何か役に立っているのでしょうか。実は，カロテノイドの一種（β-カロテンやリコペンの仲間）であるアスタキサンチンは，抗酸化物質として有用な機能を持っており，活性酸素による毒性から生体物質を守り，生命活動の維持に働いていると考えられています。サケが川を遡上するときの激しい筋肉の動きで発生する活性酸素がもたらす生体物質の酸化や，イクラに存在するDNAなどの生体物質を太陽光の紫外線により生じる活性酸素から守っているというわけです。最近では，アスタキサンチンは，サプリメントや化粧品に利用されています。

　このように，見た目の色だけでなく，その要因物質（色素）の機能を知ることで，マクロからミクロ，ミクロからマクロへと，その色の意味やその生物自身をより

深く理解することができます。

　また，サケは川で産まれ，成熟すると産まれた川を遡上し，最終的にその川で産卵を行い死んでいきます。その屍は，動物や水生生物により食べられ分解されることで，森や川の栄養としても利用されています。このように，サケの一生を眺めてみると，生物学的にも重要な物質循環の鍵となっていることが分かります。

5．実験教材の開発

　これまでサケに着目した授業実践例として，環境教育の視点やサケの色が赤いのは食物連鎖の結果といった内容の授業実践は行われています。ところで，上述したようにサケの赤色は，食物連鎖においてアスタキサンチンが蓄積したものですが，もっとミクロな視点で，実験的にそれら要因となる物質（色素）を観察することはできないでしょうか。色素に着目した教科書にある実験としては，pHによる色調変化や，植物の葉をすり潰し抽出した色素の分離実験などがあります。このように，植物由来の色素を用いた実験は教科書などにも掲載されていますが，動物由来の色素に着目した実験教材は見当たりません。そこで動物色素に着目し，食物連鎖におけるサケの餌となる生物や，サケ自身のアスタキサンチンの代謝やその蓄積（生物濃縮）を観察することのできる実験を考えました。

　手法として，植物色素の分離実験でも行われている薄層クロマトグラフィーに着目しました。アスタキサンチンやその原料をつくり出すことができ，サケの食物連鎖にかかわる生物（ヘマトコッカス，オキアミ）やアスタキサンチンの蓄積しているサケの切り身やイクラから，色素をそれぞれアセトンにより抽出しました。（注）ヘマトコッカスは，DHCサプリメントの「アスタキサンチン」を使用。

　それら色素をスポットしたシリカゲルプレートを，石油エーテルとアセトンを7：3で混ぜた展開溶媒に浸し，展開を行いました。その結果，ヘマトコッカス[注]やオキアミから抽出した色素には，アスタキサンチン，アスタキサンチンモノエステル，アスタキサンチンジエステルの3種類のアスタキサンチンが含まれ[1]，サケの切り身やイクラにおいては，アスタキサンチンが主に含まれていることが観察できました。このことから，食物連鎖を通じてヘマトコッカスやオキアミによってつくられたアスタキサンチンが，サケ体内の代謝の過程で脂肪酸が外れ，蓄積していることが分かりました。このように，サケにおけるアスタキサンチンの蓄積（生物濃縮）を化学的な実験において観察することのできる実験教材を作成しました[2]。これらは，比較的手に入りやすく，学校現場で実験を行うことが

可能であると考えます。ただし，上記のようにサケを使用した実験教材では，1回限りの経験しか与えられません。そこで，誰もが知っている身近な生物でアスタキサンチンを含み，容易で長期的な観察に適したモデル生物の検討を行いました。

6．モデル生物教材の開発例

　私は，上述した食物連鎖による色素の蓄積（生物濃縮）を，体色変化から視覚的に観察できるモデル生物教材として，アメリカザリガニに着目しました。ザリガニが初めから赤い色をしていては，色の変化を観察するには不向きです。そこで，アスタキサンチン合成に必要な物質を含む水草などを食べても色の変わらない白色のアメリカザリガニを扱い，アスタキサンチン含有餌の給餌実験を考えました。純粋なアスタキサンチンは数ミリグラムでも高価なものです。そこで，簡便な実験にするために，市販されているアスタキサンチンのサプリメントをザリガニの餌に混ぜ合わせ，経時的に給餌を行いました。その結果，体色が白から青色に変化し，さらに餌を継続して与えることで赤みを帯びた青色（紫色）に変化するザリガニを見い出しました。また，エビを茹でると赤くなるように，青くなった脱皮殻も，茹でると薄い赤色に変色しました[3]。これは，アスタキサンチン

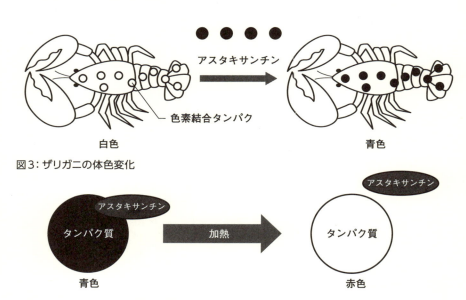

図3：ザリガニの体色変化

図4：アスタキサンチンとタンパク質

が体内に取り込まれ，タンパク質と結合することで青色に見えていたものが（図3），熱によりアスタキサンチンがタンパク質から外れ，本来の赤い色が現れたためと考えられます（図4）。この例では，モデル生物としてザリガニを扱いましたが，その地域に身近な生き物で応用することが考えられます。

このように，色に関する単純な疑問から，生物の色（色素）に着目して，マクロな視点で生物界の物質循環を考える授業が開発できます。今回開発した実験を導入することで，ミクロの視点へと科学的に探求し，見た目の色だけでなく，その物質の機能へと展開することが可能だと考えられます。このような視点を活用した教材によって，マクロからミクロ，ミクロからマクロへと，生物をより深く理解することのできる授業が展開できると考え，現在，中学校・高等学校の先生方と，本教材を用いた授業研究を継続的に行っています。　　　　［武田 晃治］

<注>
1) Takaichi et.al. Fatty acid of astaxanthin esters in krill determined by mild mass spectrometry. Comparative Biochemistry and Physiology Part B 136（2003）pp.317-322.
2) 武田晃治, 緩利真奈美　2017『「生物色素」に着目した理科教育カリキュラム及び教材開発』　日本科学教育学会年会論文集41　pp.261-262.
3) 武田晃治, 緩利真奈美, 唐沢大将, 和田 薫　2016『中学校理科「生物の観察」における教材開発』　日本科学教育学会年会論文集40　pp.239-240.

<参考文献>
矢澤一良『アスタキサンチンの科学』成山堂書店, 2009
園池公毅『植物の形には意味がある』ベレ出版, 2016
長谷川裕也『高校教師が教える身の回りの理科』工学社, 2015
眞岡孝至「天然カロテノイドの多様性とその役割」『FFIジャーナル』220(2), 2015, pp. 118-124.

第7章 授業における安全管理

7-1 理科教師の役割

　まずはじめに指摘しておきたいのは、安全管理や事故防止の面から見た教師の役割です。教師は以下の役割を担う必要があります。

①生徒に対する教育者として、生徒自身が安全に授業に参加できるようにするための教育や、廃棄物・廃液の処理や試薬・機器などの保管・保存など、実験室を適切に管理する上で必要な教育を行うことが求められます。

②授業の安全管理者としての任務を負っています。教師は、事故が起こる可能性ができるだけ小さくなるような授業計画を立てて授業を実施し、その結果に基づいて安全のための対策が適正だったかどうかを判断し、必要な措置をとることが要求されます。

③授業実施中には監督者として、事故が起こらないように生徒の行動を監督するとともに、事故が発生した場合には、事故の規模が拡大しないように適切な処置をとり、被害者に対して素早く適切な処置を行えなければなりません。

④理科室や理科準備室の管理者として、薬品の管理、装置・器具の保守・管理・整備、実験廃液・廃棄物の処理・廃棄、不要になった試薬類・物品類の廃棄、施設・設備などの点検・保守・整備などを行わなければなりません。

⑤理科室、理科準備室や関連施設などの計画者や設計者としての役割もあります。これらの施設を新設したり改修したりする場合には、理科教師の意向や意見を反映させることが必要ですので、計画や設計の段階から積極的にかかわっていくことが求められます。

　以上のように、事故防止・安全管理における教師の役割は非常に広範にわたっています。理科教師はこのように多くの役割を持っているということを常に自覚しておく必要があります。そして、これらの役割を果たすために、安全に配慮した授業実践事例に学ぶことはもちろんのこと、優れた理科室の設計事例・活用事例や実験事故の発生事例などに関する情報を、日頃から意識的に収集して参考にすることも求められます。

7-2 理科室などの確保と管理

1．理科室（理科専用教室）

　授業の効果を上げるためには理科室（理科専用教室）は必須ですが，それだけではなく授業を安全に実施するためにも必要です。「中学校施設整備指針」および「高等学校施設整備指針」(いずれも，文部科学省大臣官房文教施設企画部，平成28年3月）には理科関係教室に関する指針が記載されていますが，大綱的な内容に留まっていますので，ここでは少し詳しく具体的に解説します。

　中学校と高等学校では理科の教育内容，科目構成，実験の内容などが異なりますので，必要な施設・設備も異なります。高等学校では物理，化学，生物，地学の分野ごとに専用の理科室を設置しておくことが望ましいのですが，生徒数や授業時間数などを考慮して，物理・地学兼用，化学，生物の3教室，あるいは物理・地学兼用，化学・生物兼用の2教室でもやむを得ないかも知れません。中学校では，標準規模の学校なら，最低限，物理・地学兼用，化学・生物兼用，あるいは，理科第1分野用，理科第2分野用の2教室が必要です。

- **設置**：火災，有毒ガスの発生など，他の教室よりも緊急な避難を要する事故が発生する可能性が高いので，可能であれば理科室は1階に設置するようにします。
- **出入り口**：教室の前後など，離れた場所に最低2か所は必要です。ドアの場合は押すだけで開くよう外開きとし，ドアの近くに物を置かないようにします。これらは，突発的な大事故発生の際に避難路を確保するためです。
- **教室内通路**：生徒全員が着席したときに，通路が確保されていることが必要です。教師や生徒が実験者の操作のじゃまをしないように移動できるようにするためですが，事故発生時の避難路を確保するためでもあります。
- **照明**：細かい操作が要求される実験・観察では，天井照明だけでは不足する場合があります。実験・観察の課題に応じて，電気スタンドなどの補助照明を用意する必要があるかどうかも検討してください。
- **生徒用実験台**：理科室の実験台としてすべての分野に共通しているのは，水平ででこぼこがなく耐薬品性を持つ広い天板であること，電気（AC100V），ガス，水道，流しを装備していることです。2人1班，4人1班で実験ができるようなもので，床に固定した頑丈なものがよいでしょう。なお，教師が教室のどこにいても生徒の様子が見えるよう，実験台の上には棚などを置かないよう

にします。
- **いす**：背もたれや手すり，キャスタは実験操作のじゃまになります。また，実験中に体の向きを変えることもよくありますので，どの向きでも角の引っかかりがなく同じように座ることができる丸いすがよいでしょう。なお，実験台の中には立って実験することを想定した高さになっているものがありますが，このような実験台に普通の座いすを組み合わせると，台が高すぎる場合があります。学校の理科室では座って受ける授業を実施することも想定して，実験台の高さといすの座面の高さが座ったときにちょうどよい高さになるような配慮が必要です。
- **教師用実験台**：生徒用実験台と同じ仕様に加えて，演示実験を行いやすいよう，そして，生徒全員が実験の様子を観察できるよう，見やすい位置や高さに設置することが必要です。
- **換気設備**：ガスバーナーを使う実験や有害な気体が発生する実験では，十分な排気能力をもった換気扇（複数）が必要です。線香の煙などを利用して，排気能力が十分かどうかをチェックしておくとよいでしょう。
- **ドラフトチャンバー**：生徒実験用としては必須ではありませんが，教師が準備の際などに揮発性の試薬を取り扱うために備えておく必要があります。大型の固定ドラフトチャンバーがなければ，卓上ドラフトチャンバーでもかまいません。
- **冷蔵庫・冷凍庫**：室温で保存できない試薬や試料，標本などの保管に必要です。家庭用の冷凍冷蔵庫も使用できますが，家庭用のものは防爆型（電気接点の火花が引火源にならないように設計してあるもの）ではないので，ジエチルエーテルなどの可燃性の揮発性物質は絶対に入れてはいけません。可燃性の揮発性物質は，建物外に設置した通気性のよい専用の保管庫に保管するようにします。
- **情報機器類**：理科室を含めすべての教室で情報機器類の利活用が可能な環境を用意する必要がありますが，理科室ではケーブル類の使用は極力避けることが好ましいので，大容量のバッテリーを持ち，無線LAN接続可能なノートPCやタブレットなどを用意しておくとよいでしょう。もちろん，無線LAN接続用基地局も整備しておく必要があります。また，演示実験や生徒実験ができない実験を視聴覚教材を使って疑似体験させたり，さまざまな補助教材を提示したりするために，スクリーンとプロジェクタを固定設備として設置しておくことも有効です。

・**耐震**：実験台は床へ固定し，棚類は倒れないように床や壁に固定します。また，棚の中の物が倒れたり落下したりしないような処置をとるとともに，重い物は下の方に入れる，混合すると危険な薬品類は分散させるなど，万一のことを考えた予防措置をとっておきます。液体の試薬類で危険なもの（鉱酸類，可燃性液体，揮発性有毒物など）や水，空気（酸素）と接触すると発火するもの（金属ナトリウムなど）は，専用の耐震薬品庫に保管します。

2. 理科準備室

　理科準備室は，薬品類，実験機器・器具類，標本などの保管，試薬の調製をはじめとする授業準備や予備実験，器具・機器類の調整・修理などの保守作業を行うために，理科室に隣接して設置することが必要です。また，薬品類や器具・機器類が少ない場合でも保管のための倉庫スペースは必要です。実験機器・器具類を手作りでつくったり，簡易な修理作業を行うために，木工用と金工用の工具類も常備しておいた方がよいでしょう。教材研究のための資料，参考書，事典・図鑑類は参照する頻度が非常に高いので，理科準備室に常備するようにします。メーカー各社のカタログ類は，試薬・器具などの注文だけでなく，授業で行う実験の改善のヒントを得るための資料としても利用することができますので，すぐに手に取れる場所に置いておくとよいでしょう。

　授業準備，教材研究，授業外指導などは職員室で行うよりも理科準備室で行う方が効率がよく，また効果も高いので，教師は理科準備室に常駐して，これらの作業を日常的に行えるような環境を整えておいた方がよいでしょう。そのためには，他の教師などの理解を得ること，連絡・通信手段などを確保しておくことなどが必要です。また，理科準備室には多くの危険物が保管されていますので，生徒が勝手に出入りしないよう管理することも必要です。

3. 理科教育のために整備する設備など

　理科室や理科準備室にはさまざまな実験装置・器具類，薬品類，標本，模型，視聴覚教材などが備えられていますが，これらの多くは理科教育振興法に基づいて国からの補助を受けて購入されたものです。補助の対象となる実験装置・器具類などとその数量は「理科教育のための設備の基準に関する細目を定める省令」で定められています。これらの実験装置・器具類などは理科教育に必要なものとして補助の対象に指定されたものですので，理科室や理科準備室にはこの省令で

定められた実験装置・器具類などの大半が備えられているものと思います。省令の記載は，「○○測定用具」や「○○実験用具」などのような抽象的な表現になっていますが，補助対象となる実験装置・器具類のカタログを教材会社から入手すれば，どのようなものなのかを知ることができるでしょう。実験装置・器具類などに関しては，購入記録，保守記録などを記載した管理簿を整備しておきましょう。なお，薬品類については，次の項で詳しく述べます。

多くの実験装置・器具類，薬品類を使いやすいように整理するには
① 用途ごとに分類して収納する
② 同じ大きさのカゴを多数用意しておき，一緒に使うことが多いものは同じカゴに入れておく
③ 引出しや中が見えない引き戸には必ず収納してあるものを書いたラベルを貼っておく
④ 使った後は必ず同じ場所に戻す
⑤ 数年以上使わなかったものは，よく使うものとは分けて収納するか思い切って廃棄する

などのようにするとよいでしょう。

4．薬品類の管理

　実験で使用する薬品類の管理については，薬品の物理的・化学的性質に加えて，防災・防火やヒトの健康に対する影響などの観点からの注意が必要です。このためには，可燃性（沸点，引火点，発火点など），有害性（毒物，劇物に指定されているかどうか）の程度を把握しておく他，他の試薬類や水，空気（酸素）と接触した場合の危険性についても熟知しておく必要があります。試薬を購入したときは，その都度，必ず安全データシート（Safety Data Sheet：SDS）に目を通しておきましょう。SDSは薬品の納入業者から入手することができますが，試薬メーカのウェブページ上で閲覧することもできます。また，薬品類に関係する法令のうち，毒物及び劇物取締法・同施行令および消防法には，保有や管理に関する重要事項が規定されています。これらの法令の内容を知っておくとともに，法令に違反するような状態になっていないかどうかも確認しておく必要があります。

　薬品類は，地震による転倒対策を施した専用の保管庫に保管し，必ず施錠しておきます。また，保管庫内でも地震による試薬容器の落下や転倒が起こらないように処置しておきます。金属類などを腐蝕する揮発性の薬品類（特に塩酸や硝酸

表1：薬品管理簿の例(記載例付き)

分類番号				区分	毒・⑲・普通	危険物第　　類	
物質名	塩酸－2	グレード		1級	保管場所	薬品庫A	
化学式	HCl	備考		揮発性強酸			
年月日	搬入量 (容器込)	使用量等	保有量 (容器込)	出納者名	備考（使用目的等）		
2018/○/○	810 g	－	810 g	鈴木太郎	購入（○○円）		
2018/○/○	－	90 g	720 g	田中花子	予備実験・教材開発		
2018/○/○	－	240 g	480 g	鈴木太郎	授業用試薬調製		
2018/○/○	－	170 g	0	鈴木太郎	使用中容器落下・全損		
			容器廃棄				

記載方法など
・ゴシック太字は管理簿書式記載事項，明朝細字は使用者等が記入する事項である。
・分類番号は学校の実態に応じて適切な番号を設定して記載する。
・同一薬品を複数個保有する場合は，物質名に連番を付記し，試薬容器にもその番号を記載する。
・搬入量，保有量は容器込みの質量を計って記入する。
・備考欄には，保管・取扱い上の注意事項などを記入する。

は，他の金属製実験器具といっしょに保管してはいけません。可能であれば，金属を使用していない保管庫に保管するようにします。

　薬品類は，管理簿を整備して，購入量，使用量やその時期などを記録して在庫を管理するようにします。表1にその一例を示します。この管理簿は試薬びん1本ごとに作成します。いつ購入したのかという情報は重要ですので，管理簿に記載するだけでなく，試薬容器にも記入しておくとよいでしょう。最近は薬品の管理がこれまで以上に厳格に求められるようになってきており，保有・管理の状況の報告を求められる場合もあります。速やかに対応できるよう，管理簿は整備しておくようにします。また，不必要に大量に購入しないことや，定期的に在庫量を確認して，紛失や盗難などがないことを確認することも重要です。

　授業で使用する調製済み試薬は，誰がいつ調製したのかを試薬の名称とともに容器に記載しておくようにします。また，生徒自身が取り出したり片付けたりできるよう，実験に使用する器具類などとともに実験テーマごとにまとめてカゴなどに入れた上で，理科室や理科準備室に備えた少し大きめの棚に保管するようにします。ただし，危険物や貴重品は，面倒でも生徒が勝手に手をふれることができない場所に保管します。

5．事故防止・事故への対応のための装備品など

　事故防止および事故への対応のために実験室に常備しておきたいものを以下に掲げておきます。ここに挙げたものだけで十分というわけではありませんが，最低限，これらのものは揃えておくようにしたいものです。

・**保護メガネ**：薬品を使う実験で最も注意しないといけないのは，薬品を目の中に入れないようにすることです。皮膚は薬品に対して比較的強いので，危険な試薬が万一手に付いても，すぐに水洗いすれば，一部の例外的な薬品を除いてあまり大きな問題にはなりません。しかし，目や口の中などの粘膜組織は非常にデリケートなので，皮膚に付いても大丈夫なものであっても，傷害になる場合があります。保護メガネには，普通のメガネのレンズの両脇にガードが付いた型，カバー型（写真1），ゴーグル型があります。安全なのはゴーグル型ですが，着用に難があります。また，カバー型やゴーグル型であれば，普通のメガネをかけた人でもメガネをかけたままで着用することができます。保護メガネは使う人の頭の大きさに合わせたものを用意することが必要です。実験先進国の米国では，化学薬品を使う実験の際にはゴーグル型の保護メガネを着用させることが通例となっています。保護メガネは，液体試薬だけでなく，固体の粉末が飛び散るような操作，例えば，岩石をハンマーでたたいて割るときにも使用します。保護メガネを多人数で共用する場合は，面倒ですが，使用の都度，皮膚が接触する部分を消毒用アルコールなどで拭いておくようにします。拭き取り済みのものは小型のポリ袋に入れて「消毒済み」とペン書きしたビニルテープで封をしておくとよいでしょう。

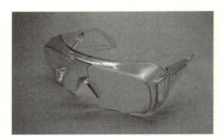

写真1：保護メガネ（カバー型）

・**手袋類**：皮膚に付くとすぐに傷害を生じるような試薬，例えば，濃硫酸，濃い過酸化水素水，フッ化水素酸，強アルカリ水溶液や実験器具専用に使用する強力な界面活性剤を取り扱う場合には，必ず着用するようにします。通常は，生徒にこのような危険な試薬を取り扱わせないようにしますが，教師が取り扱ったりクラブ活動などでより高度な実験を生徒に行わせる場合などは必須です。手袋にはゴム製の厚手のものと薄手の使い捨てタイプのものがあります。繰り返し使う場合や指先で細かな作業をしない場合はゴム製の厚手のものを使いま

すが，1回きりの操作や指先で細かな作業をする場合には薄手の使い捨てタイプがよいでしょう。このタイプの手袋は，ティッシュペーパーのようにポップアップ式に1枚ずつ取り出して使えるようになっています（写真2）。使用前に息を吹き込んでピンホールがないことを確認してから使うようにするとよいでしょう。

写真2：手袋（使い捨てタイプ）

また，経年劣化によって破れやすくなることがありますので，劣化していたら使わないようにします。

- **白衣**：飛び散ったときに衣服の内部に浸透したら危険な試薬は，授業で生徒に使用させないようにすべきです。このような試薬を使用しない場合には，必ずしも生徒全員に白衣を着用させる必要はないでしょう。しかし，教師が危険な試薬を取り扱ったり，クラブ活動などでより高度な実験を生徒に行わせたりする場合は必須です。

- **ぼろ布，雑巾**：こぼした試薬の拭き取りなどに使います。すべての流しに最低1枚ずつ置いておくようにします。なお，試薬によっては直接拭き取ると布が腐食されることがありますので，必要に応じて多量の水で希釈した後に拭き取り，その後，布をよく水洗いするようにします。多量の試薬を拭き取るのに使用した布は，水洗い後であっても再利用しない方がよいでしょう。なお，実験台の拭き取りに使う布類を実験器具の拭き取りや実験器具を置くための敷物に使用してはいけません。生徒にもそのように使用しないよう，指示しておくことが必要です。

- **モップ**：水をこぼしたときや試薬を床にこぼした場合に，水で薄めた後に拭き取るときに使います。床にこぼれた水はすぐに拭き取らないと滑って危険です。実験室にはモップを少なくとも2本は常備しておきます。1本は大量の水を拭き取るのに用い，もう1本は最後に乾拭きするのに使います。

- **消火器**：スプリンクラーなどが設置されていても，初期消火には消火器は有効です。普通火災，油火災，電気火災に有効な粉末消火器を必ず実験室内に備えておくようにします。実験台の上で行うような小規模の実験であれば，消火器は小型のもので十分です。粉末消火器を使うと，消火した後の掃除がたいへんなのですが，躊躇してはいけません。粉末の噴射時間は10秒程度，有効な距離

は数m程度です。近すぎる距離から噴射すると燃えているものを吹き飛ばしてしまいますし，離れすぎていると有効に消火できません。いざ必要になったときに適切に使用することができるよう，消火訓練の際に，実際に消火器を使って有効な距離の距離感と基本的な操作（安全ピンを抜き，ホースを火元に向けて，レバーを握る）を体で覚えるようにしておくとよいでしょう。なお，消火器には有効期限があり，消火器本体に表示されています。期限を過ぎた消火器は所定の消火性能が出せなかったり容器が破裂したりすることがありますので，期限が切れた場合はすぐに買い替えましょう。

- **水入りバケツ**：大きなバケツでは持ち上げて水をまくのに力がいりますので，10L程度のものを実験室の要所何箇所かに配置しておくとよいでしょう。なお，水入りバケツは衣服に火が移ったときに火を消すときにも有効です。消火器と両方揃えておいて使い分けるとよいでしょう。なお，水入りバケツはこの他にも危険な薬品を大量にこぼしたときや衣服にこぼしたときに，水をかけて試薬を薄めて危険性を下げるためにも有効に利用できます。忘れがちなことですが，バケツの中の水はときどき交換するようにしましょう。

- **ホース**：実験室にはたいていあちこちに水道の蛇口が用意されていますので，長さ2m程度の水ホースを用意しておくと，水入りバケツの水だけでは水の量が足りないというときに重宝します。ホースはからまったりつぶれたりして取扱いに手間取ることがありますので，長すぎるホースはお勧めできません。また，園芸用ホースは実験室の蛇口よりも太くて差し込んでも抜けてしまうことがありますので，適当なアダプタを使う，内側に細めの管をはめ込んで蛇口にきつく入るよう調節する，ちょうどよい太さのホースを選ぶなどして，水圧で抜けないように蛇口に差し込めるようにしておきましょう。

- **緊急用シャワー**：有害物質を浴びたときなど，バケツやホース給水でも対応は可能ですが，部屋の隅などに緊急用シャワーを備え付けておくと有効です。

- **砂入りバケツ**：水と混じり合わない液体が燃えているときや金属類が燃えているときに水を使うと，かえって火が燃え広がることがあります。また，電線が燃えているときに水をかけると，感電することがあります。このような場合には粉末消火器でなければなりませんが，金属の粉末が燃えている場合には燃えている粉末を吹き飛ばす可能性がありますので，砂入りバケツで砂をかけて消火します。実験室に1個あればよいでしょう。

- **洗眼器**：保護メガネを使用すれば，薬品が目に入ることはまずありませんが，

何らかの事情や不注意で目に薬品を入れてしまったという場合は，直ちに目を水洗いする必要があります。洗眼器には水道の蛇口に取り付けて使用するものもありますが，柔らかいプラスチック製容器に水を入れておき，水を手で押し出して洗うタイプのもの（写真3）が手軽でよいでしょう。実験室に最低1個は用意しておくようにしましょう。なお，洗眼器の中の水は実験の直前に入れ替えるようにします。

写真3：洗眼器

- 救急セット（消毒薬，ガーゼ付き絆創膏，脱脂綿，ガーゼ，包帯）：実験室で圧倒的に多いけがは，割れたガラスによる切り傷・刺し傷とやけどです。切り傷の場合は，まず水道水（流水）で傷口をよく洗って，傷の大きさを確認してください。傷が小さければ，脱脂綿で傷の周辺の水分を押さえ取って，ガーゼ付き絆創膏で傷を押さえておきます。これで血が止まれば，たいていの場合は大丈夫でしょう。ガーゼ付き絆創膏で押さえきれないほど傷が大きいときは，応急処置だけでは手当てしきれないことがほとんどです。この場合には，水洗い後，滅菌したガーゼを当てて手や包帯で押さえるなどして出血を止めた後，病院での治療が必要です。割れたガラスによる切り傷，刺し傷で注意しないといけないのは，傷の中に薬品やガラスのかけらが残らないようにすることです。ガラスのかけらは傷を流水で洗っているうちに取れることもありますが，どうしても取れない場合は病院で取り除いてもらう必要があります。また，薬品が傷の中に入ってしまったと思われる場合は，流水で洗い流した後，病院で治療してもらった方がよいでしょう。熱いものが皮膚にふれてやけどをした場合，やけどの状態にもよりますが，皮膚が赤くなった状態（これを第1度のやけどと呼びます）の場合には，すぐに水道水（流水）で冷やし続けます。可能であれば，その間に氷水を用意して，やけどした所に氷水をかけたりやけどした所を氷水に入れて冷やします。それで痛みが引けば問題ありませんが，痛みが引かない場合は病院での治療が必要です。化学薬品の付着によるやけどの場合も，すぐに大量の水で洗って薬品を速やかに取り除きます。いずれにしても，やけどの場合は，すぐに，まず流水で洗うことが重要です。なお，理科教師には最低でも上記程度の応急処置はできることが求められますが，応急処置にあたっては養護教諭

と連携して対応することができるようにしておくとよいでしょう。

ただし，理科教師ができるのはあくまで応急処置であり，適切な応急処置を行った後は，軽微なものであっても，念のため，専門家（校医や学校の近くの医者）の手に委ねるようにしましょう。

・**近隣の病院の一覧（名称，診療科，電話，住所と地図）**：応急処置だけで対応しきれない場合は，応急処置をした後，直ちに病院に急行する必要があります。近隣の眼科（薬品が目に入ったとき），外科（けがややけど），内科（薬品などを誤って飲んでしまったとき）の一覧を必ず用意しておき，事故が発生してからあわてて探さなくてもよいように，目に付きやすい所に掲示しておくようにしましょう。この他，学校管理責任者や保護者への連絡体制をあらかじめ整備しておき，事故が発生したときには必要に応じて関係者にすぐに連絡をとることができるようにしておきます。事故発生後の報告・連絡の流れを連絡先とともに記載したものを病院の一覧とともに掲示しておくとよいでしょう。

6．廃棄物の処理

学校から出る廃棄物は，事業所からの廃棄物として，一般家庭からの廃棄物とは異なったルートで回収・処理されます。処理方法や分別方法をあらかじめ調べて，教室の目立つ所に掲示しておくようにするとよいでしょう。

理科授業で発生する廃棄物の中で特に注意を払う必要があるものは，不要になって廃棄する試薬と実験で生じた廃棄物の取り扱いです。特に実験廃液には単純な組成のものだけでなく有害な物質を含む混合物もあり，しかも比較的大量に発生しますので，適切に処理，保管，廃棄することが必要です。実験廃液の中で実験室での簡易な処理だけで流しに放流することができるのは，有害物（重金属類など）を含まない酸あるいはアルカリの水溶液だけです。これらは炭酸水素ナトリウム（工業用を使えば安価），塩酸などで中和して放流してもかまいません。重金属を含む廃液，有機溶媒はけっして流しに流してはいけません。これらの廃液は専門業者に委託して処理をしてもらう必要がありますが，委託する業者が分別のしかたを指定していますので，それに従って分別するようにします。不要になって廃棄する試薬類の処分も専門業者に委託します。ナトリウムなど1族の塩化物塩，硫酸塩，炭酸塩，カルシウムなど2族の塩化物塩など，少量であれば水に溶かして流してしまっても問題が生じない試薬もありますが，絶対に大丈夫という確信が持てない場合は，専門業者に任せてしまった方がよいでしょう。ラベ

ルがはがれたり腐食されたりして内容物が何なのかがわからなくなった試薬類は，専門業者であっても引き取りを拒否される可能性がありますので，在庫量の確認の際にラベルの劣化がないかどうかも確認しておくようにします。

　なお，廃棄物の分別や適切な処理も，学校教育の中で指導すべきこととして意識する必要があります。特に，実験に使用した後の薬品類の処理方法は実験手順の一部として必ず記載するようにし，必要に応じて，生徒に配分する器具類の中に廃液を一時的にためておく容器を含ませておくようにします。また，余裕があれば，流しに捨てたり一般のごみといっしょにしてはいけない理由なども説明するとよいでしょう。

7. 理科室の計画と設計

　理科教師が，理科室の設計に関する本格的な教育を受ける機会はほとんどなく，実際に設計にかかわる機会もほとんどないと思います。しかし，理科教師以外の教師が理科室の計画を立てたり設計を行ったりすることは困難です。したがって，理科室の計画や設計にかかわることを想定して，折にふれてネット検索などで理科室の設計事例を探したり，他校を訪問した際などに理科室を見学したりして，教育面と安全面の両面に配慮した理科室の事例を学んでおくことは有益です。そして，理科室の計画や設計を行う必要が生じた場合には，大まかなプランをあらかじめ用意しておいて，理科室の施工経験がある業者と相談しながら検討を進めるとよいでしょう。なお，理科室は多くの教師がさまざまな内容の授業で利用することになりますので，凝った特別な設計をしない方がよいでしょう。

7-3 事故防止——具体例とチェックポイント

　理科授業で実験中に事故が発生し生徒がけがをしたというニュースに接するたびに心が痛むとともに，けっして他人事ではないのだという思いをいだきます。事前に十分な検討を重ね，注意深く計画し，万全の準備を行って初めて，生徒がのびのびと，そして安全に実験を行うことができます。次ページ表1に，学校種別・態様別の事故件数（災害共済支給対象となったもの）を示します。中学校，高等学校とも自動工具に関する事故が最も多いのですが，次に多いのは薬品の使用に関する事故であることがわかります。化学実験はもちろんのこと，物理，生物，地学の実験でも薬品を使用することがあります。そこで，ここでは薬品を使用した実験を中心に，事故防止や安全管理のための基本的事項を述べます。

1．実験室における事故防止のための留意点

　授業での実験における事故防止に対しても，一般的な事故防止の考え方がそのまま当てはまります。その考え方の基本は，フールプルーフ（fool proof, 誰が実験しても事故につながる失敗が起こる可能性ができるだけ低くなるような実験方法を計画すること）とフェールセーフ（fail safe, 失敗があっても事故には発展しないような実験条件を設定しておくこと）です。

　次に重要なのは，事故には至らなかったものの事故につながる恐れがあった事例をよく検討して対策を立てておくことです。事故に関する統計的研究によって得られた法則として，「330回の同種の事故のうち，休業を要する負傷災害1，休業を要しない軽傷事故29，危うく負傷を免れた事故300がある」（ハインリッヒの法則）があります。さらに危うく負傷を免れた事故300の陰には，事故には至らなかった数多くの失敗があることが推定されます。ハインリッヒの法則は教育現場での事故分析から得られたものではありませんが，教育現場での事故事例にも当てはまります。多くの事故の分析結果から，事故は，単純な単一の原因で発生するのではなく，過失や偶然的な要素の連鎖によって発生に至るという形で発生していることが多いことが分かっています。どこか1か所でも連鎖を断ち切ることができれば，事故は起こらなかった可能性が高いということです。したがって，事故に至らなかった失敗，ひやりとしたこと，はっとしたことを軽視することなく，記録し分析して対策を立てることが，事故発生の可能性を小さくすることにとって有効です。

表1:学校種別に見た事故事例件数

区分	具体的事例	小学校低学年	小学校高学年	中学校	高等学校	合計
施設	窓ガラスを割ってケガ,戸に指をはさむ,換気扇で指を骨折	4	9	7	3	23
準備・後片づけ	水槽を落として割れたガラスでケガ,ゴミ袋に入った割れガラスでケガ	4	4	3	1	12
ガラス容器	気体発生実験で三角フラスコが破裂,試薬びんを蓋で持ってびんが落下	2	18	5	4	29
アルコールランプ	倒してこぼれたアルコールに引火,持ち上げたランプの芯が飛び出して引火	4	30	3	0	37
揮発性有機溶媒	気化アルコールに点火したら大きな炎が出てやけど	0	8	5	1	14
高温物体,火,燃料	熱湯入りフラスコが倒れて湯がかかりやけど,コンロの火が服の裾に引火	2	15	0	2	19
劇薬類	NaOH固体でやけど,火薬調合中に暴発,水練り石灰が目に入り角膜損傷	1	1	4	2	8
手工具	金槌で指をたたき骨折,たがねで切断中破片が目に入る	10	17	8	5	40
自動工具	ベルトに指を挟まれ切断,ミキサーに指を入れて切断	1	4	10	10	25
筆記用具,工作材料	ペンチで切った針金がはねて目に当たり負傷,注射器の針が飛んで負傷	8	5	4	2	19
飛行物体,回転物,投てき物	ブーメラン・竹とんぼ・紙飛行機・空気鉄砲の紙玉が目に当たり負傷	11	8	4	0	23
高所からの落下	窓の外に落ちたものを拾おうとして落下,気分が悪くなり階段から転落	1	11	2	12	26
平地行動および単独行動	走っていて衝突,崖から転落して行方不明	3	2	2	1	8
遊び	硫酸を飲む真似をして顔にかぶりケガ,たき火でやけど	4	3	7	5	19
病気,治療	気分が悪くなり保健室に移動中に転倒してケガ,野外観察で熱射病	2	3	2	2	9
気象,地震,地形等	落雷,高波,雪崩,滑落,浮き石に乗って転落,落石	5	7	8	5	25
動植物	毒蛇,スズメバチ,イノシシ,犬(野犬,飼い犬)	5	2	2	0	9
合計		67	147	76	55	345

災害共済支給分(1986〜1996)による集計結果。
データ出典:科学技術振興事業団編『科学実験 科学工作等における事故事例の考察』(2000)

また，事故に対する想像力の欠如と経験不足をカバーするためには，できるだけ多くの事故あるいはそれに至らなかった失敗を知り，分析しておくことが必要です。多数の事故事例が安全対策とともに収録された文献を，巻末の「理科授業のための文献案内」にあげておきます。これらに取り上げられている事故事例を含め，できるだけ多くの事例をよく検討するとともに，自らの経験の中で事故には至らなかった事例を記録して，同時に対策を考えておきましょう。こうしておくことによって，事故を回避したり未然に防ぐための知識を蓄積し，技術を習得していくことができます。さらに，発生し得る危険な事態を教師自身が体験しておくことも有効です。けがなどをしないように安全確保に配慮した上で，体験しておくことも検討してください。以上のような知識と経験を必要に応じて生徒に紹介しながら，事故防止の意識の喚起に努めることが必要でしょう。

2．実験室における事故と対策

　事故事例を調べてみると，実験室の整理整頓に問題があったために発生している事故が多いことがわかります。整理整頓の重要性は実験に限ったことではありませんが，実験では安全確保のためにも必要です。具体的には，以下のような点に教師，生徒の双方が注意を払う必要があります。

　①床に段差をつくらない，足元に物を置かない，床をぬれたまま放置しない。
　②実験中は実験台の上には不要な物を置かない。
　③火のまわりに教科書，ノートなどの可燃物を置かない。
　④AC電源コードは実験台よりも下には垂らさない。
　⑤実験台の端に近い所には実験器具などを置かない。

　また，実験中に不必要に大きな動作をしたり急な動作をしたりすることは事故につながります。手を振り回す，手を急に動かす，急に立ち上がる，急に振り返るなどの動作によって，近くの人や物と衝突したり，実験器具類を倒したりして，事故に至った事例が多数あります。実験は，必要最小限の動作で行うよう指導することも必要でしょう。

　さらに，実験終了後には，試薬や器具の片付けは当然行わなければなりませんが，実験台の雑巾がけや実験台周辺のゴミやこぼれた水などの処理なども指導することが必要です。

　実験器具の設定や実験条件の設定が指示通りに行われているかを生徒自身が確認できるよう，実験を指示するプリントにチェック欄を設けて，生徒自身に確認

させることも有効です。また，安全確認のための方法として「指差し呼称」が有効であり，必要に応じて活用することも検討に値します。これは，確認が必要なものを①目で見て，②指で差して，③声を出して「○○よし」などと発声し，④自分の声で聞く，というものです。指差し呼称は旧国鉄が信号確認動作として始めたものであり，ミスの発生を抑える方法として有効であることが分かっています。特に，教師が実験開始前や実験終了後の安全確認に用いるとよいでしょう。

学校の実験室での事故で圧倒的に多いのは，ガラス器具によるけが，熱いものに手をふれてのやけど，引火性・発火性薬品によるやけどや火災・爆発，劇毒物による傷害，有毒ガスによる中毒です。ここでは，事故例をもとにこれらの対策をまとめておきます。

(1) ガラスの破損による切傷

実験室で最も多い事故はガラスの破損によるけがです。以下の事項は日常生活の中でも注意すべき常識的なことですが，このような単純なことが守られていないことによる事故が非常に多く発生しています。

まず，使用するガラス器具をあらかじめ点検して，切り口が丸めてあること，ふちが欠けていないこと，ひびが入っていないことをよく確かめておくようにします。ふちの欠けたビーカーなどに手や指を突っ込んで指の間などを切るというけがが，非常に多く発生しています。

ガラスに無理な力を加えないようにすることも重要です。特に，ゴム栓にガラス管をねじ込むときには，なるべくゴム栓に近い部分を持つようにし，ガラス管に水（実験の妨げにならないのであれば石ケン水などでもよい）を付けて滑りをよくし，小刻みに回しながらゆっくりとねじ込んでいくようにします。ゴム栓へのガラス管のねじ込みは生徒にはさせない方がよいかもしれません。また，十分な強度を持つガラス加工品であっても，曲げ部や接合部は他の部分に比べて壊れやすいので，そのような部分にはなるべく力をかけないようにするなどの注意が必要です。ガラス管を切ったり曲げたりつないだりするだけでつくるような簡単なガラス加工品であれば，教師自身がつくることがあります。教師はその程度のガラス細工はできなければいけません。しかし，自作する場合，切り口を丸めておくことはもちろんのこと，特に曲げ部や接合部に十分な強度があることを確認しておかなければなりません。

加減圧によるガラスの破損による事故が多く発生しています。減圧には丸底フラスコや肉厚の耐圧びんを用いるようにし，それ以外のガラス器具を減圧に用い

てはいけません。事前に容器を点検して，ひびが入っていないことを確かめることも必要です。また，ガラス器具は，加圧実験，例えば，密閉あるいはそれに近い状態にして内部で気体を発生させる実験（沸点近くまでの加熱，ドライアイスの気化なども含みます）には用いてはいけません。

(2) 熱いものに手をふれてのやけど

ガラスや金属などは温度が高くても目で見ただけではそれとわからないため，不用意に手でふれてやけどを負うことがあります。特に高温のガラスによるやけどは痛みを伴います。ガラスや金属を加熱する場合には，実験者以外がガラスや金属に手をふれないようにすることで，ある程度は防ぐことができますが，教師が必要に応じて生徒の注意を喚起することも必要です。

また，実験室では加熱するために熱湯を用いることもよくありますが，不安定な台の上に熱湯の入った容器を載せない，不必要に大量の熱湯を用意しないなどの注意が必要です。

(3) 引火性・発火性薬品によるやけどや火災

アルコールランプやガス器具の不適切な使用によるやけどや火災が発生しています。

アルコールランプによる事故では，こぼしたアルコールへの引火による事故がほとんどです。使用前にはランプの破損がないかどうか点検し，ろうとを使って全容量の2/3程度になるようにアルコールを入れておき，ランプの外側にこぼれたアルコールは拭き取っておきましょう。ランプからランプへの点火は絶対にしてはいけません。ランプが倒れてこぼれたアルコールに引火するという事故も多発しています。ランプは実験台の中央付近に，他の物の上に置かないで台の上に直接置くようにします。どうしてもアルコールランプを移動させたい場合には，いったん火を消して移動させるか，平坦な実験台上をゆっくりと滑らせて動かすようにし，火のついたアルコールランプを持ち上げないように指導します。

ガスバーナーについては，使用中は周辺に可燃物を置かないこと，実験中にガス漏れに対して警戒する（においに気を付ける）こと，使用し終わったら元栓を閉めることなどを指導します。これらは，日常生活の中でのガス器具の安全な使用にもつながることです。また，次の爆発の部分とも共通しますが，火を用いる実験では，可燃物，特に気体可燃物（水素など）や揮発性可燃物（エタノールなど）を火から十分に遠ざけておくか，漏れないように適切な処置を講じておかなければなりません。ガスバーナー使用時は，可燃性の気体を発生する物質や器具はな

るべく片付けておくようにしましょう。エタノールなどのような可燃性の液体を直火で加熱してはいけません。ホットプレートなどのような火を使わない加熱器具を使用するようにします。また，理科室全体のガスの元栓は，ガスを使用するとき以外は常時閉めておくようにします。

(4) 爆発

爆発事故で多いのは，水素と空気（酸素）の混合気体に点火したことによる爆発と，PETボトル中でのドライアイスの昇華など，密閉した容器の中で気体を大量に発生させたことによる爆発です。

水素を試験管などの小型の容器に捕集して点火する場合には，水上置換法を使うなどして空気が混じらないように捕集します。水素発生器からの誘導管の先に直接点火して爆発するという事故は多数発生しています。誘導管の先に点火する実験は避けた方がよいでしょう。また，水素の発生器の近くでは火を扱わないようにします。発生器の誘導管の先に点火するつもりはなくても，火が近くにあると引火して事故になることがありますので十分な注意が必要です。水素と空気（酸素）の混合気体に点火する実験を行う場合には，万一のことを考えて，厚い透明なプラスチック板や目の細かい金網で囲んだ中に容器を置いて行うようにします。また，多量の水素と空気（酸素）の混合気体に点火する実験を行ってはいけません。容器の破裂の危険がない場合でも，爆音によって聴覚障害を発生させる危険性もあります。

炭酸飲料用のPETボトル（やや肉厚で底が丸みをおびているもの）の耐圧は約6気圧ありますが，不適切に大量のドライアイスを気化させるなどして，耐圧を超えると，爆発したときに破片が飛び散って大けがをする恐れがあります。

以上の他にも，不必要に規模の大きい実験を行ったため反応の規模が大きくなって爆発に至ったとか，不必要に濃度の大きい試薬を用いたため急激に発熱して爆発したという事例が多く見られます。例えば，濃い水酸化ナトリウム水溶液を濃い塩酸で中和しようとして急発熱して水が沸騰して爆発したなどです。このような爆発事故を防ぐために，以下の原則を守るようにします。

①実験はできるだけ小規模で行う。
②密閉容器を加熱したり密閉容器の中で反応させたりしない。
③密閉容器の中で気体を発生させない。
④不必要に濃度の大きい試薬を使用したり混ぜたりしない。

これらは事前に予備実験を行って，危険性を確認し，適正な規模を設定してお

けば防ぐことができる性質のものです。「爆発」は生徒に与える印象が強烈なため，導入のための演示実験として行われることがよくありますが，爆発のような激しい変化の取り扱いには常に危険が伴うことを意識しておく必要があります。

　火薬類など可燃性物質と酸化剤の混合物による爆発事故は，正規の授業中に発生することはまれですが，クラブ活動中などに多発しています。教師の指導・監督のもとで実験書の注意をしっかりと守らせて行わせるようにするべきですが，可能であればこのような実験は避けた方がよいでしょう。他におもしろい実験課題はいくらでもあります。

　突沸も爆発の中に含めてよいでしょう。水溶液の突沸による事故もよく発生します。突沸防止のためには，加熱する場合には沸騰石を必ず入れるようにするとか，試験管の中の水溶液を加熱するときは直火ではなく湯浴を用いるようにするなどしなければなりません。

(5) 劇毒物による傷害

　劇物や毒物を誤まって飲んでしまったり，皮膚へ付着させてやけどを起こしたり，目に入れるという事故が多数発生しています。試薬としては特に硫酸，塩酸，硝酸などの強酸，水酸化ナトリウムなどの強アルカリおよびその水溶液，過酸化水素水が要注意物質であり，中でも強アルカリおよびその水溶液は特に注意が必要です。

　これらは，実験にあたって生徒に危険性を十分に説明するとともに，誤まって飲んでしまったり，皮膚へ付着させたり，目に入った場合の応急処置をあらかじめ徹底しておくことが重要です。また，これらによる事故が発生しないようにするには，可能であれば，生徒には飲んだら危険な試薬や高い濃度の試薬は渡さないようにします。

　試薬が目に入った場合には，強アルカリなどの場合は失明につながる危険もあります。実験中に試薬が目に入るケースとしては，塩酸や過酸化水素水，アンモニア水などの揮発性試薬の容器の内圧が高くなっていて，栓を開けたときに液が飛び散る，突沸など急激な気体発生により液が飛び散る，かき混ぜていて飛沫が飛び散る，液体の試薬を滴下するときに容器を上からのぞき込んでいて飛沫が目に飛び込む，目の近くで液体の試薬を取り扱っていて目に飛び込む，などが実際に起こっています。容器の口に顔を近づけたり，容器の中をのぞき込んだり，容器の口を他の人に向けたりしないことによって，試薬が目に入るという事故の多くは防ぐことができますが，保護メガネを着用することが最も確実です。もし，

強アルカリ水溶液が目に入ってしまった場合には，すぐに水道水や洗眼器で15分以上は（時間をはかって）流し洗いした後，眼科医の診察を受けさせてください。

　濃硫酸を水で希釈する場合も注意が必要です。この場合，大きめの容器に水を入れてガラス棒でよくかき混ぜながらその中に濃硫酸を少しずつ滴下するようにします。濃硫酸の中に水を滴下すると，急発熱して水が急激に気化して濃硫酸をはね飛ばします。ただし，濃硫酸をはかり取って出してしまった後の容器など，ごく少量の濃硫酸が付着した容器などを洗う場合は，多量の水を一気に注ぎ込むようにすれば危険はありません。

　それから，当たり前のことですが，薬品を使用する実験が終了したら，生徒には必ず石ケンを使って手洗いをさせるようにします。なお，手洗いは薬品を使用した実験に限らず，その他の実験でも終了後に手洗いをするよう指導した方がよいでしょう。

(6) 有毒ガスによる中毒や酸欠

　塩化水素，アンモニア，塩素，硫化水素などが発生する実験で，吸い込んで気分が悪くなったという事故がよく発生しています。特に，ここ数年における学校での実験時の事故の報道では，実験で発生させた硫化水素を吸入して気分が悪くなり救急搬送されたという事例が目に付きます。一般にガスの吸引による事故は不必要に大量のガスを発生させないことである程度は未然に防ぐことができます。適正な実験規模を設定するとか適正な濃度の試薬を利用するようにしなければなりません。実験室の換気を十分に行い，必要に応じてドラフトチャンバーを使用することも重要です。また，臭いをかぐときには，鼻を直接近づけるのではなく，容器の口の上を手であおってかぐように指導します。

　燃焼型ストーブの不完全燃焼による一酸化炭素中毒にも注意を払う必要があります。実験そのものによってはあまり起こらないことですが，理科の学習内容にかかわる事項であるとともに，日常生活での安全確保にもつながる事項です。

　液体窒素を使った実験では，多量の液体窒素を一気に気化させるような操作を行うと，酸素欠乏状態になることがあります。窒素自体には毒性はありませんが，酸欠にならないよう，使用量を必要最小限にする，換気に注意するなどが必要です。ポリ袋の中の空気を何度も呼吸することによる酸欠や袋に入れたヘリウムガスを吸引したことによる酸欠による事故も発生しています。酸欠による意識の喪失は，酸素量の少ない空気を1回吸い込んだだけでも起こりますので，油断してはいけません。

最後に，実験を含む授業の準備段階において考慮すべきチェックポイントをあげておきます。

まず，授業計画段階で教師が考慮すべきチェックポイントを列挙します。

- ☐ 実験の規模は適正でしょうか。もっと量や濃度を小さくしてもよいのではありませんか。
- ☐ 予備実験は行いましたか。
- ☐ 予備実験で明らかになった留意点は，生徒に対して特に注意すべき事項として記録してありますか。
- ☐ 実験の準備物の一覧は用意できていますか。
- ☐ 準備物一覧表にある試薬・器具類はちゃんと準備できていますか。不足・過剰はありませんか。
- ☐ 器具類は破損していませんか。
- ☐ 装置類は正常に動作することを確かめましたか。
- ☐ 発生するかも知れないと予想される事故やそれへの対応がイメージできますか。いくつかのケースについて，イメージトレーニングをしましたか。
- ☐ 実験がうまくいかない可能性がどの程度ありそうか検討しましたか。うまくいかなかったときの対応はちゃんと考えていますか。
- ☐ その実験はその授業にとって本当に必要な実験ですか。

次に，生徒自身が実験前後に確認すべきチェックポイントを列挙します。以下にはさまざまなケースを想定したチェックポイントを列挙しておきますが，実験課題や実験内容に応じて教師側で取捨選択して，生徒に提示してください。

（実験前）
- ☐ 実験の全体の流れは確認しましたか。
- ☐ 実験に必要な物以外は実験台の上から片付けましたか。
- ☐ 保護メガネは着用していますか。あるいは，どのタイミングで着用するか分かっていますか。
- ☐ 長い髪の毛は後ろにまとめてくくっていますか。
- ☐ 実験台周辺や足元につまずきそうな物はありませんか。
- ☐ 電源コードは実験台から垂れ下がらないようにしていますか。

- ☐ 実験に必要な器具類や薬品類は全部揃っていますか。
- ☐ 試薬をこぼしたときや手に付いたときにどうすればよいか，分かっていますか。
- ☐ ガラス器具に欠けている所やひびはありませんか。
- ☐ 実験器具類は実験台の端から離れた所に置いていますか。
- ☐ 転がりやすい器具類は転がって落ちないように置いていますか。
- ☐ 火を使う器具のまわりに紙など燃えやすい物を置いていませんか。
- ☐ 換気扇を回すなど，換気は十分にできていますか。

（実験後）
- ☐ 実験用に分配された器具類は全部揃っていますか。
- ☐ ガスの元栓は閉まっていますか。水道の栓は完全に閉まっていますか。
- ☐ 装置の電源は切りましたか。ACコードは抜きましたか。
- ☐ 試薬類を実験台や床にこぼしていませんか。こぼした試薬は拭き取りましたか。
- ☐ 廃液や廃棄物は指示された通りに処理しましたか。
- ☐ 石ケンで手を洗いましたか。

（付録）理解を深めるための課題

次の絵を見て，危険な行動や危険な扱いを指摘してください。　　　［一色 健司］

第8章 理科教育の周辺

8-1 ICTの活用と理科教育

1. ICTとは

ICT（Information and Communication Technology）とは，教育の分野では「情報コミュニケーション技術」と訳されています。

教育の分野におけるICTは，コンピュータ，プロジェクタ，電子黒板，インターネット，デジタルカメラ，実物投影機（書画カメラ）などのハードウェアと，デジタル教材が含まれたデジタル教科書，Webサイト，DVDなどのソフトウェアを合わせたものを示します。

2020年度から学校種ごとに順次完全実施される新学習指導要領においては，学習の基盤となる資質・能力である情報活用能力の育成だけでなく，各教科などにおける「主体的・対話的で深い学び」の実現に向けて，ICTを効果的に活用した，分かりやすく，深まる授業を展開することが求められています。

2. 学校のICT環境と，ICT活用指導力の現状と課題

学校のICT環境整備については，政府の「教育振興基本計画」において目標とする水準が示され，整備が進められています。しかし，学校のICT環境については，基本的に地方公共団体の財源により整備されるため，文部科学省が毎年実施している「学校における教育の情報化の実態等に関する調査」によると，これまで政府が示す目標を達成できていません。この調査では，理科室に限定したICT環境についてのデータはありませんが，いろいろな学校の実態を見ると，ICT環境整備に積極的な自治体の学校や，総務省や文部科学省のモデル事業などの指定を受けている学校を除いては，理科室にコンピュータや電子黒板が1台も設置されていない学校も多く，理科室のICT環境は相当遅れているのが現状です。こうしたことを踏まえ，2017（平成29）年，2018年（平成30年）に告示された中学校および高等学校の学習指導要領では，総則に「…情報活用能力の育成を図るため，各学校において，コンピュータや情報通信ネットワークなどの情報手

段を活用するために必要な環境を整え，これらを適切に活用した学習活動の充実を図ること」と明記され，ICT環境を整備する必要性が，学習指導要領において初めて規定されました。

　教師のICT活用指導力については，文部科学省が実施した「平成28年度学校における教育の情報化の実態等に関する調査」結果（2018年2月）によると，「教材研究・指導の準備・評価などにICTを活用する能力」では84.0％，「授業中にICTを活用して指導する能力」では，75.0％，「児童・生徒のICT活用を指導する能力」では，66.7％であり，教師のICT活用指導力の向上については，依然として課題が残っています。

3. 学習指導要領におけるICT活用の位置付け

　2017（平成29）年，2018年（平成30年）に告示された中学校および高等学校の学習指導要領では，総則「生徒の発達の支援」において，コンピュータや情報通信ネットワークなどの情報手段の活用を図り，「生徒が，基礎的・基本的な知識及び技能の習得も含め，学習内容を確実に身に付けることができるよう，生徒や学校の実態に応じ，個別学習やグループ別学習，繰り返し学習，学習内容の習熟の程度に応じた学習，生徒の興味・関心等に応じた課題学習，補充的な学習や発展的な学習などの学習活動を取り入れることや，…指導方法や指導体制の工夫改善により，個に応じた指導の充実を図ること」と規定されています。

　また，各教科などの「指導計画の作成と内容の取扱い」において，各教科などの実際の指導において，コンピュータなどを適切に活用することと規定されています。中学校（高等学校）理科では，「各分野（各科目）の指導に当たっては，観察，実験の過程での情報の検索，実験，データの処理，実験の計測（観察，実験の過程での情報の収集・検索，計測・制御，結果の集計・処理）などにおいて，コンピュータや情報通信ネットワークなどを積極的かつ適切に活用する」ことと規定されています〔（　）内は著者加筆〕。

4. 理科室に常備しておきたいICT機器

　ICTを活用した理科の授業を進めていくには，理科室にコンピュータやプロジェクタ，大型提示装置（電子黒板）などのICT機器が常備されており，教師が理科室に行けばすぐに使える状態にしておく必要があります。理科では，他教科と違い，実験道具の準備もあるため，短い休憩時間にICT機器をセッティングする

時間はほとんどありません。

　理科室においては，ICTの環境整備が不十分な学校が多くあるため，理科室を使用する教師がICTを活用した理科授業をするための環境整備をしていく必要があります。管理職や事務室と相談し，適切なICT環境を整備しましょう。

●コンピュータ（タブレット型PC）

　最近は，セキュリティ対策のため，理科のアプリを自由にインストールできない公用のコンピュータが増えてきました。このため，筆者は，理科室に2台のコンピュータを設置しています。一台は，公用のコンピュータで，インターネットのWebサイト閲覧用に使用しています。もう一台は，インターネットに接続せず，理科の授業で使うさまざまな動画像やアプリを入れたコンピュータです。

●プロジェクタ

　プロジェクタは，理科室を明るい環境で使用できるよう，明るさ4,000lm以上の高輝度から高解像度のものが望まれます。また，超短焦点のプロジェクタがあると，設置場所に困りません。また，無線LANでコンピュータと接続できるものであれば，VGA端子やHDMIケーブルが邪魔にならないだけでなく，タブレット型PCなどから出力された動画像も直接映すことができます。

●スクリーン

　ほとんどの学校の理科室には，スクリーンが常設されています。しかし，設置場所やスクリーンの大きさによっては，授業で使用しにくい場合があります。その場合は必要に応じて，自立式のプロジェクタスクリーンや，黒板に貼り付けて使用するマグネット式のスクリーンなどを使い分けます。理科室の床面積は，普通教室と比べると広いため，後部席の生徒にもよく見えるよう，できるだけ大きめのスクリーンを使います。また，理科室の後ろの壁が白くフラットな場合は，壁をスクリーン代わりに利用することができます。

●大型提示装置（電子黒板）

　大型提示装置は，プロジェクタと比較して長寿命（5～10年）で，理科室を暗くする必要がなく，色彩をはっきり表現できるという特徴があります。大型提示装置は，多くの場合，インタラクティブ機能（画面を直接さわっての操作，書き込みなど）を有していますが，中学校や高等学校では，インタラクティブ機能よりは，動画像を大きく映す機能の方が優先されるので，大型テレビでも十分だと思います。なお，ワイヤレスHDMI送受信機を設置すれば，無線でタブレット型PCなどから出力された動画像を映し出すことができます。

● 実物投影機（書画カメラ）

　小さな実験装置を使った演示実験をする際や，化石などの小さい教材を拡大し，クラス全体に見せるには，実物投影機の活用が有効です。また，生徒が班でのグループ討議でまとめたワークシートやノート，ホワイトボードなどを使ってクラス全体に発表させる際に，実物投影機を活用しスクリーンなどに投影することにより，リアルタイムでホワイトボードなどに書き込みができるので，教師と生徒，または生徒と生徒の活発な双方向型の授業を展開することができます。

● デジタルカメラ

　理科の観察，実験では，さまざまな場面でデジタルカメラの活用が有効です。教科書や資料集，インターネットには，多くの動画像が掲載されていますが，教科書などに掲載されている写真よりも，教師や生徒が自ら撮影した動画像を授業で使った方が，生徒にとって身近で，より興味・関心を高める教材となります。

　理科の観察，実験で使用するデジタルカメラには，インターバル撮影やタイムラプス撮影（微速度撮影，インターバル撮影したものを動画にしたもの），高速連写撮影ができるもの，Wi-Fi機能付きのものが適しています。インターバル撮影とは，例えば5秒間隔で自動的に30分間連続して静止画撮影をすることをいいます。三脚などで固定したデジタルカメラでインターバル撮影機能を使って，雲が発生する様子や花の開花の様子などを撮影し，写真を繋ぎ合わせることで映像化することができます。また，960fps（fps＝1秒間の静止画像数）程度の高速連写機能を使えば，だるま落としや水風船を針で刺したときの様子やミルククラウンなど，肉眼ではとらえることが困難な一瞬の速い動きをスローモーションで映像化することができます。60fps程度の高速連写機能を使えば，等速直線運動や自由落下などの等加速度運動など，運動の様子を簡単に分析することができます。また，Wi-Fi機能付きのデジタルカメラであれば，観察，実験中の様子を撮影し，瞬時にクラスで情報を共有することもできます。

　生徒にとって身近なスマホやタブレットPCのカメラを，顕微鏡や望遠鏡の接眼レンズに近づけるだけで，高価な専用アダプターなどを購入しなくても，簡単に顕微鏡写真や望遠鏡写真を撮影することができます。

● その他の周辺機器

　コンピュータなどから出力される音声を増幅するためのアンプとスピーカーが設置してあると，音声付き動画の再生や，音の単元などで重宝します。また，顕微鏡画像をスクリーンなどに投影するための小型CCDカメラやブルーレイ・

DVDレコーダーがあると便利です。

5. 理科でのICT活用事例
ここでは，理科のICT活用事例をいくつか紹介します。
(1) 授業のベースとなるワークシート
筆者が教師になりたての20数年前のICT活用にかかわっての授業のベースとなる教材は，自作したPowerPoint資料でした。当時，コンピュータを活用して授業をする教師はほぼ皆無で，スクリーンに映し出されたPowerPoint資料は，生徒にとって興味・関心を高めるものでした。しかし，スライドをめくっていくと，前のスライドが視界から消え去るため，生徒にとっては記憶に残りにくく，学習内容を定着させることが難しいという欠点がありました。そこで，生徒に配付したものと同じワークシートをスクリーンに提示し，そのワークシートに書き込んでいくというスタイルで授業を展開することにしました。これによって，生徒にとっては手元にあるワークシートとスクリーン上に映し出されるものが一致しているため，生徒が同じ視点を持つことができ，教師が何を説明しているのか，生徒は今何を思考すればよいのか，教師の指示なども明確に伝えることができるようになりました。また，ワークシートはそのまま保存ができるため，次回の授業の始めなどに短時間で効果的に学習の振り返りをすることができる利点があります。
(2) 観察，実験での計測
観察，実験を行う際，コンピュータを活用し，温度センサや圧力センサ，電圧・電流センサなどの各種センサを用いた自動計測をすれば，一日の気温変化など長時間にわたる観察，実験や，液化ブタンの沸騰実験などの演示実験をする際，温度変化などの実験データを簡単に得られるという利点があります。しかし，安易に各種センサを用いた計測を生徒にさせてしまうと，温度計の使い方など，実験の技能が十分に身に付かないという欠点があります。観察，実験では，生徒に時間をかけて手書きでデータを実験ノートに記録するという経験をさせることが大切です。各種センサを用いた観察，実験では，生徒がある程度の実験技能を身に付けた後で行うべきだと思います。
(3) 観察，実験での結果の集計・処理
観察，実験や各種の資料から得られたデータを，Excelなどの表計算ソフトを活用することで，自然界の規則性を教師が教えるのではなく，生徒に気付かせることができます。例えば，資料から太陽系にある8つの惑星の太陽からの平均距

離と公転周期をワークシートに入力し，それぞれ3乗，2乗の値を計算させることにより，惑星の楕円軌道の長半径の3乗と公転周期の2乗の比は一定であるという，ケプラーの第三法則を生徒に気付かせることができます。

また，観察，実験で得られた実験データをExcelなどの表計算ソフトのグラフ機能を利用すれば，簡単に見栄えのするグラフを作成できるという利点があります。しかし，安易にコンピュータを活用してグラフ化してしまうと，縦軸や横軸の書き方，目盛りの書き方，データのプロット方法など，グラフを描く技能や誤差の概念が身に付かないという欠点があります。特にグラフについては，グラフ用紙に手書きで描く技能を十分に身に付けた後に，コンピュータを活用すべきだと思います。

(4) Mitakaを活用した天体の授業

Mitaka（国立天文台が開発）は，地球から宇宙の大規模構造までを自由に移動して，宇宙のさまざまな構造や天体の位置を見ることができるフリーソフトです。

天体の運動と見え方についての特徴や規則性を理解するには，地球からの視点と宇宙から俯瞰した視点の両方を考えることが必要です。Mitakaでは，この両方の視点で見た天体の位置関係などを立体的に表示することができます。

Mitakaを利用することにより，真夜中・夕方・明け方などの時刻の概念を地球と太陽の位置関係から理解できたり，月や金星が満ち欠けして見える理由や，星の日周運動・年周運動などについても視覚的に理解できるようになる利点があります。また，Mitakaを利用すると，詳細に宇宙の様子を再現できるため，生徒は教科書では説明されていないさまざまな疑問を持つことができます。

(5) 目に見えない現象

エネルギーは，目に見えないものであり，生徒にとって理解することが難しい概念の一つです。そこで，著者は各種のエネルギーをCGによりキャラクター化（「エネルギー君」と命名）し，キャラクターの色が変化することでエネルギー変換を表現したデジタル教材を開発しました。このデジタル教材は，「理科ねっとわーく（国立教育政策研究所）」で「実写映像とCGを用いたコンテンツによるエネルギーの授業」として公開されています。このような，目に見えない現象について，ICTを活用して視覚化することによって，自然に対する見方・考え方を身に付けさせるとともに，生徒の理解を高める利点があります。

(6) 調べ学習

調べ学習は図書館などでも行えますが，40人の生徒に一人1冊資料を準備する

ことは困難です。インターネットであれば，全生徒が自分に必要な情報を閲覧し，情報を収集できるという利点があります。しかし，インターネット上には信憑性の低い情報も多くあるという欠点があるため，情報源を信頼してよいのかどうかを判断するスキルを，あらかじめ生徒に習得させておく必要があります。また，回線スピードや無線LANの環境が，40人の一斉アクセスに対応しているかについてあらかじめ確認しておく必要があります。

　筆者の前任校では，修学旅行で沖縄県にある「慶佐次湾のヒルギ林」を訪れ，大学教授を招いたフィールドワークを実施しています。その事前学習として，大きく3種類あるヒルギ林にかかわる情報を，生徒全員がインターネットを利用して収集し，まとめるという活動をしています。また，Google Mapのストリートビュー機能を使い，どのヒルギ林がどこにあるのかを疑似体験し，事前に把握しておきます。この調べ学習によって，生徒はさまざまな知識を習得した上で現地に向かうため，より深い学びをすることになります。

6. ICTを活用した理科の授業を行うにあたって

　ICTを活用した理科の授業を進めていく上で，教師が常に意識しておかなければいけないことは，「ICTを授業の目標達成のために活用すること」です。授業の目的を達成するために，授業の中でどのようなデジタル教材などを，どのような場面で，どのように活用していくのか，ICTを活用することにより生徒にどのような学習効果が期待できるのかなどを，あらかじめ考えて授業を設計する必要があります。つまり，教師自身が何のためにICTを活用するのか，目的意識を持つことが大切です。また，理科の授業では，本物の自然の事物・現象にかかわり，科学的な見方や考え方を養うことが大切です。ICTを観察，実験の代替としてではなく，自然を調べる活動を支援する，有用な道具として位置付ける必要があります。

〔原田 二郎〕

<参考文献>
文部科学省『中学校学習指導要領（平成29年告示）』東山書房，2018，p.25，p.97
文部科学省『高等学校学習指導要領（平成30年告示）』実教出版，2019，p.20，p.167
国立天文台「Mitaka」http://4d2u.nao.ac.jp/html/program/mita/（2019年3月3日：確認日）
国立教育政策研究所「理科ねっとわーく」https://rika-net.com（2019年3月3日：最終閲覧日）

8-2 ニセ科学への対応

1.「科学リテラシー実態調査」の問題
　まず，筆者が中高教職課程の学生に行っている「科学リテラシー実態調査」の問題を紹介しましょう。

　以下のうち，正しいと思うものにチェックをつけてください（複数回答可）。
　□水に「ありがとう」などのよい言葉をかけて凍らせるときれいな結晶ができ，「ばかやろう」などの汚い言葉をかけると汚い結晶ができたり結晶ができなかったりする。
　□EM（有用微生物群）菌は水を浄化し，放射能をなくすことができる。
　□ゲルマニウムが含まれるブレスレットをすると体によい。
　□シャンプーの成分は頭皮から吸収されるので，シャンプーの成分には注意が必要である。
　□マイナスイオンは健康によい。
　□ゲームをすると脳が損傷を受ける（ゲーム脳）。
　□血液型を知れば大体の性格が分かる。
　□米国の「アポロ計画」で，宇宙飛行士は月に着陸していない。その映像は地球上で砂漠やスタジオで撮影されたものである。

---

2. あふれるニセ科学
　ニセ科学（疑似科学やエセ科学とも言われる）は，「科学っぽい装いをしている」，あるいは「科学のように見える」にもかかわらず，とても科学とは呼べないものを指しています。科学への信頼性を利用し，科学用語を散りばめながら分かりやすい物語をつくっています。
　では，ニセ科学にはどんなものがあるでしょうか。
　細かく見ていくといろいろありますが，大まかにいくつかを列挙してみましょう。

　ガンが治る・ダイエットができるとするサプリメント・健康食品の多く，健康によいとする水，ホメオパシー，経皮毒，デトックス，血液サラサラ，着けると

健康によいというゲルマニウムやチタン製品・トルマリン製品，ゲーム脳，「人間の脳は全体の10%しか使っていない」「右脳人間・左脳人間が存在する」などの神経神話，水からの伝言，マイナスイオン，EM菌，ナノ銀除染，フリーエネルギー，血液型性格判断，「知性ある何か」が宇宙や生命を設計し創造したとするインテリジェント・デザイン説，アポロは月に行っていなかったとするアポロ陰謀論，人口減少させるために何者かが有毒化学物質をまいているとするケムトレイルなど。

　ニセ科学は，特に健康をめぐる分野でまん延しています。アトピーが治る，ガンにならない，ガンが治る，など病気の不安心理につけ込み，科学っぽい雰囲気を出し，体験談や仮説的な説明で根拠があるかのようにした怪しい健康情報が，テレビや新聞・雑誌などのメディアを通して迫ってきています。特に健康食品や化粧品は，「医薬品，医療機器等の品質，有効性及び安全性の確保等に関する法律」(「薬機法」)によって，医薬品のように効能・効果を明示することができません。また，「薬機法」以外に「景品表示法」「健康増進法」などでも規制が行われています。それらをぎりぎりクリアして，効能・効果があるかのように錯覚させる宣伝が行われています。
　これら健康系・医学系ニセ科学が問題なのは，生命にかかわる事柄だからです。通常の治療を否定して，治る病気を悪化させたりして取り返しのつかないことになったりします。

3．学校に入り込むニセ科学の一番目は「水からの伝言」

　学校にも，ニセ科学は入り込んでいます。その一番は「水からの伝言」です。「水からの伝言」は故江本勝氏の書いた本の書名です。最初に出された「世界初!!水の氷結結晶写真集」である『水からの伝言』は，「波動」商売の一環として出版されました。江本氏らの「波動」商売とは，「波動測定器」（科学的根拠なしのインチキ測定器）で診療まがいなことをする波動カウンセリング，よい波動を転写したという高額な波動水の販売などです。
　『水からの伝言』に書かれていたのは，容器に入った水に向けて「ありがとう」と「ばかやろう」の「言葉」を書いた紙を貼り付けておいてから，それらの水を凍らすと，「ありがとう」を見せた水は，対称形の美しい六角形の結晶に成長し，「ばかやろう」を見せた水は，崩れた汚い結晶になるか結晶にならなかったというの

です。つまり，水は「言葉」を理解するので，そのメッセージに人類は従おうという主張です。

　この本がベストセラーになり，「水は，よい言葉，悪い言葉を理解する。人の体の6，7割は水だ。人によい言葉，悪い言葉をかけると人の体は影響を受ける」という考えは，授業に使えると思った人たちがいます。道徳などで，『水からの伝言』の写真を見せながら，「だから『悪い言葉』を使うのは止めましょう」という授業が広まりました。

　どう写真を撮ったのでしょうか。調べたい水を少量ずつ50個のシャーレの中央に落とし，－20℃の冷凍庫で冷却すると先端の尖った氷になります。これを－5℃の実験室に取り出し，顕微鏡で観察すると，顕微鏡のライトの熱で昇華が起こり，氷の先端に結晶が成長します。「ありがとう」水ではきれいな結晶になったときに，「ばかやろう」水は結晶が崩れているときに写真を撮ります。

　『水からの伝言』は「言葉にも波動がある」と説明したり，素人には撮れない結晶の写真を補強材料に使ったのです。

　言葉の善し悪しは水に決めてもらうことではないし，そもそも水に言葉を理解できるはずもありません。もっと人の心は豊かです。「ばかやろう」という言葉だって，状況によってはとても愛に満ちているときもあります。

4．学校に入り込むニセ科学の二番目はEM（EM菌）

　EMは有用微生物群の英語名の頭文字です。中身は，乳酸菌，酵母，光合成細菌などの微生物がいっしょになっている共生体ということです。何がどのくらいあるかという組成がはっきりしていませんが，乳酸菌や酵母などが含まれているので，生ゴミを分解して堆肥にする働きはある程度はあることでしょう。

　開発者は比嘉照夫氏で，EMの商品群はEM研究機構などのEM関連会社から販売されています。EMは特定の会社から販売されている商品の商標登録です。

　最初に商品化されたのは，土を改良する農業資材としてでした。

　比嘉氏は，EMはあらゆる病気を治し，元素を別の元素に転換する力を持ち，放射能を除去するなど，神様のように万能だといいます。「1,200度に加熱しても死滅しない」は，本当なら生物について従来の考えをひっくり返す内容ですが，学術誌には報告されず，勝手に述べているだけです。微生物は放射能をなくすことはできません。

　米のとぎ汁や糖蜜に混ぜて発酵させたEM活性液などを，泥に練り込んだEM

団子を，河川や湖，海に投入するような活動が，環境負荷を高めてしまう可能性が強いのに行われています。学校ではプールにも投入されています。

その延長線上では，健康のためにと「EM・X GOLD」という高額（500mL 4,650円）の清涼飲料水を飲む「EM力を強化する生活」が待っています。

5. ニセ科学への対応

実は，1.の「科学リテラシー実態調査」の問題は，すべて科学的根拠のない怪しい話でした。しかし，メディアなどからの情報で，正しい話だと思い込まされている面があります。

人の体で血液や脳・神経系を扱う授業，イオンの授業，物理の波動の授業の中などで，関係して科学的根拠のない怪しい話があることを紹介しましょう。

それから，「ニセ科学を信じてしまう心の仕組み」があることにも留意しましょう。それが認知バイアスです。認知バイアスは「私たちの認知の中にある思考の偏り（傾向）です。認知バイアスの中で特に知っておきたいのは，確証バイアスです。確証バイアスは，一言でいえば，「自分に都合のよい事実だけしか見ない，集めない」ということです。自分に都合の悪い事実は無視したり，探す努力を怠ったりします。このため，最初に自分が信じた考えを補強する情報を集め，自分の考えは「間違っていない」と思い込んでしまうのです。

ニセ科学にだまされないための基本は，「知は力」ということです。ニセ科学に引っかからないセンスと知力－科学リテラシーが求められます。〔左巻 健男〕

＜参考文献＞
左巻健男『暮らしのなかのニセ科学』平凡社，2017

8-3 科学部の指導

1. 好きなことやれ　おもしろいことをやれ
(1) 科学部の意義と現状

　科学部の存在意義とは何でしょうか。例えば，理科の授業では体験できない問題解決や，探究的な研究ができることなのではないでしょうか。そこでは，生徒たちが自然事象に向き合い，発見する喜び，データを地道に取り続ける根気，観察・実験の創意工夫，考察・結論に導くための思考，論文にまとめたり発表したりする達成感などを，自ら経験することになります。また，部員同士で議論をしたり，共同で研究を進めたり，チームワークやコミュニケーションの育成を図ることもできます。そんな活動を通じて，生徒たちは科学の本質的な部分にふれ，興味を持ち，創造的に高い志を抱くようになっていきます。

　それでは，科学部の現状はどうでしょうか。高等学校の場合，物理部，化学部，生物部，天文部など，細分化された分野で活動している場合が多いようです。また，国際科学オリンピック[※1]や日本学生科学賞[※2]を目指している学校から，部の伝統的なテーマを長年追究している学校までさまざまです。最近では，科学の甲子園[※3]という，チームを対象として科学分野の競技を行う活動も行われています。その結果，科学系部活に入部している生徒の多くが，理工系の大学や専門学校に進学しています。

　ところが，中学校の場合は少し事情が違うようです。科学技術振興機構[※4]の調査（2013）によると，科学部を設置している中学校は平成20年度で33.1％，平成24年で24.7％でした。最近ではさらに下降傾向が続いています。また，設置に当たっての障害として「顧問の不足」(68.7％)，「集まる生徒不足」(44.0％)，「運動部と兼部できない」(24.7％) などが上げられています。科学立国を目指す我が国としては深刻な状況と言わざるを得ません。

　全国の中学校の約2割しか科学部が存在しない理由の一つに，理科教師しか科学部の指導ができないという事情があります。サイエンスボランティアや外部指導員を導入しても，やはり顧問は理科の教師なのです。しかし，現実的には学校の事情や生徒の運動部への入部希望が多いため，理科教師が運動部を持たされるケースがほとんどです。最近ではブラック部活[※5]の問題も指摘され，教師の勤務時間の問題や曖昧な教育課程の位置付けなど，中学校の部活動そのものの存在が問われている現状も指摘されています。

(2) 部員49名の巨大科学部

　このような現状の中，私自身の経験から，公立中学校科学部の実際の様子を紹介します。長年運動部の顧問だった私が，異動を機に念願の「科学部」を設立することができました。初年度は1,2年生5名の部員でスタートし，2年目には10名，それ以降は毎年部員数が増え，9年間で最大49名までに膨らみました。小規模校にもかかわらず，他の運動部を抜いて校内最大の部員数を誇り，東京都の中でも最も規模の大きな科学部に発展しました。

　発足当時の科学部では，大学のゼミのような形式で自由研究を中心に進めていました。しかし，生徒は自らテーマを見つけることが徐々に難しくなり，部活に参加しなくなりました。それは部活が授業の延長のようになり，やらされ感とともに科学そのもののおもしろさが失われたからだと考えました。そこで，その反省を踏まえ「好きなことやれ　おもしろいことやれ」というスローガンを立てて，再スタートさせました。

　「自分の責任で自由に科学を楽しんでよし」「理科室にあるものは自由に使ってよし」「授業でやった観察・実験をもう一度やってもよし」「他の教科の宿題でも可」など，安全はすべてに優先することを前提に，好きなことおもしろいことを始めました。そして，科学大好きな生徒たちを中心に，自分たちで研究テーマを決め，おもしろい観察・実験に取り組むようになっていきました。週2回の活動は，やらされ感満載の部活から，主体的な活動に変容していったのです。次に目標を持たせるため，新聞社が後援している東京都の生徒研究発表会に参加することにしました。毎年この学校の科学部は，次々とユニークな研究発表を行い，4年連続で優秀賞を受賞し，その中には，日本学生科学賞東京都予選で奨励賞を受賞した研究もありました。そして，研究する伝統は後輩たちに受け継がれ，この学校の科学部の研究発表を楽しみに毎年見学してくれるファンも現れるほどでした。科学部の活動は研究だけに留まらず，地域の科学イベントのブース参加や，小学生に科学のおもしろさを伝える講座のボランティア参加など，部員数の多さを活かした活動も行ってきました。「好きなことやれ　おもしろいことやれ」は，多くの生徒に科学の居場所を提供できました。

2．生徒の研究を推進する

　生徒の研究を中心に内容の一部を簡単に紹介します。

(1) サンプルを集めて分類する研究スタイル

①研究テーマ「鯛の鯛」は，52種類の魚の肩甲骨と烏口骨の形を調べ，大きく4つの分類を行い，その分類とそれぞれの魚の泳ぎ方との関係を明らかにした研究でした。昔から鯛の肩甲骨と烏口骨の部分が鯛の目や形に似ているところからそう言われ，「鯛の鯛」があるのなら「鯵の鯵」「鯖の鯖」があるのではないかと考えたのがきっかけでした。また，左右二対の肩甲骨と烏口骨では，右の方が大きいことを突き止め，「魚は右利きなのか」という仮説を立てました。

②研究テーマ「49種類の身近な植物の色素に関する研究」は，生徒が紫キャベツの指示薬を使った実験に興味を持ち，同様な働きをする49種類の植物の花・果実・葉の色素を抽出して，その抽出液の液性を調べたものでした。その結果，アントシアニン系やフラボノイド系など，独自の視点で4つに分類し考察を行いました。そして植物はなぜ色素を持つのかという疑問に対して，4つの分類と植物の特徴を比較しました。

(2) モデルを作成し検証する研究スタイル

①研究テーマ「地震と津波のモデル実験の開発」は，津波のモデル装置を作成し，防災の方法を検討するという研究でした。東日本大震災による津波の被害が報告されことから，

写真1：津波モデル装置の全体

どのような防潮堤を作るかをモデルで検証しようとした試みでした。写真1のように，モデル実験装置はコンテナボックス3個を連結させ，中敷きの板を斜めに置いて陸地と海をつくり，防水シートで周囲を覆い，津波を発生する稼働部分を取り付けて作成しました。津波の大きさ（強さ・速さ・高さ）よって，陸地に置いてあるゴム栓の倒れる割合を調べたり，防潮堤モデルを試作して防災の視点から実験をしたりしました。

②研究テーマ「土砂災害に関するモデル実験の開発」は，津波モデル同様に，写真2のような土砂崩れのモデル装置を作成し，そのメカニズムを探る研究でした。西日本で大きな土砂災害が起こり，その原因を探るために，西日本の地盤に多い真砂土と学校敷地内の関東ローム層の土を比較して実験を行いました。その結果，このモデル装置は降水量，斜面の角度，土の種類，防砂堤の設置など，土砂災害を理解するのに有効であることが分かりました。また生徒は，土

砂の粒子の大きさよって土砂崩れの速さや様子が異なることを，データに基づき考察しました。

写真2：土砂崩れモデル装置の実験の様子

（3）既存の研究課題を追究する研究スタイル

研究テーマ「水中の生物における交替性転向反応に関する研究」は，ダンゴムシで有名な交替性転向反応を水中の生物であるヌマエビで調べ，その原因を追究する研究でした。ダンゴムシが壁にぶつかると，右・左・右・左と移動する「交替性転向反応」の理由は諸説あり，まだはっきりしていません。そこで，同じ甲殻類のヌマエビを使って，水中の泳ぎ方と歩き方の2系統で，この反応をするのか調べてみました。すると，ヌマエビもダンゴムシ同様に右・左・右・左と曲がる傾向があ

写真3：ヌマエビの迷路実験

ることが分かりました（写真3）。水中の水量を変えて，泳ぐ場合と歩く場合での違いを調べところ，触覚を利用して判断している説と，左右の脚を均等に使って移動するエネルギー説などの両方で反応が行われていると考察しました。

この他にも，「低線量放射線下における植物の成長に関する研究」「空気砲による流体に関する研究」など，既に行われている研究の課題について，視点を変えて追究する研究スタイルです。

この学校の科学部で築き上げてきた研究実績は，後輩たちに受け継がれ，研究テーマ設定の大きなヒントになりました。研究を進めるに当たって教師がどこまでかかわるか，またはかかわらないかの見極めが難しく重要です。

3．研究以外の科学部の活動
(1) 子どもたちに科学の楽しさを伝える
　私の勤務校のある武蔵野市では，サイエンスフェスタという地域密着型の科学イベントがあります。サイエンスフェスタは，中学・高校の科学部をはじめ，地元企業やボランティアさんなどによる，子どもたちに科学の楽しさおもしろさを伝える参加型のイベントです。これまでに，本校科学部は「雷と静電気の実験」「ジェットコースターモデル」「空気砲（写真4）」「人が乗れるホバークラフト体験（写真5）」「放射線やDNA抽出実験」などのブースとして参加しています。また部員数が多いため，他ブースのお手伝いに出向いたりします。

写真4：空気砲の煙の輪

写真5：ホバークラフト

(2) 理科の実験助手になる
　科学部の主な活動場所は理科室です。活動中，部員は気持ちよく授業の準備や実験の片付けを手伝ってくれます。それは，生徒にとって次の授業の予習や復習になるからです。また，先輩が後輩に実験のやり方を伝授することもあります。科学部員は実験を指導することでさらに上手くなり，授業で科学部以外の生徒に教え，自ら実験助手のような働きをするようになります。

(3) 科学部のススメ
　さあ，どうでしょう。これから理科を指導する皆さん！　科学部の顧問になってみませんか。もしかしたら，授業以外でも素晴らしい才能溢れる生徒に出会えるかもしれません。どこにでもいる普通の生徒にだって，科学部が居場所になることで潜在的な可能性を引き出すことができるかもしれません。ここでは，私自身の経験から科学部のススメとしてアドバイスします。
・「研究テーマを探す」研究テーマを探せる生徒とそうでないと生徒がいます。

テーマを自ら探すのには大変時間がかかりますが，日常生活の中のちょっとした疑問から見つけることができます。また，インターネットで興味のある研究テーマを見つけて，その研究の「今後の課題」として語られている部分をテーマとすることもできます。教師が手を入れすぎると研究がつまらなくなることがありますが，方向性を示すことは大事です。

・「理科室を居場所にする」研究のできない生徒でも，理科室にいるだけで学びになります。教師と生徒の信頼関係ができていればの話ですが，研究班の手伝いや実験助手，動植物の世話係など，生徒の居場所になれば大成功です。

・「目標を持たせる」全国レベルの研究を目標とすると，生徒も教師も疲弊してしまうことがあります。しかし，全国レベルの研究にふれることは，とてもよい刺激になります。たとえば，日本学生科学賞に受賞した高等学校や中学校の研究発表やポスターセッション[※6]に参加すると，研究意欲は高くなります。より高いレベルの研究を目標にすることは大切です。

（注）
※1　国際科学オリンピックとは，数学，物理，化学，生物学，地学，情報，地理など，世界中の中等教育課程の生徒（中学生・高校生）を対象にした国際コンテストである。
※2　日本学生科学賞とは，日本で最も伝統のある科学自由研究のコンテストである地方審査から中央最終審査を経て，内閣総理大臣賞など入賞作品が選ばれる。
※3　科学の甲子園とは，高校生チームを対象として，都道府県対抗で理科・数学・情報における複数分野で競技を行う取り組みである。また，同様に中学生を対象に科学の甲子園ジュニアが行われている。
※4　平成24年度中学校理科教育実態調査集計結果（独）科学技術振興機構理数学習支援センター
※5　ブラック部活とは，自主的な課外活動であるはずの部活なのに，教師も生徒も無理して部活をしている状況のことである。特に教師の場合，部活指導にあたる労働環境や時間の問題を指す。
※6　例年，青少年のための科学の祭典全国大会の中で行われている。

巻末資料

資料-1　戦後の理科教育の歴史

1. 日本の理科教育の始まり

　日本の教育は，明治以前，主に武士階級は各藩による官制学校，庶民は寺子屋に代表される民間塾で行われてきました。その中で，科学は一部の私塾や官制学校で，蘭学として紹介されていたのみでした。1872（明治5）年に学制が公布され，近代日本の教育が始まりました。その中で科学教育は，窮理学，博物学，化学，生理学など，分野ごとに分かれていましたが，1886（明治19）年の小学校令の制定で「人間生活に関係した学習」としてまとめた「理科」が制定されました。

　大正期に入ると，世界の工業技術の発展と大正デモクラシーの影響もあり，理科教育のさまざまな研究が進められました。昭和時代に入り，富国強兵の流れで実践的な科学の重要性が高まり，次第に理科における実験が重視されるようになってきました。

2. 1945年〜　「生活単元学習」「問題解決学習」

　1945（昭和20）年，終戦を契機に，日本の学校教育は根本的な改革が行われました。学校教育制度が改められ，男女共学で9年間の義務教育を基本とする6・3・3制がしかれました。文部省（現文部科学省）は科学局を科学教育局へと再編し，「科学教育の充実」を「新日本の重点」とした「新教育指針」が出され，1947（昭和22）年に教育基本法，学校教育法が公布されました。それらをもととした「学習指導要領（試案）」が同年に作成され，日本の学校教育はこれを参考に行われることになりました。この中で，理科で育成すべき資質として次の3点が示されました。

　①物事を科学的に見たり，考えたり，取り扱ったりする能力
　②科学の原理と応用に関する知識
　③真理を見い出し，進んで新しいものをつくり出す態度

　この試案は，戦後間もなく作成されたため十分でない部分もありました。そこ

で，1952（昭和27）年に小・中・高等学校学習指導要領（試案）が再度出されました。この教育の基本は，デューイの経験主義の考え方がベースとなった「生活単元学習」「問題解決学習」でした。しかし，その授業内容については「子どもがはい回る経験主義」といわれ，学習に系統性がなく「能力が高まらない，力が育成されない」という批判が起こりました。そのような中，この原点となったアメリカでも同じような問題の指摘があり，系統学習へ移っていき，日本でも学習の系統性が問われるようになっていきました。

このような学校制度やカリキュラムの変革を検討している中，1954（昭和29）年から，理科教育振興法（理振法）に基づく国の予算による理科備品の購入が開始されました。これにより，理科の設備や機器類が急速に整備されました。

3. 1960年代　系統的な学習，科学技術の向上

小・中学校学習指導要領は1958（昭和33）年に，高等学校学習指導要領は1960（昭和35）年に改訂版が告示されました。今までの学習指導要領は公示でしたが，同年に改訂された「学校教育法施行規則」により告示となりました。内容は，生活単元学習の反省に立って，系統的な知識伝達を中心とした内容に一変しました。

この中身は，必要と考えられる内容をできるだけ学習していくようにしたため，中学校で弾性変形，スペクトル，3相交流，鉱物の開管・閉管分析など，現在では高校でもあまり扱わない内容も学習しています。それに伴い，理科の週当たりの授業時間数は，小学校1，2年が2時間，3，4年が3時間，5年〜中学校が4時間と充実し，さらに，中学校では物理・化学をまとめて1分野，生物・地学をまとめて2分野とする2分野制が導入されました。この時代は，理科教育内容のピークともいえる時代でした。

4. 1970年代　「探究学習」，学習内容の充実〜落ちこぼれ問題

学習指導要領が小学校は1968（昭和43）年に，中学校は翌年，高等学校はさらに次の年に告示されました。この指導要領は，「スプートニク・ショック」に端を発するアメリカの科学カリキュラム改革運動（教育現代化運動）の影響を受けて，「教育内容の一層の充実（教育内容の現代化）」として改訂されたものでした。その元となるアメリカで主張されたのは「探究学習」の考え方で，ブルーナーの理論を踏まえた教育理論でした。アメリカではこのような動きの中，高校のPSSC物理，CHEMS化学，BSCS生物，中学校のIPS物理，ESCP地学，小学校のESS

などが開発されていきました。

　この時代，日本は高度成長時代に入り，科学が目覚ましく発展し，理科教育で扱う内容も飛躍的に増大していきました。さらに，高校進学率が90％を超え，生徒の多様化にも対応する必要が出てきました。それを反映するように，この指導要領では「科学技術の高度の発展」に対応することが明示され，内容をさらに精選して質的向上を図るとともに，「探究の過程を通して，科学の方法を習得させ，創造的な能力を育てる」ことが目標としてあげられました。

　この探究の過程とは，「科学の方法を適用すれば，すべてにわたる知識がなくても，科学的な問題を応用的に解決できる」との考えであり，次のような過程を通して「科学の方法」を学ぶことでした。

　問題の発見・予測－観察・実験・測定－記録－分類・グラフ化－推論－モデル化－仮説の設定－検証

　そして，この過程を自主的に学習できるように，教科書や学習指導法を系統的・構造的に配列・構成することが学習指導要領に示されました。

　このような探究学習中心の理科教育が進められる中で，日常生活とかけ離れた教材を扱うだけの理科となり，「学校でしかできない理科」と批判されるようになってきました。その結果，理科嫌い・理科離れの子どもをつくっているという指摘も出てきました。さらに，技術の発展に対応するため，非常に多くの内容が盛り込まれ，内容が理解できないまま進級してしまう生徒，いわゆる「落ちこぼれ」や，授業についていけない生徒の校内暴力などの問題行動が社会で問題化するようになりました。

5. 1980年代　ゆとり教育による学習内容の削減

　1977（昭和52）年に小・中学校学習指導要領，翌年には高等学校学習指導要領が告示されました。

　改革の基本方針は，「ゆとりある充実した学校生活の実現＝学習負担の軽減」であり，中学校の教科の授業時数が週34から30時間になるなどに加えて，小・中学校に「ゆとりの時間」が新設されました。また，それにあわせて教科の内容も25〜30％削減され，理科の時数も大幅に削減されました。しかし，削減された内容について学校現場が納得した上での削減ではなかったため，その取扱いや本当に削減すべき内容であるのかというような疑問も，学校内外から多く聞かれました。

この改訂により，変更された中学校の内容を示すと次のようになります。

中学校：(削除)運動の第2法則，イオンの反応，天体の形状と距離の一部，動植物の分布，遷移

(軽減)化学変化の量的関係，原子の構造，地殻の変化と地表の歴史

(充実)エネルギーの変換と利用，身近で基礎的な物質とその反応，自然界における生産，消費および分解の意義

6. 1990年代　新学力観による観点別評価と選択教科，生活科の新設

1989(平成元)年に小・中・高等学校学習指導要領が告示されました。この指導要領は，1987(昭和62)年の臨時教育審議会で出された答申に基づいて改訂されたものです。この答申では，大きな問題となってきた「いじめ」をはじめとした多様な教育問題に対応するため，3つの改革の視点を示しました。

①個性重視の原則→個人の尊厳，自由・規律，自己責任の原則

②生涯学習体系への移行→生涯学習ができる基礎・基本と，学ぶ方法の習得

③変化への対応→国際社会への貢献，情報社会への対応

そこで，学習指導要領では，「個性を生かす教育」を推進するとしての教育課程が編成されました。その具体的な変革は次のようになります。

○小学校での生活科の新設→これにより小学校低学年理科が廃止

○教科内容のさらなる削減および統合

○中学校3年での選択理科の設置による時数の変更

中学校では選択教科が拡充され，3年での選択教科の一つとして選択理科が設けられました。選択理科では，生徒の特性(希望)に応じて，課題研究的な学習が展開できるように求められました。この選択の拡充により3年の理科は105～140時間と，学校ごとに設定することとなりました。

○「新しい学力観」による観点別評価が実施(第4章参照)

○高等学校での科目の再編成が実施

○高等学校における理科課題研究の実施

この学習指導要領では，各校種で個人選択が増え，それに伴い教科時数のさらなる削減と内容の削減が行われました。さらに，段階的に土曜休業も導入され，2002(平成14)年には，公立学校は週5日制完全実施となりました。

7. 2000年代　「生きる力」と総合的な学習の新設

　1998（平成10）年に小・中学校学習指導要領が，翌年には高等学校学習指導要領が告示されました。この改訂に向けて，1996（平成8）年に中教審答申が示され，その中で，これからの学校教育のあり方として次の内容が示されました。

　○「生きる力」の育成を基本とし，自ら学び，自ら考える教育への転換をめざす。
　　学校はその実現のため，「ゆとり」のある教育活動を展開する。

　ここで示された「生きる力」は，その後も日本の教育理念として引き継がれる考え方となりました。さらに大きく変わったのが，「生きる力」を育成するために新設された「総合的な学習の時間」でした。この教科の新設と完全5日制により，各教科の時間がさらに削減され，理科の内容も大きく削減，移行されることとなりました。この結果，学習内容が戦後最も少なくなりました。

　しかし，この教育課程の移行中にOECD（経済協力開発機構）による2000（平成12）年PISA調査の結果が出されました。その内容は，日本の児童生徒は学力が高いものの，学習意欲や読解力に課題があることや，高校生の家庭学習が調査国の中で最低という結果でした。加えて，社会では「ゆとり教育」による学力低下論争も巻き起こりました。それを受けて，2001（平成13）年に文部科学省事務次官から「ゆとり教育」の見直しが示され，翌年1月には「確かな学力向上のための2002アピール『学びのすすめ』」が出され，学力向上に軌道修正されました。また，今までは学習指導要領の内容が指導の上限として扱われていたものを指導の下限とし，発展的な内容も扱えるように教科書検定基準の変更も行われました。その中で，2003（平成15）年実施のPISA結果が発表され，学力低下が現実のものとなっていることが示されました。これらから，薄かった教科書も発展的な内容を盛り込むようになり，徐々に厚さを増していきました。

　さらに，2006（平成18）年PISA調査結果や2007（平成19）年から始まった全国学力・学習状況調査からもさまざまな課題が明確になってきました。

　そのような中，日本の教育の根本である教育基本法が2006（平成18）年に改正され，それを受けて翌年には学校教育法が改正され，教育の目標や各学校の目的などが明確に示されました。

8. 2010年代　系統的カリキュラムと思考力・判断力・表現力の育成

　小・中学校学習指導要領が2008（平成20）年に，翌年には高等学校学習指導要

領が告示されました。この指導要領は，その前に出た中教審答申にあった次のような「理科の改善の基本方針」を受けたものでした。

①目的意識を持った観察・実験を行い，科学的な見方や考え方を養う。
②「エネルギー」「粒子」「生命」「地球」などの科学の基本的な見方や概念を柱として，小・中・高等学校を通じた内容の構造化を図る。
③考察する学習活動，科学的な概念を使用して考えたり説明したりする学習活動，探究的な学習活動を充実する。
④観察・実験や自然体験，科学的な体験を一層充実する。
⑤実社会・実生活との関連を重視するとともに，環境教育の充実を図る。

この方針を受けて，学習指導要領の内容が大きく変わりました。特に，理科では内容の系統性を示すことも含めて，小・中・高等学校の学習内容を，それぞれの概念ごとに分けて一覧としたものを学習指導要領解説に掲載しました。

さらに，ゆとり教育の時代から削減されてきた内容や時間数が，ここで久しぶりに増加し，課題選択もなくなりました。時数については，小学校6年間の授業時間数が350時間から405時間（16％増），中学校3年間の授業時間数が290時間から385時間（33％増）となりました。高等学校でも科目の再編が行われ，選択履修の幅が広がり，内容的にもいくつもの新しい項目が加わりました。しかし，選択の幅の広がりによる，履修内容の偏りが大きな課題となりました。また，すべての科目で，それぞれ単元末に「○○に関する探究活動」という項目がおかれたことも，この改訂の特徴です。次に，ここで中・高で追加された内容を紹介します。

中学追加：〔第1分野〕力とばねの伸び，重さと質量の違い，水圧，プラスチック，電力量，熱量，電子，直流と交流の違い，力の合成と分解，仕事，仕事率，水溶液の電気伝導性，原子の成り立ちとイオン，化学変化と電池，熱の伝わり方，エネルギー変換の効率，放射線，自然環境の保全と科学技術の利用［1・2分野総合］種子をつくらない植物の仲間，無脊椎動物の仲間，生物の変遷と進化，日本の天気の特徴，大気の動きと海洋の影響，遺伝の規則性と遺伝子，DNA，月の運動と見え方，日食，月食，銀河系の存在，地球温暖化，外来種，自然環境の保全と科学技術の利用

高校新規：材料（金属やプラスチック）とその再利用［科学と人間生活］，衣料と食品［科学と人間生活］，物理学が拓く世界［物理基礎］，物理学が築く未来［物理］，科学と人間生活とのかかわり［化学基礎］，高

分子化合物［化学基礎］，生物の多様性［生物基礎］，バイオテクノロジー［生物］

9. 今後　主体的・対話的な深い学びとカリキュラム・マネジメント

　小・中学校学習指導要領が2017（平成29）年に，高等学校学習指導要領が翌2018（平成30）年に告示されました。この改訂は「何ができるようになるか」「何を学ぶか」「どのように学ぶか」「子供一人一人の発達をどのように支援するか」「何が身に付いたか」「実施するために何が必要か」という視点で行われました。さらに，それを実現するための「カリキュラム・マネジメント」と「アクティブ・ラーニング」の必要性が示されました。

　上記の6点の改善を踏まえて，学習指導要領ができあがりました。その特徴は，次のようになります。

○育成を目指す資質・能力の明確化
　　資質・能力を学校教育法の目的に照らして，「何を理解しているか，何ができるか」（知識・技能の習得），「理解していること・できることをどう使うか」（思考力・判断力・表現力等の育成），「どのように社会・世界と関わり，よりよい人生を送るか」（学びに向かう力・人間性等の涵養）と示し，それに従い，評価の観点も4観点から3観点に変更となりました。

○「主体的・対話的で深い学び」の実現に向けた授業改善
　　この内容については序章2を参照してください。

○各学校におけるカリキュラム・マネジメントの推進
　　学校全体として，教育活動の質の向上や学習効果の最大化を図るカリキュラム・マネジメントを行うことが示されました。

　内容としては，小学校3年に「音の単元」が加わり，中学校では2年で「放射線」を扱うなどの変更はありましたが，以前のような大きな内容の増減はありませんでした。高等学校では，各学科に共通する教科の一つとして「理数」が施設され，「理数探究基礎」「理数探究」が設定されたのが大きな変更です。

　今回の学習指導要領では，授業改善の必要性が強く出され，そのために「資質・能力を育むために重視すべき学習過程のイメージ」や「思考力，判断力，表現力等及び学びに向かう力，人間性等に関する学習指導要領の主な記載」の図や表が新たに加わり，各単元の目的や内容の記載も，それぞれの資質・能力ごとに示すように変更されました。今後，この指導要領で理科における「主体的・対話

的で深い学び」を行いながら，理科教育を推進していくこととなります。最後に，学習指導要領と授業時数の変遷の一覧を掲載します。

中学指導要領公布・告示年	中学校			高等学校(普通課程) ※1単位：35時間単位	備考
	1年	2年	3年		
1947（昭和22）年（試案）	140	140	140	物理，化学，生物，地学各5から1科目必修（卒業に必要な最低単位は5）	45年終戦 教育基本法制定
1952（昭和27）年（試案） 生活単元学習	\multicolumn{3}{c}{105～175}		物理，化学，生物，地学各3又は5から2科目必修（最低単位6）	スプートニク・ショック
1958（昭和33）年告示 系統理科	140	140	140	(物理A3，物理B5)，(化学A3，化学B5)，生物4，地学2から12単位必修	理科教育のピーク
1969（昭和44）年告示 探究の理科	140	140	140	基礎理科6，物理I・II，化学I・II，生物I・II，地学I・II（各3）から基礎理科1科目又はIを2科目必修（最低単位6）	国際学力調査理科最高 74年高校進学率90％超
1977（昭和52）年告示 ゆとり教育	105	105	140	理科I4，理科II2，物理，化学，生物，地学各4のうち，理科I必修（最低単位4）	共通一次開始 理科I以外は履修者減
1989（平成元）年告示 新学力観	105	105	105～140	総合理科4，物理IA・IB・II，化学IA・IB・II，生物IA・IB・II，地学IA・IB・II（IAは2，IBは4，IIは2）のうち，総合理科，各IA，IBから2区分にわたって2科目必修（最低単位4）	バブル崩壊 大学入試センター試験開始 小学校低学年生活科開始 「理科離れ」が顕著に
1998（平成10）年告示 生きる力	105	105	80	理科基礎，理科総合A，理科総合B（各2），物理I・II，化学I・II，生物I・II，地学I・II（各3）のうち，理科基礎，理科総合A，理科総合Bから1科目，残りとIから1科目必修（最低単位4）	高校「情報」必修 「総合的な時間」の導入 PISA調査開始 学力低下論争 全国学力・学習調査開始
2008（平成20）年告示 系統的学習	105	140	140	A：科学と人間生活（2），B：物理基礎，化学基礎，生物基礎，地学基礎（各2），A＋Bから1科目又はBのうちから3科目必修，C：物理，化学，生物，地学（各4），D：理科課題研究（1）は選択（最低単位4）	理数教育の充実 学力回復 2015（平成27）年 道徳の教科化告示

| 2017（平成29）年告示 アクティブ・ラーニング | 105 | 140 | 140 | 必修は同上，C：物理，化学，生物，地学（各4）は選択（最低単位4） | 理数探究基礎（1），理数探究（2～5）の新設 |

[門倉 松雄]

＜参考文献＞
文部科学省ホームページ「学制百年史」
http://www.mext.go.jp/b_menu/hakusho/html/others/detail/1317552.htm
文部科学省ホームページ「学習指導要領データベース」
http://www.nier.go.jp/guideline/index.htm
山住正巳『日本教育小史 —近・現代—』岩波新書，1987
森川輝紀・小玉重夫『教育史入門』放送大学教育振興会，2012
左巻健男編著『授業づくりのための理科教育法』東京書籍，2004
左巻健男・内村浩編著『授業に活かす！ 理科教育法（中学・高等学校編）』東京書籍，2009
永田英治『新理科教育入門—理科教材研究を基礎にして—』星の環会，2003
畑中忠雄『若い先生のための理科教育概論（3訂）』東洋館出版社，2009
日置光久『展望 日本型理科教育—過去・現在・そして未来—』東洋館出版社，2005
佐藤学『教育方法学』岩波書店，1996

資料-2　主な試薬の調製

1. 試薬調製の準備
(1) ガラス器具
　液体の体積をはかるガラス器具を，精度の高い順に並べると次の通りになります。ホールピペット・メスフラスコ ＞ メスピペット・メスシリンダー ＞ 駒込ピペット・ビーカー

　正確な濃度の試薬を調製するときには，ホールピペット・メスフラスコを使用しますが，中学校・高校の授業で使用する試薬の調製はメスシリンダーで充分ですし，ビーカーの目盛りでもまず問題ありません。

　例えば，亜鉛に塩酸を加えて水素を発生させるとき，同じ濃度の塩酸を使用しても，亜鉛粉・亜鉛華・亜鉛粒のどれを使用するのかによって，また，夏と冬のように気温（水温）によっても，水素発生の様子が異なります。したがって，教科書通りの正確な濃度に試薬を調製することよりも，予備実験を行って実験目的や状況に応じた適当な濃度に調整することの方が重要です。

　※教師による演示実験用の試薬は，教卓から遠い生徒にも見えやすいように，少し激しく反応する濃度に，生徒実験用の試薬は，安全性を考慮して穏やかに反応する濃度に調整するとよいでしょう。

(2) 水
　水は，中学校では水道水を使用してまず問題ありませんが，高校では水道水中の陽イオンや陰イオンの多くをイオン交換樹脂を用いて除去したイオン交換水を使用するのが一般的です。それは，水道水には殺菌用に加えられている次亜塩素酸ナトリウム由来のナトリウムイオンや次亜塩素酸イオン，また，天然水由来のさまざまなイオン（カルシウムイオン，塩化物イオンなど）が含まれているため，これらのイオンが実験に影響を及ぼすことがあるからです（例えば，硝酸銀水溶液の調製に水道水を使用すると塩化銀の白色沈殿が生じますし，炎色反応の実験でも，これらのイオンが影響することがあります）。

　※イオン交換式純水器がないときは，ドラッグストアなどで精製水（多くはイオン交換水，500mLで100円程度），また，スーパーマーケットなどで，水分子以外をほとんど通さない膜（RO膜）でろ過してつくられた純水（安価もしくは無料）を入手すればよいでしょう。ただし，この純水は味などを整えるために塩類が加えられていることもあるので，実験前に確認して下さい。

2．溶液の薄め方

濃度の単位は，中学校では質量パーセント濃度〔％〕を，高校ではモル濃度〔mol/L〕を使用するのが一般的です。

(1) 質量パーセント濃度〔％〕

溶液の質量〔g〕に対する溶質の質量〔g〕の割合を百分率で表した濃度が質量パーセント濃度〔％〕です。

1) 固体試薬を用いた試薬溶液の調製

> □％の水溶液を100 gつくるときは，□gの溶質を(100 − □) gの水に溶かす。

※実際には，□gの溶質に水を加えてビーカーの目盛りで全量を100 cm³（100 mL）にしても，まず問題ありません。

（例1）5％水酸化ナトリウム水溶液を100 gつくる。

水酸化ナトリウムを5 gはかりとり，ビーカー中の水95（= 100 − 5）gに溶かすと，5％水酸化ナトリウム水溶液100 gが得られます。

※常温の水の密度は1 g/cm³で，1 cm³を1 gとしてよいので，メスシリンダーで95 cm³はかりとれば95 gになります。

（例2）塩化銅（Ⅱ）二水和物（$CuCl_2 \cdot 2H_2O$）を用いて10％塩化銅（Ⅱ）水溶液を100 gつくる。

塩化銅（Ⅱ）二水和物の式量は170で，うち134が塩化銅（Ⅱ），36が水和水。10 gの塩化銅（Ⅱ）を得るために必要な塩化銅（Ⅱ）二水和物をx gとすると，

x〔g〕× 134／170 = 10〔g〕

x = 12.7〔g〕（10 gが塩化銅（Ⅱ），2.7 gが水和水）

塩化銅（Ⅱ）二水和物を12.7 gはかりとり，87.3（= 100 − 12.7）gの水に溶かせば10％塩化銅（Ⅱ）水溶液100 gが得られます。

※ 塩化銅（Ⅱ）水溶液は電圧をかけて電流を流す実験などで使用しますが，使用後の廃液をそのまま流しに捨ててはいけません。保存できる容器に保管し，廃液処理業者に依頼しましょう。なお，糖の検出で用いるベネジクト液にも銅イオンが含まれていますので，同様に廃液業者に依頼するようにしましょう。

2) 液体試薬を用いた試薬溶液の調製

> 何倍に薄めればよいかを「調製前の試薬の濃度〔％〕／薄めた後の試薬の濃度〔％〕」を計算して求め，水で希釈する。

（例1）30％過酸化水素水を薄めて5％過酸化水素水をつくる。

30％（調製前の濃度）／5％（薄めた後の濃度）= 6倍

6倍に薄めるには，質量比で 過酸化水素水：水 = 1：5（6 − 1）に希釈すればよ

いので，メスシリンダーに30％過酸化水素水を，例えば10 cm^3（10 gとしてよい），別のメスシリンダーに水を50 cm^3（50 g）はかりとり，ビーカー中で混合すれば5％過酸化水素水が得られます。

密度が1 g/cm^{3}ではない液体試薬（例えば，過酸化水素や塩酸）を用いて調製するときには，質量〔g〕と密度〔g/cm^3〕から，はかりとる体積〔cm^3〕を計算して求める必要がありますが，中学校・高校の実験では，体積〔cm^3〕≒質量〔g〕で近似しても支障ありません。

> ※過酸化水素は，保管中に水と酸素に自然に分解しますし，塩酸は塩化水素が少しずつ揮発します。したがって，それぞれ試薬原液の正確な濃度が分からないので，正確な濃度に試薬を調製することはできません。調製した試薬の正確な濃度が知りたいときは，あらかじめ濃度が分かっている標準溶液で滴定して濃度を求める必要があります。

ただし，濃硫酸は密度が1.83 g/cm^{3}で非常に大きいので，体積〔cm^3〕≒質量〔g〕で近似してはいけません。

（例2）95％濃硫酸を水で薄めて5％硫酸をつくる。

95％（調製前の濃度）／5％（薄めた後の濃度）＝ 19倍

19倍に薄めるには，濃硫酸：水＝1：18（19－1）で希釈すればよいのですが，この1：18は「体積比」ではなく「質量比」でなければなりません。つまり「×：濃硫酸10 cm^{3}と水180 cm^3」ではなく，「○：濃硫酸10 gと水180 g」を混合する必要があります。95％濃硫酸10 gのうち硫酸は9.5 gなので

｛硫酸9.5〔g〕／（濃硫酸10〔g〕＋水180〔g〕）｝×100＝5〔％〕　になります。

濃硫酸の体積〔cm^3〕をはかりとって試薬を調製するときは，濃硫酸10 gの体積が 10〔g〕／1.83〔g/cm^3〕≒5.5〔cm^3〕なので，メスシリンダーで濃硫酸5.5 cm^3（10 g）をはかりとります。別のメスシリンダーで水を180 cm^3（180 g）はかりとってビーカーに入れ，そのビーカー中の水に濃硫酸を少量ずつ加えれば5％硫酸が得られます。

(2) モル濃度〔mol/L〕

溶液1 L中に溶けている溶質の物質量〔mol〕で表した濃度で，単位は〔mol/L〕です。

1) 固体試薬を用いた試薬溶液の調製

> 調製に必要な溶質の質量〔g〕＝試薬濃度〔mol/L〕×試薬の体積〔mL〕/1000×モル質量〔g/mol〕

（例）2 mol/L水酸化ナトリウム水溶液を100 mLつくる。

2 mol/L水酸化ナトリウム水溶液100 mL中の水酸化ナトリウム（40 g/mol）の

質量は　2〔mol/L〕× 100〔mL〕/1000 × 40〔g/mol〕= 8〔g〕

したがって，水酸化ナトリウムを 8 g はかりとり，水を加えて全量を 100 mL にすれば，2 mol/L 水酸化ナトリウム水溶液 100 mL が得られます。

2) 液体試薬を用いた試薬溶液の調製

> 何倍に薄めればよいかを「調製前の試薬の濃度〔mol/L〕／薄めた後の試薬の濃度〔mol/L〕」を計算して求め，水で希釈する。

（例）12 mol/L 濃塩酸を薄めて，0.5 mol/L 塩酸 200 mL をつくる。

12〔mol/L〕（濃塩酸）／0.5〔mol/L〕（希塩酸）= 24 倍

24 倍に希釈するには，12 mol/L 濃塩酸：水 = 1：23（24 − 1）の体積比で混合します。全量を 200 mL にするために必要な濃塩酸は　200〔mL〕／24 ≒ 8.3〔mL〕したがって，12 mol/L 塩酸を 8.3 mL はかりとり，水を加えて全量を 200 mL にすれば 0.5 mol/L 塩酸 200 mL が得られます。

3．主な酸・アルカリ

(1) 塩酸（HCl）約 36 %，12 mol/L，密度 1.18 g/cm^3

塩酸は，水に塩化水素（気体）が溶けている水溶液で，試薬原液は，塩化水素がほぼ飽和状態で溶けている約 36 %濃塩酸です。

1) 塩酸を扱う際の注意点

- フタを開けるときに液が飛び散ることがあるので，ぬれた布で覆い顔を遠ざけて注意深く開栓します。これは，水に溶けている塩化水素が，試薬びんの中で揮発して，圧力が高い状態で充満していることがあるためです。
- 古い試薬は，予備実験で濃度を確認する必要があります。これは，試薬びんのフタを開けたままにすると，揮発性の高い塩化水素が試薬原液から揮発し，濃度が薄くなっていることがあるからです。
- 薄めるときは，水に濃塩酸を注ぎます。

2) 主な塩酸の濃度と調製法

以下に，主な塩酸の使用箇所・濃度・試薬の調製方法をあげます。教科書などに「希塩酸」や「薄い塩酸」と書かれていても濃度が示されていないことがありますし，以下の表中の濃度もあくまでも標準的な濃度ですので，必ず予備実験を行って，適当な濃度に調整してから実験を行って下さい。

※実際には，実験室に 10 %塩酸を多めに用意しておき，実験ごとに予備実験しながら，適当な濃度に薄めて使用するのが現実的で便利です。

塩酸の濃度と調製法	使用箇所
2％塩酸 濃塩酸：水＝1：20（体積比）	・硫化鉄と塩酸の反応で硫化水素の発生 ・BTBを滴下した塩酸に少しずつ水酸化ナトリウム水溶液を加える中和反応
5％塩酸 濃塩酸：水＝1：7（体積比）	・酸化前後のスチールウールに塩酸を加えて反応の違いを比較 ・炭酸水素ナトリウムと塩酸の反応で二酸化炭素の発生 ・マグネシウムリボンと塩酸の反応で水素の発生 ・塩酸に電流を流し水素と塩素を発生 ・2種の金属板を塩酸に浸して電池の作成
10％塩酸 濃塩酸：水＝1：3（体積比）	・亜鉛などの金属と塩酸の反応で水素の発生 ・石灰石と塩酸の反応で二酸化炭素の発生

※表中の濃塩酸と水の混合比は，濃塩酸の密度を考慮して計算したもので，2（1）2）で示した液体試薬の調製方法で求めた値とは若干異なります。

(2) 硫酸（H_2SO_4）　約96％，18 mol/L，密度1.83 g/cm^3

1) 硫酸を扱う際の注意点

・濃硫酸を薄めるときには，大量の水に濃硫酸を少しずつ加えます。総量よりも少なめの水をビーカーに用意し，そこに濃硫酸を少しずつ加えて混ぜます。ビーカーをさわって室温程度であることを確認してから，必要な量まで水を加え調製します。

※ビーカーに濃硫酸を注いでからそこに水を注ぐと，急激な発熱で部分的に水が沸騰し，硫酸のしぶきが飛散してたいへん危険です。

・濃硫酸が皮膚や衣服に付くとダメージを受けるので，保護メガネや白衣が必須です。

※例えば，ろ紙や砂糖など，酸素原子と水素原子を含む化合物に濃硫酸を数滴垂らしてしばらく放置すると，濃硫酸の脱水作用によって分子から水分子が強制的に引き抜かれ，次第に茶色や黒色に変色します。希硫酸は衣服に付いてもすぐに脱水反応は起こりません。しかし，水が蒸発しても硫酸は不揮発性で蒸発せずに残るため，次第に希硫酸の濃度が濃くなり，しばらくしてから衣服が変色し始めます。

2) 主な硫酸の濃度と調製法

硫酸の濃度と調製法	使用箇所
5％硫酸 濃硫酸：水＝1：34（体積比）	・塩化バリウム水溶液と硫酸を反応させ白色沈殿の生成
10％硫酸 濃硫酸：水＝1：16（体積比）	・亜鉛等の金属と硫酸の反応による水素発生

(3) 水酸化ナトリウム（NaOH）白色固体

1) 水酸化ナトリウムを扱う際の注意点

- 固体の水酸化ナトリウムは潮解性があり，空気中の水分を吸収してべとついて薬包紙についてしまうので，質量の測定は手早く行う必要があります。
- 空気中の二酸化炭素を吸収するので，試薬びんのフタを開けたままにしないようにします。
- 水溶液だけでなく固体もタンパク質を侵すので，素手でさわってはいけません。
  ※もし，皮膚に付いたら流水で充分に洗浄します。また，目に入らないように，保護メガネをかけて試薬の調製を行うようにします。
- ポリエチレンやポリプロピレン製の容器に保管します。ただし，ポリエステルは水酸化ナトリウムで分解されるので，ペットボトルには保管しないようにします。また，水酸化ナトリウムにはガラスを溶かす性質があり，溶着して取れなくなってしまうので，ガラス栓のガラス瓶にも保管しないようにします（ゴム栓は可）。

2) 主な水酸化ナトリウムの濃度と調製法

水酸化ナトリウムの濃度と調製法	使用箇所
２％水酸化ナトリウム水溶液 水酸化ナトリウム２gに水98 cm^3（98 g）	・BTBを滴下した塩酸に，少しずつ水酸化ナトリウム水溶液を加える中和反応
５％水酸化ナトリウム水溶液 水酸化ナトリウム５gに水95 cm^3（95 g）	・水酸化ナトリウム水溶液に電流を流して，水素と酸素に分解（水の電気分解）

(4) 石灰水（水酸化カルシウム〔Ca(OH)$_2$〕水溶液）

二酸化炭素の検出に用いられる石灰水は，水酸化カルシウムの飽和水溶液です。

1) 石灰水を扱う際の注意点

- 石灰水は強アルカリ性なので，素手でさわらない，目に入れないなど，取り扱いに注意が必要です。
- ホームセンターで消石灰〔Ca(OH)$_2$〕を入手すると，石灰水を安価でつくることができますが，誤って生石灰（CaO）を使用すると，水を混ぜるときに大きな発熱を伴い危険ですので，消石灰と生石灰を間違えないようにします。

2) 石灰水の調製法

水酸化カルシウムの飽和水溶液は約0.17 ％なので，保存容器に水を約１Lと水酸化カルシウムを２g以上入れて溶かして一晩放置し，上澄み液を使用します。

4. 指示薬
(1) フェノールフタレイン溶液
　フェノールフタレイン1 gをエタノール90 cm³に溶かし，これに水を加えて全量を100 cm³にします。
(2) BTB溶液
　ブロモチモールブルー0.1 gをエタノール20 cm³に溶かし，水を加えて全量を100 cm³にします。
　　※オオカナダモなどの光合成による二酸化炭素の消費を調べる実験では，0.1％水酸化ナトリウム水溶液などを1滴加えて，弱アルカリ性の青色に調整します。

5. その他の試薬
(1) ヨウ素液 (ヨウ素ヨウ化カリウム水溶液)
　ヨウ化カリウム1 gを水250 cm³に溶かします。これにヨウ素0.3 gを溶かし，褐色びんに入れ冷暗所で保存します。
　　※ヨウ素液が濃いと，でんぷん検出時に紫ではなく黒っぽく見えるので，状況に応じて少し薄めてから使用します（特に顕微鏡観察時）。

(2) 過酸化水素水 (H_2O_2)
　試薬は約30 ％の過酸化水素水，1.45 g/cm³
1) 過酸化水素水を扱う際の注意点
　酸素発生の実験はオキシドール（2.5～3.5％の過酸化水素水）で代用できます。もう少し濃い過酸化水素水が必要なときは，試薬から調製します。
　過酸化水素水が皮膚に付着すると痛みを伴い，ときには白斑を生じますので，ポリ手袋・保護メガネを使用して調製します。

［内田　隆］

資料-3　理科授業のための文献案内

よりよい理科授業を行うためには，以下のことが必要です。
・学習内容について深く理解すること
・生徒が自然を科学的にとらえていくときの認知のプロセスを知ること
・授業の評価をしながらそのフィードバックを次の授業に活かしていくこと

理科教育法で学んだことをもとに，さらに進んで理科教育や理科授業を深めていくための文献を少し紹介しておきましょう。

教育関係の書籍（教育書といわれる）は，初版部数も少なく，すぐに絶版になり，入手がすぐに困難になることが多いです。ここで紹介される本もすでに絶版になっているものも多いです。それでも大学の図書館の蔵書にある場合もありますし，古書を入手したり先輩から譲り受けたりすることも可能でしょう。大学や自治体の図書館の多くは，その図書館の蔵書になっていなくても，他の図書館の蔵書にその本があれば，それを借りることを仲介してくれます。

学習内容については，科学の啓発的な書籍や雑誌を読んで，いつもアップツーデートに科学をとらえることができるようにしたいものです。また科学は身近な生活にあふれていることを生徒に示すために，そのようなことを扱っている書籍（例えば，『面白くて眠れなくなる物理』（PHP）や『図解　身近にあふれる「科学」が3時間でわかる本』（明日香出版社）などのシリーズ）に目を通しておきたいものです。

1．理科教育論，理科授業論

左巻健男『おもしろ理科授業の極意』（東京書籍）は，2019年に刊行です。現場で「おもしろ授業」を追求するなかで生まれました。具体的な授業に裏打ちされていて，理科授業づくりに意欲がわくと思います。題材は小中学校理科です。

仮説実験授業は，板倉聖宣『仮説実験授業のABC』（仮説社）から始めるべきでしょう。板倉聖宣『未来の科学教育』（国土社），板倉聖宣『科学と教育』（仮説社）もおすすめです。

高橋金三郎他編『極地方式入門　―現代の科学教育』（国土社）は，科学教育研究協議会東北ブロックからスタートして各種のテキストづくりをしてきている極地方式研究会の考え方が展開されています。

大学の理科教育研究者によるものとして，堀哲夫『問題解決能力を育てる理科

授業のストラテジー ―素朴概念をふまえて―』(明治図書出版),堀哲夫『学びの意味を育てる理科の教育評価』(東洋館出版社)をあげておきます。

学習心理学の研究者が,多くは理科を材料に,教え方や子どもの理解を具体的に示した三部作があります。伏見陽児『教育学部教師の講義日記 ―小学校課程科目「教え方と子どもの理解」の実践』,『続・教育学部教師の講義日記』,『続々教育学部教師の講義日記』(星の環会)は小学校理科の題材が多いですが,その考え方は中・高でも役立ちます。麻柄啓一他編『学習者の誤った知識をどう修正するか』(東北大学出版会)も学習心理学者たちの研究ですが,理科の題材も多いです。

より深く認知心理学を学んで授業に役立てるために,次の3冊がお薦めです。J.T.ブルーアー『授業が変わる―認知心理学と教育実践が手を結ぶとき』,米国学術研究推進会議編『授業を変える―認知心理学のさらなる挑戦』,湯澤正通編『認知心理学から理科学習への提言― 開かれた学びをめざして』(以上,北大路書房)。

いずれも,最新の認知心理学研究の知見と具体的な実践例がたくさん紹介されていて,読み応えがあります。特に『認知心理学から理科学習への提言』は,理科学習に対して,認知心理学,理科教育学,社会教育・学校教育現場それぞれの立場から具体的な提言が行なわれています。理科学習に焦点をしぼって書かれているのも特徴です。

波多野誼余夫・稲垣佳世子『知的好奇心』(中公新書)は,かなり古い本ですが,「内発的動機づけ」の考えが一般の人向けに分かりやすく解説されています。人間は本来,有能で能動的な学び手であることを示す数々の実験を紹介し,伝統的な"アメとムチ"による指導観を批判しています。本書の続編として,『無気力の心理学』『人はいかに学ぶか』(以上,中公新書)『知力と学力』(岩波新書)がありますが,これらもお薦めです。

鈴木誠編著『フィンランドの理科教育 ―高度な学びと教員養成―』(明石書店)は,PISAの結果から注目を浴びているフィンランドの理科教育から,わが国が何を学ぶべきかを示しています。

2.授業展開

中学校では,左巻健男他編著『最新中1～中3理科授業完全マニュアル』(学習研究社)です。2色刷。CD－ROMが付いていて,そこにはPDFでワークシート

などが収められています。そのため，授業テキストやワークシートや資料を生徒の実態に合わせて手直しすることも可能です。残念ながら絶版です。古い教育課程のときのものですが，左巻健男他編著『最新中学理科の授業○年』(学年別　民衆社 2002年)は出版社に在庫があり，入手可能かもしれません。

高校物理の授業として，川勝博『川勝先生の物理授業』(全3巻　海鳴社)は，著者の授業展開が具体的に述べられています。

それら以外にも，中学校理科では学習指導要領に準拠した理科授業の本が出されていますが，高校理科教育関係の授業の本は少ないです。

具体的な理科授業の本は，手元に置いて大いに参考にしたいものです。まず内容が本質的で，かつ苦手な人でもできるように，授業の展開が丁寧に示されているかどうかなどを基準に選びましょう。

3．教材，実験・観察

子どもたちの「理科が好き」という理由には，「実験があるから」が1位になることが多いです。やさしくできて，楽しく分かる実験・観察について知っていると，授業が豊かになります。

また，自然科学が明らかにしてきた自然の秘密や，科学と日常生活の関連など「科学の話」の情報も持ちたいものです。

まず実験は安全が第一です。左巻健男他『理科の実験安全マニュアル』(東京書籍)には，事故の具体的な事例とその対策が詳述されています。一度目を通しておくと自信が持てるようになるでしょう。渡辺義一『学校理科薬品の利用と管理』(黎明書房)も手元にあるとよいでしょう。

左巻健男編著『理科おもしろ実験・ものづくり完全マニュアル』，左巻健男・内村浩編著『おもしろ実験・ものづくり事典』(以上，東京書籍)は，授業に使える実験も含まれていますが，主に科学クラブなどで楽しむ実験・工作・ものづくりをたくさん載せていて，この種の実験書としては定番になっています。

鈴木清龍・若生克雄他編『やさしくて本質的な理科実験』(全4巻　評論社)は，科学教育研究協議会東北地区協議会や極地方式研究会で開発された実験集です。「授業実践の中から生まれた」ことを特色としています。

新　観察・実験大事典編集委員会編『新　観察・実験大事典』(生物編，物理編，地学編，化学編，東京書籍)は，実験観察の手順が分かりやすく図解されています。

愛知・岐阜物理サークル編著『いきいき物理わくわく実験1 改訂版』『いきいき物理わくわく実験2 改訂版』（日本評論社）は，愛知と岐阜の物理サークルが開発した，あるいは追試して改善した実験集です。くだらない・おもしろくない物理の授業を克服することをねらいにしています。物理の教師になるか漫画家になるか悩んだことがある教師によって描かれたイラストに特徴があります。

左巻健男・滝川洋二編著『たのしくわかる物理実験事典』（東京書籍）は，それらの後に開発された実験を多く掲載し，物理実験書の定番になっています。

左巻健男編著『たのしくわかる化学実験事典』（東京書籍）は，小学校から高校までの化学の授業で扱いたい実験が200テーマ以上収録してあります。

左巻健男編著『やさしくわかる化学実験事典』（東京書籍）は，主に小学校・中学校の化学実験を取り上げています。

生物実験をメインにしたものでは，内山裕之他編著『解剖・観察・飼育大事典』（星の環会）があります。

地学では地学団体研究会編『自然をしらべる地学シリーズ』（全5巻　東海大学出版会）があります。

なお，以上で紹介の実験関係の本は現在絶版が多いです。

4. 学習評価

指導と評価を一体化させて適切な評価をしながら指導をすれば，学習者のほぼ全員が必要な(しかし決して低くない)最低限の基準をクリアして達成できるというのが，ブルーム氏が提唱した完全習得学習の考えです。ブルーム氏の評価論を学ぶには，ブルーム他著，梶田叡一他訳『教育評価法ハンドブック―教科学習の形成的評価と総括的評価』（第一法規出版）が参考になるでしょう。

パフォーマンス課題については，西岡加名恵『「資質・能力」を育てるパフォーマンス評価 アクティブ・ラーニングをどう充実させるか』（明治図書出版）は，理論だけでなく事例も豊富です。事例は小中学校中心ですが，探究の評価など高校でも参考になるでしょう。

5. 文部科学省検定済教科書

文部科学省検定済教科書は，文部科学省学習指導要領に基づいてつくられています。

例えば，中学校の文部科学省学習指導要領の内容は，文部科学省著の『中学校

学習指導要領解説理科編』を文部科学省のWebサイトからダウンロードできます。

　教科書は，文部科学省学習指導要領の内容に強く規制されています。それでも，それぞれの教科書会社は，児童・生徒に分かりやすく，かつ教師に使いやすくといった点で工夫をしています。例えば，中学校には5種類の教科書がありますが，各テーマの展開の仕方（扱う実験・観察など）に少し違いがあります。高校理科では，さらに多種類の教科書があります。したがって，いくつかの教科書を入手して，比較検討をすることは，重要で有効な教材研究の方法になります。

6．雑誌

　科学教育研究協議会編集の『理科教室』（本の泉社）は，授業記録が豊富なことが特色です。

　『たのしい授業』（仮説社）は，仮説実験授業の創始者である板倉聖宣さんが編集代表をつとめていただけあって，仮説実験授業の授業書や授業記録の紹介がしばしば載っています。

　日本理科教育学会の会誌『理科の教育』（東洋館出版社）には，教材解説など，現場向けしたものも多く載っています。

　物理教育学会の会誌『物理教育』，日本化学会の月刊誌『化学と教育』，生物教育学会の会誌『生物教育』，地学教育学会の会誌『地学教育』にも専門的な内容をやさしく解説した記事や新しい教材開発の論文が載っています。

　『RikaTan（理科の探検）』誌は，大人の理科好き対象ですが，理科教師の読者が多い雑誌です。中高生にもお薦めです。残念ながら2019年4月号で休刊ですが，1号から37号までを揃えて読んだり，図書館に備えるといいでしょう。「科学の基本的な内容」「おもしろ観察・実験・ものづくり」「理科自由研究」「ニセ科学やオカルトを斬る内容」など，科学に関連した多岐な内容を扱っています。

［左巻　健男］

学習指導要領　中学校理科編

中学　「平成29年3月 文部科学省告示」

第1　目標

　自然の事物・現象に関わり，理科の見方・考え方を働かせ，見通しをもって観察，実験を行うことなどを通して，自然の事物・現象を科学的に探究するために必要な資質・能力を次のとおり育成することを目指す。
(1)　自然の事物・現象についての理解を深め，科学的に探究するために必要な観察，実験などに関する基本的な技能を身に付けるようにする。
(2)　観察，実験などを行い，科学的に探究する力を養う。
(3)　自然の事物・現象に進んで関わり，科学的に探究しようとする態度を養う。

第2　各分野の目標及び内容

〔第1分野〕

1　目標

　物質やエネルギーに関する事物・現象を科学的に探究するために必要な資質・能力を次のとおり育成することを目指す。
(1)　物質やエネルギーに関する事物・現象についての観察，実験などを行い，身近な物理現象，電流とその利用，運動とエネルギー，身の回りの物質，化学変化と原子・分子，化学変化とイオンなどについて理解するとともに，科学技術の発展と人間生活との関わりについて認識を深めるようにする。また，それらを科学的に探究するために必要な観察，実験などに関する基本的な技能を身に付けるようにする。
(2)　物質やエネルギーに関する事物・現象に関わり，それらの中に問題を見いだし見通しをもって観察，実験などを行い，その結果を分析して解釈し表現するなど，科学的に探究する活動を通して，規則性を見いだしたり課題を解決したりする力を養う。
(3)　物質やエネルギーに関する事物・現象に進んで関わり，科学的に探究しようとする態度を養うとともに，自然を総合的に見ることができるようにする。

2　内容

(1)　**身近な物理現象**

　　身近な物理現象についての観察，実験などを通して，次の事項を身に付けることができるよう指導する。
　ア　身近な物理現象を日常生活や社会と関連付けながら，次のことを理解するとともに，それらの観察，実験などに関する技能を身に付けること。
　　(ｱ)　光と音
　　　㋐　光の反射・屈折

　　　　光の反射や屈折の実験を行い，光が水やガラスなどの物質の境界面で反射，屈折するときの規則性を見いだして理解すること。
　　㋑　凸レンズの働き
　　　　凸レンズの働きについての実験を行い，物体の位置と像のでき方との関係を見いだして理解すること。
　　㋒　音の性質
　　　　音についての実験を行い，音はものが振動することによって生じ空気中などを伝わること及び音の高さや大きさは発音体の振動の仕方に関係することを見いだして理解すること。
　(イ)　力の働き
　　㋐　力の働き
　　　　物体に力を働かせる実験を行い，物体に力が働くとその物体が変形したり動き始めたり，運動の様子が変わったりすることを見いだして理解するとともに，力は大きさと向きによって表されることを知ること。また，物体に働く２力についての実験を行い，力がつり合うときの条件を見いだして理解すること。
　イ　身近な物理現象について，問題を見いだし見通しをもって観察，実験などを行い，光の反射や屈折，凸レンズの働き，音の性質，力の働きの規則性や関係性を見いだして表現すること。
(2)　身の回りの物質
　　身の回りの物質についての観察，実験などを通して，次の事項を身に付けることができるよう指導する。
　ア　身の回りの物質の性質や変化に着目しながら，次のことを理解するとともに，それらの観察，実験などに関する技能を身に付けること。
　(ア)　物質のすがた
　　㋐　身の回りの物質とその性質
　　　　身の回りの物質の性質を様々な方法で調べる実験を行い，物質には密度や加熱したときの変化など固有の性質と共通の性質があることを見いだして理解するとともに，実験器具の操作，記録の仕方などの技能を身に付けること。
　　㋑　気体の発生と性質
　　　　気体を発生させてその性質を調べる実験を行い，気体の種類による特性を理解するとともに，気体を発生させる方法や捕集法などの技能を身に付けること。
　(イ)　水溶液
　　㋐　水溶液
　　　　水溶液から溶質を取り出す実験を行い，その結果を溶解度と関連付けて理解すること。

(ｳ) 状態変化

⑦ 状態変化と熱

　　物質の状態変化についての観察，実験を行い，状態変化によって物質の体積は変化するが質量は変化しないことを見いだして理解すること。

④ 物質の融点と沸点

　　物質は融点や沸点を境に状態が変化することを知るとともに，混合物を加熱する実験を行い，沸点の違いによって物質の分離ができることを見いだして理解すること。

イ　身の回りの物質について，問題を見いだし見通しをもって観察，実験などを行い，物質の性質や状態変化における規則性を見いだして表現すること。

(3) 電流とその利用

　電流とその利用についての観察，実験などを通して，次の事項を身に付けることができるよう指導する。

ア　電流，磁界に関する事物・現象を日常生活や社会と関連付けながら，次のことを理解するとともに，それらの観察，実験などに関する技能を身に付けること。

(ｱ) 電流

⑦ 回路と電流・電圧

　　回路をつくり，回路の電流や電圧を測定する実験を行い，回路の各点を流れる電流や各部に加わる電圧についての規則性を見いだして理解すること。

④ 電流・電圧と抵抗

　　金属線に加わる電圧と電流を測定する実験を行い，電圧と電流の関係を見いだして理解するとともに，金属線には電気抵抗があることを理解すること。

⑰ 電気とそのエネルギー

　　電流によって熱や光などを発生させる実験を行い，熱や光などが取り出せること及び電力の違いによって発生する熱や光などの量に違いがあることを見いだして理解すること。

㊀ 静電気と電流

　　異なる物質同士をこすり合わせると静電気が起こり，帯電した物体間では空間を隔てて力が働くこと及び静電気と電流には関係があることを見いだして理解すること。

(ｲ) 電流と磁界

⑦ 電流がつくる磁界

　　磁石や電流による磁界の観察を行い，磁界を磁力線で表すことを理解するとともに，コイルの周りに磁界ができることを知ること。

④ 磁界中の電流が受ける力

　　　　　磁石とコイルを用いた実験を行い，磁界中のコイルに電流を流すと力が働くことを見いだして理解すること。
　　　㋒　電磁誘導と発電
　　　　　磁石とコイルを用いた実験を行い，コイルや磁石を動かすことにより電流が得られることを見いだして理解するとともに，直流と交流の違いを理解すること。
　イ　電流，磁界に関する現象について，見通しをもって解決する方法を立案して観察，実験などを行い，その結果を分析して解釈し，電流と電圧，電流の働き，静電気，電流と磁界の規則性や関係性を見いだして表現すること。
(4)　**化学変化と原子・分子**
　　化学変化についての観察，実験などを通して，次の事項を身に付けることができるよう指導する。
　ア　化学変化を原子や分子のモデルと関連付けながら，次のことを理解するとともに，それらの観察，実験などに関する技能を身に付けること。
　　(ｱ)　物質の成り立ち
　　　㋐　物質の分解
　　　　　物質を分解する実験を行い，分解して生成した物質は元の物質とは異なることを見いだして理解すること。
　　　㋑　原子・分子
　　　　　物質は原子や分子からできていることを理解するとともに，物質を構成する原子の種類は記号で表されることを知ること。
　　(ｲ)　化学変化
　　　㋐　化学変化
　　　　　２種類の物質を反応させる実験を行い，反応前とは異なる物質が生成することを見いだして理解するとともに，化学変化は原子や分子のモデルで説明できること，化合物の組成は化学式で表されること及び化学変化は化学反応式で表されることを理解すること。
　　　㋑　化学変化における**酸化と還元**
　　　　　酸化や還元の実験を行い，酸化や還元は酸素が関係する反応であることを見いだして理解すること。
　　　㋒　化学変化と熱
　　　　　化学変化によって熱を取り出す実験を行い，化学変化には熱の出入りが伴うことを見いだして理解すること。
　　(ｳ)　化学変化と物質の質量
　　　㋐　化学変化と質量の保存

　　　　化学変化の前後における物質の質量を測定する実験を行い，反応物の質量
　　　の総和と生成物の質量の総和が等しいことを見いだして理解すること。
　　㋑　**質量変化の規則性**
　　　　化学変化に関係する物質の質量を測定する実験を行い，反応する物質の質量
　　　の間には一定の関係があることを見いだして理解すること。
　イ　化学変化について，見通しをもって解決する方法を立案して観察，実験などを行
　　い，原子や分子と関連付けてその結果を分析して解釈し，化学変化における物質
　　の変化やその量的な関係を見いだして表現すること。
(5)　**運動とエネルギー**
　　物体の運動とエネルギーについての観察，実験などを通して，次の事項を身に付け
　ることができるよう指導する。
　ア　物体の運動とエネルギーを日常生活や社会と関連付けながら，次のことを理解す
　　るとともに，それらの観察，実験などに関する技能を身に付けること。
　　㈠　**力のつり合いと合成・分解**
　　　㋐　**水中の物体に働く力**
　　　　　水圧についての実験を行い，その結果を水の重さと関連付けて理解するこ
　　　　と。また，水中にある物体には浮力が働くことを知ること。
　　　㋑　**力の合成・分解**
　　　　　力の合成と分解についての実験を行い，合力や分力の規則性を理解すること。
　　㈡　**運動の規則性**
　　　㋐　**運動の速さと向き**
　　　　　物体の運動についての観察，実験を行い，運動には速さと向きがあること
　　　　を知ること。
　　　㋑　**力と運動**
　　　　　物体に力が働く運動及び力が働かない運動についての観察，実験を行い，
　　　　力が働く運動では運動の向きや時間の経過に伴って物体の速さが変わること
　　　　及び力が働かない運動では物体は等速直線運動することを見いだして理解す
　　　　ること。
　　㈢　**力学的エネルギー**
　　　㋐　**仕事とエネルギー**
　　　　　仕事に関する実験を行い，仕事と仕事率について理解すること。また，衝
　　　　突の実験を行い，物体のもつ力学的エネルギーは物体が他の物体になしうる
　　　　仕事で測れることを理解すること。
　　　㋑　**力学的エネルギーの保存**
　　　　　力学的エネルギーに関する実験を行い，運動エネルギーと位置エネルギー

が相互に移り変わることを見いだして理解するとともに，力学的エネルギー
　　　の総量が保存されることを理解すること。
　　イ　運動とエネルギーについて，見通しをもって観察，実験などを行い，その結果を
　　　分析して解釈し，力のつり合い，合成や分解，物体の運動，力学的エネルギーの規
　　　則性や関係性を見いだして表現すること。また，探究の過程を振り返ること。
(6)　化学変化とイオン
　　化学変化についての観察，実験などを通して，次の事項を身に付けることができる
　よう指導する。
　　ア　化学変化をイオンのモデルと関連付けながら，次のことを理解するとともに，
　　　それらの観察，実験などに関する技能を身に付けること。
　　　(ア)　水溶液とイオン
　　　　㋐　原子の成り立ちとイオン
　　　　　　水溶液に電圧をかけ電流を流す実験を行い，水溶液には電流が流れるもの
　　　　　と流れないものとがあることを見いだして理解すること。また，電解質水溶
　　　　　液に電圧をかけ電流を流す実験を行い，電極に物質が生成することからイオ
　　　　　ンの存在を知るとともに，イオンの生成が原子の成り立ちに関係することを
　　　　　知ること。
　　　　㋑　酸・アルカリ
　　　　　　酸とアルカリの性質を調べる実験を行い，酸とアルカリのそれぞれの特性
　　　　　が水素イオンと水酸化物イオンによることを知ること。
　　　　㋒　中和と塩
　　　　　　中和反応の実験を行い，酸とアルカリを混ぜると水と塩が生成することを
　　　　　理解すること。
　　　(イ)　化学変化と電池
　　　　㋐　金属イオン
　　　　　　金属を電解質水溶液に入れる実験を行い，金属によってイオンへのなりや
　　　　　すさが異なることを見いだして理解すること。
　　　　㋑　化学変化と電池
　　　　　　電解質水溶液と２種類の金属などを用いた実験を行い，電池の基本的な仕
　　　　　組みを理解するとともに，化学エネルギーが電気エネルギーに変換されてい
　　　　　ることを知ること。
　　イ　化学変化について，見通しをもって観察，実験などを行い，イオンと関連付けて
　　　その結果を分析して解釈し，化学変化における規則性や関係性を見いだして表現
　　　すること。また，探究の過程を振り返ること。
(7)　科学技術と人間

科学技術と人間との関わりについての観察，実験などを通して，次の事項を身に付けることができるよう指導する。

ア　日常生活や社会と関連付けながら，次のことを理解するとともに，それらの観察，実験などに関する技能を身に付けること。

　(ア)　エネルギーと物質

　　㋐　エネルギーとエネルギー資源

　　　　様々なエネルギーとその変換に関する観察，実験などを通して，日常生活や社会では様々なエネルギーの変換を利用していることを見いだして理解すること。また，人間は，水力，火力，原子力，太陽光などからエネルギーを得ていることを知るとともに，エネルギー資源の有効な利用が大切であることを認識すること。

　　㋑　様々な物質とその利用

　　　　物質に関する観察，実験などを通して，日常生活や社会では，様々な物質が幅広く利用されていることを理解するとともに，物質の有効な利用が大切であることを認識すること。

　　㋒　科学技術の発展

　　　　科学技術の発展の過程を知るとともに，科学技術が人間の生活を豊かで便利にしていることを認識すること。

　(イ)　自然環境の保全と科学技術の利用

　　㋐　自然環境の保全と科学技術の利用

　　　　自然環境の保全と科学技術の利用の在り方について科学的に考察することを通して，持続可能な社会をつくることが重要であることを認識すること。

イ　日常生活や社会で使われているエネルギーや物質について，見通しをもって観察，実験などを行い，その結果を分析して解釈するとともに，自然環境の保全と科学技術の利用の在り方について，科学的に考察して判断すること。

3　内容の取扱い　（略）

〔第2分野〕

1　目　標

　生命や地球に関する事物・現象を科学的に探究するために必要な資質・能力を次のとおり育成することを目指す。

（1）　生命や地球に関する事物・現象についての観察，実験などを行い，生物の体のつくりと働き，生命の連続性，大地の成り立ちと変化，気象とその変化，地球と宇宙などについて理解するとともに，科学的に探究するために必要な観察，実験などに関する基本的な技能を身に付けるようにする。

(2) 生命や地球に関する事物・現象に関わり，それらの中に問題を見いだし見通しをもって観察，実験などを行い，その結果を分析して解釈し表現するなど，科学的に探究する活動を通して，多様性に気付くとともに規則性を見いだしたり課題を解決したりする力を養う。

(3) 生命や地球に関する事物・現象に進んで関わり，科学的に探究しようとする態度と，生命を尊重し，自然環境の保全に寄与する態度を養うとともに，自然を総合的に見ることができるようにする。

2 内 容

(1) いろいろな生物とその共通点

身近な生物についての観察，実験などを通して，次の事項を身に付けることができるよう指導する。

ア　いろいろな生物の共通点と相違点に着目しながら，次のことを理解するとともに，それらの観察，実験などに関する技能を身に付けること。

(ア)　**生物の観察と分類の仕方**

㋐　**生物の観察**

校庭や学校周辺の生物の観察を行い，いろいろな生物が様々な場所で生活していることを見いだして理解するとともに，観察器具の操作，観察記録の仕方などの技能を身に付けること。

㋑　**生物の特徴と分類の仕方**

いろいろな生物を比較して見いだした共通点や相違点を基にして分類できることを理解するとともに，分類の仕方の基礎を身に付けること。

(イ)　**生物の体の共通点と相違点**

㋐　**植物の体の共通点と相違点**

身近な植物の外部形態の観察を行い，その観察記録などに基づいて，共通点や相違点があることを見いだして，植物の体の基本的なつくりを理解すること。また，その共通点や相違点に基づいて植物が分類できることを見いだして理解すること。

㋑　**動物の体の共通点と相違点**

身近な動物の外部形態の観察を行い，その観察記録などに基づいて，共通点や相違点があることを見いだして，動物の体の基本的なつくりを理解すること。また，その共通点や相違点に基づいて動物が分類できることを見いだして理解すること。

イ　身近な生物についての観察，実験などを通して，いろいろな生物の共通点や相違点を見いだすとともに，生物を分類するための観点や基準を見いだして表現すること。

(2) **大地の成り立ちと変化**

　大地の成り立ちと変化についての観察，実験などを通して，次の事項を身に付けることができるよう指導する。

　ア　大地の成り立ちと変化を地表に見られる様々な事物・現象と関連付けながら，次のことを理解するとともに，それらの観察，実験などに関する技能を身に付けること。

　　㈦　身近な地形や地層，岩石の観察

　　　㋐　身近な地形や地層，岩石の観察

　　　　　身近な地形や地層，岩石などの観察を通して，土地の成り立ちや広がり，構成物などについて理解するとともに，観察器具の操作，記録の仕方などの技能を身に付けること。

　　㈡　地層の重なりと過去の様子

　　　㋐　地層の重なりと過去の様子

　　　　　地層の様子やその構成物などから地層のでき方を考察し，重なり方や広がり方についての規則性を見いだして理解するとともに，地層とその中の化石を手掛かりとして過去の環境と地質年代を推定できることを理解すること。

　　㈢　火山と地震

　　　㋐　火山活動と火成岩

　　　　　火山の形，活動の様子及びその噴出物を調べ，それらを地下のマグマの性質と関連付けて理解するとともに，火山岩と深成岩の観察を行い，それらの組織の違いを成因と関連付けて理解すること。

　　　㋑　地震の伝わり方と地球内部の働き

　　　　　地震の体験や記録を基に，その揺れの大きさや伝わり方の規則性に気付くとともに，地震の原因を地球内部の働きと関連付けて理解し，地震に伴う土地の変化の様子を理解すること。

　　㈣　自然の恵みと火山災害・地震災害

　　　㋐　自然の恵みと火山災害・地震災害

　　　　　自然がもたらす恵み及び火山災害と地震災害について調べ，これらを火山活動や地震発生の仕組みと関連付けて理解すること。

　イ　大地の成り立ちと変化について，問題を見いだし見通しをもって観察，実験などを行い，地層の重なり方や広がり方の規則性，地下のマグマの性質と火山の形との関係性などを見いだして表現すること。

(3) **生物の体のつくりと働き**

　生物の体のつくりと働きについての観察，実験などを通して，次の事項を身に付けることができるよう指導する。

ア　生物の体のつくりと働きとの関係に着目しながら，次のことを理解するとともに，それらの観察，実験などに関する技能を身に付けること。

　(ア)　生物と細胞

　　㋐　生物と細胞

　　　　生物の組織などの観察を行い，生物の体が細胞からできていること及び植物と動物の細胞のつくりの特徴を見いだして理解するとともに，観察器具の操作，観察記録の仕方などの技能を身に付けること。

　(イ)　植物の体のつくりと働き

　　㋐　葉・茎・根のつくりと働き

　　　　植物の葉，茎，根のつくりについての観察を行い，それらのつくりと，光合成，呼吸，蒸散の働きに関する実験の結果とを関連付けて理解すること。

　(ウ)　動物の体のつくりと働き

　　㋐　生命を維持する働き

　　　　消化や呼吸についての観察，実験などを行い，動物の体が必要な物質を取り入れ運搬している仕組みを観察，実験の結果などと関連付けて理解すること。また，不要となった物質を排出する仕組みがあることについて理解すること。

　　㋑　刺激と反応

　　　　動物が外界の刺激に適切に反応している様子の観察を行い，その仕組みを感覚器官，神経系及び運動器官のつくりと関連付けて理解すること。

イ　身近な植物や動物の体のつくりと働きについて，見通しをもって解決する方法を立案して観察，実験などを行い，その結果を分析して解釈し，生物の体のつくりと働きについての規則性や関係性を見いだして表現すること。

(4)　気象とその変化

　身近な気象の観察，実験などを通して，次の事項を身に付けることができるよう指導する。

ア　気象要素と天気の変化との関係に着目しながら，次のことを理解するとともに，それらの観察，実験などに関する技能を身に付けること。

　(ア)　気象観測

　　㋐　気象要素

　　　　気象要素として，気温，湿度，気圧，風向などを理解すること。また，気圧を取り上げ，圧力についての実験を行い，圧力は力の大きさと面積に関係があることを見いだして理解するとともに，大気圧の実験を行い，その結果を空気の重さと関連付けて理解すること。

　　㋑　気象観測

　　　　　　校庭などで気象観測を継続的に行い，その観測記録などに基づいて，気温，湿度，気圧，風向などの変化と天気との関係を見いだして理解するとともに，観測方法や記録の仕方を身に付けること。

　　(イ)　天気の変化
　　　　㋐　霧や雲の発生
　　　　　　霧や雲の発生についての観察，実験を行い，そのでき方を気圧，気温及び湿度の変化と関連付けて理解すること。
　　　　㋑　前線の通過と天気の変化
　　　　　　前線の通過に伴う天気の変化の観測結果などに基づいて，その変化を暖気，寒気と関連付けて理解すること。

　　(ウ)　日本の気象
　　　　㋐　日本の天気の特徴
　　　　　　天気図や気象衛星画像などから，日本の天気の特徴を気団と関連付けて理解すること。
　　　　㋑　大気の動きと海洋の影響
　　　　　　気象衛星画像や調査記録などから，日本の気象を日本付近の大気の動きや海洋の影響に関連付けて理解すること。

　　(エ)　自然の恵みと気象災害
　　　　㋐　自然の恵みと気象災害
　　　　　　気象現象がもたらす恵みと気象災害について調べ，これらを天気の変化や日本の気象と関連付けて理解すること。

　イ　気象とその変化について，見通しをもって解決する方法を立案して観察，実験などを行い，その結果を分析して解釈し，天気の変化や日本の気象についての規則性や関係性を見いだして表現すること。

(5) 生命の連続性

　生命の連続性についての観察，実験などを通して，次の事項を身に付けることができるよう指導する。

　ア　生命の連続性に関する事物・現象の特徴に着目しながら，次のことを理解するとともに，それらの観察，実験などに関する技能を身に付けること。

　　(ア)　生物の成長と殖え方
　　　　㋐　細胞分裂と生物の成長
　　　　　　体細胞分裂の観察を行い，その順序性を見いだして理解するとともに，細胞の分裂と生物の成長とを関連付けて理解すること。
　　　　㋑　生物の殖え方
　　　　　　生物の殖え方を観察し，有性生殖と無性生殖の特徴を見いだして理解する

とともに，生物が殖えていくときに親の形質が子に伝わることを見いだして理解すること。
- (イ) 遺伝の規則性と遺伝子
  - ㋐ 遺伝の規則性と遺伝子
    交配実験の結果などに基づいて，親の形質が子に伝わるときの規則性を見いだして理解すること。
- (ウ) 生物の種類の多様性と進化
  - ㋐ 生物の種類の多様性と進化
    現存の生物及び化石の比較などを通して，現存の多様な生物は過去の生物が長い時間の経過の中で変化して生じてきたものであることを体のつくりと関連付けて理解すること。

イ 生命の連続性について，観察，実験などを行い，その結果や資料を分析して解釈し，生物の成長と殖え方，遺伝現象，生物の種類の多様性と進化についての特徴や規則性を見いだして表現すること。また，探究の過程を振り返ること。

(6) 地球と宇宙
　身近な天体の観察，実験などを通して，次の事項を身に付けることができるよう指導する。

ア 身近な天体とその運動に関する特徴に着目しながら，次のことを理解するとともに，それらの観察，実験などに関する技能を身に付けること。
- (ア) 天体の動きと地球の自転・公転
  - ㋐ 日周運動と自転
    天体の日周運動の観察を行い，その観察記録を地球の自転と関連付けて理解すること。
  - ㋑ 年周運動と公転
    星座の年周運動や太陽の南中高度の変化などの観察を行い，その観察記録を地球の公転や地軸の傾きと関連付けて理解すること。
- (イ) 太陽系と恒星
  - ㋐ 太陽の様子
    太陽の観察を行い，その観察記録や資料に基づいて，太陽の特徴を見いだして理解すること。
  - ㋑ 惑星と恒星
    観測資料などを基に，惑星と恒星などの特徴を見いだして理解するとともに，太陽系の構造について理解すること。
  - ㋒ 月や金星の運動と見え方
    月の観察を行い，その観察記録や資料に基づいて，月の公転と見え方を関

連付けて理解すること。また，金星の観測資料などを基に，金星の公転と見え方を関連付けて理解すること。

イ 地球と宇宙について，天体の観察，実験などを行い，その結果や資料を分析して解釈し，天体の運動と見え方についての特徴や規則性を見いだして表現すること。また，探究の過程を振り返ること。

(7) **自然と人間**

自然環境を調べる観察，実験などを通して，次の事項を身に付けることができるよう指導する。

ア 日常生活や社会と関連付けながら，次のことを理解するとともに，自然環境を調べる観察，実験などに関する技能を身に付けること。

　(ア) **生物と環境**

　　㋐ **自然界のつり合い**

　　　微生物の働きを調べ，植物，動物及び微生物を栄養の面から相互に関連付けて理解するとともに，自然界では，これらの生物がつり合いを保って生活していることを見いだして理解すること。

　　㋑ **自然環境の調査と環境保全**

　　　身近な自然環境について調べ，様々な要因が自然界のつり合いに影響していることを理解するとともに，自然環境を保全することの重要性を認識すること。

　　㋒ **地域の自然災害**

　　　地域の自然災害について，総合的に調べ，自然と人間との関わり方について認識すること。

　(イ) **自然環境の保全と科学技術の利用**

　　㋐ **自然環境の保全と科学技術の利用**

　　　自然環境の保全と科学技術の利用の在り方について科学的に考察することを通して，持続可能な社会をつくることが重要であることを認識すること。

イ 身近な自然環境や地域の自然災害などを調べる観察，実験などを行い，自然環境の保全と科学技術の利用の在り方について，科学的に考察して判断すること。

3　内容の取扱い　（略）

第3　指導計画の作成と内容の取扱い

1　指導計画の作成に当たっては，次の事項に配慮するものとする。

　(1) 単元など内容や時間のまとまりを見通して，その中で育む資質・能力の育成に向けて，生徒の主体的・対話的で深い学びの実現を図るようにすること。その際，理科の学習過程の特質を踏まえ，理科の見方・考え方を働かせ，見通し

をもって観察，実験を行うことなどの科学的に探究する学習活動の充実を図ること。
(2) 各学年においては，年間を通じて，各分野におよそ同程度の授業時数を配当すること。その際，各分野間及び各項目間の関連を十分考慮して，各分野の特徴的な見方・考え方を総合的に働かせ，自然の事物・現象を科学的に探究するために必要な資質・能力を養うことができるようにすること。
(3) 学校や生徒の実態に応じ，十分な観察や実験の時間，課題解決のために探究する時間などを設けるようにすること。その際，問題を見いだし観察，実験を計画する学習活動，観察，実験の結果を分析し解釈する学習活動，科学的な概念を使用して考えたり説明したりする学習活動などが充実するようにすること。
(4) 日常生活や他教科等との関連を図ること。
(5) 障害のある生徒などについては，学習活動を行う場合に生じる困難さに応じた指導内容や指導方法の工夫を計画的，組織的に行うこと。
(6) 第1章総則の第1の2の(2)に示す道徳教育の目標に基づき，道徳科などとの関連を考慮しながら，第3章特別の教科道徳の第2に示す内容について，理科の特質に応じて適切な指導をすること。

2 第2の内容の取扱いについては，次の事項に配慮するものとする。
(1) 観察，実験，野外観察を重視するとともに，地域の環境や学校の実態を生かし，自然の事物・現象についての基本的な概念の形成及び科学的に探究する力と態度の育成が段階的に無理なく行えるようにすること。
(2) 生命を尊重し，自然環境の保全に寄与する態度を養うようにすること。
(3) 1の(3)の学習活動を通して，言語活動が充実するようにすること。
(4) 各分野の指導に当たっては，観察，実験の過程での情報の検索，実験，データの処理，実験の計測などにおいて，コンピュータや情報通信ネットワークなどを積極的かつ適切に活用するようにすること。
(5) 指導に当たっては，生徒が学習の見通しを立てたり学習したことを振り返ったりする活動を計画的に取り入れるよう工夫すること。
(6) 原理や法則の理解を深めるためのものづくりを，各内容の特質に応じて適宜行うようにすること。
(7) 継続的な観察や季節を変えての定点観測を，各内容の特質に応じて適宜行うようにすること。
(8) 観察，実験，野外観察などの体験的な学習活動の充実に配慮すること。また，環境整備に十分配慮すること。
(9) 博物館や科学学習センターなどと積極的に連携，協力を図るようにすること。
(10) 科学技術が日常生活や社会を豊かにしていることや安全性の向上に役立って

いることに触れること。また，理科で学習することが様々な職業などと関係していることにも触れること。
3　観察，実験，野外観察の指導に当たっては，特に事故防止に十分留意するとともに，使用薬品の管理及び廃棄についても適切な措置をとるよう配慮するものとする。

学習指導要領　高等学校理科編
高校　「平成30年3月 文部科学省告示」

第1款　目標
　自然の事物・現象に関わり，理科の見方・考え方を働かせ，見通しをもって観察，実験を行うことなどを通して，自然の事物・現象を科学的に探究するために必要な資質・能力を次のとおり育成することを目指す。
(1) 自然の事物・現象についての理解を深め，科学的に探究するために必要な観察，実験などに関する技能を身に付けるようにする。
(2) 観察，実験などを行い，科学的に探究する力を養う。
(3) 自然の事物・現象に主体的に関わり，科学的に探究しようとする態度を養う。

第2款　各科目
第1　科学と人間生活
1　目標
　自然の事物・現象に関わり，理科の見方・考え方を働かせ，見通しをもって観察，実験を行うことなどを通して，自然の事物・現象を科学的に探究するために必要な資質・能力を次のとおり育成することを目指す。
(1) 自然と人間生活との関わり及び科学技術と人間生活との関わりについての理解を深め，科学的に探究するために必要な観察，実験などに関する技能を身に付けるようにする。
(2) 観察，実験などを行い，人間生活と関連付けて科学的に探究する力を養う。
(3) 自然の事物・現象に進んで関わり，科学的に探究しようとする態度を養うとともに，科学に対する興味・関心を高める。

2　内容
(1) **科学技術の発展**
　　科学技術の発展について，次の事項を身に付けることができるよう指導する。
　ア　科学技術の発展が今日の人間生活に対してどのように貢献してきたかについて理解すること。
　イ　科学技術の発展と人間生活との関わりについて科学的に考察し表現すること。
(2) **人間生活の中の科学**
　　身近な自然の事物・現象及び日常生活や社会の中で利用されている科学技術を取り上げ，それらについての観察，実験などを通して，次の事項を身に付けることができるよう指導する。

ア 光や熱の科学，物質の科学，生命の科学，宇宙や地球の科学と人間生活との関わりについて認識を深めるとともに，それらの観察，実験などに関する技能を身に付けること。
　(ア) **光や熱の科学**
　　㋐ **光の性質とその利用**
　　　　光に関する観察，実験などを行い，光を中心とした電磁波の性質とその利用について，日常生活と関連付けて理解すること。
　　㋑ **熱の性質とその利用**
　　　　熱に関する観察，実験などを行い，熱の性質，エネルギーの変換と保存及び有効利用について，日常生活と関連付けて理解すること。
　(イ) **物質の科学**
　　㋐ **材料とその再利用**
　　　　身近な材料に関する観察，実験などを行い，金属やプラスチックの種類，性質及び用途と資源の再利用について，日常生活と関連付けて理解すること。
　　㋑ **衣料と食品**
　　　　衣料と食品に関する観察，実験などを行い，身近な衣料材料の性質や用途，食品中の主な成分の性質について，日常生活と関連付けて理解すること。
　(ウ) **生命の科学**
　　㋐ **ヒトの生命現象**
　　　　ヒトの生命現象に関する観察，実験などを行い，ヒトの生命現象を人間生活と関連付けて理解すること。
　　㋑ **微生物とその利用**
　　　　微生物に関する観察，実験などを行い，微生物の働きを人間生活と関連付けて理解すること。
　(エ) **宇宙や地球の科学**
　　㋐ **太陽と地球**
　　　　天体に関する観察，実験などを行い，太陽などの身近に見られる天体の運動や太陽の放射エネルギーについて，人間生活と関連付けて理解すること。
　　㋑ **自然景観と自然災害**
　　　　自然景観と自然災害に関する観察，実験などを行い，身近な自然景観の成り立ちと自然災害について，人間生活と関連付けて理解すること。
イ 光や熱の科学，物質の科学，生命の科学，宇宙や地球の科学について，問題を見いだし見通しをもって観察，実験などを行い，人間生活と関連付けて，科学的に考察し表現すること。

(3) **これからの科学と人間生活**

自然と人間生活との関わり及び科学技術と人間生活との関わりについての学習を踏まえて，課題を設定し探究することで，次の事項を身に付けることができるよう指導する。
　ア　これからの科学と人間生活との関わり方について認識を深めること。
　イ　これからの科学と人間生活との関わり方について科学的に考察し表現すること。

3　内容の取扱い　（略）

第2　物理基礎
1　目標
　物体の運動と様々なエネルギーに関わり，理科の見方・考え方を働かせ，見通しをもって観察，実験を行うことなどを通して，物体の運動と様々なエネルギーを科学的に探究するために必要な資質・能力を次のとおり育成することを目指す。
(1)　日常生活や社会との関連を図りながら，物体の運動と様々なエネルギーについて理解するとともに，科学的に探究するために必要な観察，実験などに関する基本的な技能を身に付けるようにする。
(2)　観察，実験などを行い，科学的に探究する力を養う。
(3)　物体の運動と様々なエネルギーに主体的に関わり，科学的に探究しようとする態度を養う。

2　内容
(1)　**物体の運動とエネルギー**
　　日常に起こる物体の運動についての観察，実験などを通して，次の事項を身に付けることができるよう指導する。
　ア　物体の運動とエネルギーを日常生活や社会と関連付けながら，次のことを理解するとともに，それらの観察，実験などに関する技能を身に付けること。
　　(ア)　**運動の表し方**
　　　　㋐　**物理量の測定と扱い方**
　　　　　　身近な物理現象について，物理量の測定と表し方，分析の手法を理解すること。
　　　　㋑　**運動の表し方**
　　　　　　物体の運動の表し方について，直線運動を中心に理解すること。
　　　　㋒　**直線運動の加速度**
　　　　　　速度が変化する物体の直線運動に関する実験などを行い，速度と時間との関係を見いだして理解するとともに，物体が直線運動する場合の加速度を理

解すること。
- (イ) 様々な力とその働き
    - ㋐ 様々な力
        物体に様々な力が働くことを理解すること。
    - ㋑ 力のつり合い
        物体に働く力のつり合いを理解すること。
    - ㋒ 運動の法則
        物体に一定の力を加え続けたときの運動に関する実験などを行い，物体の質量，物体に働く力，物体に生じる加速度の関係を見いだして理解するとともに，運動の三法則を理解すること。
    - ㋓ 物体の落下運動
        物体が落下する際の運動の特徴及び物体に働く力と運動との関係について理解すること。
- (ウ) 力学的エネルギー
    - ㋐ 運動エネルギーと位置エネルギー
        運動エネルギーと位置エネルギーについて，仕事と関連付けて理解すること。
    - ㋑ 力学的エネルギーの保存
        力学的エネルギーに関する実験などを行い，力学的エネルギー保存の法則を仕事と関連付けて理解すること。
- イ 物体の運動とエネルギーについて，観察，実験などを通して探究し，運動の表し方，様々な力とその働き，力学的エネルギーにおける規則性や関係性を見いだして表現すること。

(2) 様々な物理現象とエネルギーの利用

様々な物理現象についての観察，実験などを通して，次の事項を身に付けることができるよう指導する。

ア 様々な物理現象とエネルギーの利用を日常生活や社会と関連付けながら，次のことを理解するとともに，それらの観察，実験などに関する技能を身に付けること。
- (ア) 波
    - ㋐ 波の性質
        波の性質について，直線状に伝わる場合を中心に理解すること。
    - ㋑ 音と振動
        気柱の共鳴に関する実験などを行い，気柱の共鳴と音源の振動数を関連付けて理解すること。また，弦の振動，音波の性質を理解すること。
- (イ) 熱

㋐　熱と温度

　　　熱と温度について，原子や分子の熱運動の観点から理解すること。

　㋑　熱の利用

　　　熱に関する実験などを行い，熱の移動及び熱と仕事の変換について理解すること。

(ｳ)　電気

　㋐　物質と電気抵抗

　　　電気抵抗に関する実験などを行い，同じ物質からなる導体でも長さや断面積によって電気抵抗が異なることを見いだして理解すること。また，物質によって抵抗率が異なることを理解すること。

　㋑　電気の利用

　　　発電，送電及び電気の利用について，基本的な仕組みを理解すること。

(ｴ)　エネルギーとその利用

　㋐　エネルギーとその利用

　　　人類が利用可能な水力，化石燃料，原子力，太陽光などを源とするエネルギーの特性や利用などについて，物理学的な観点から理解すること。

(ｵ)　物理学が拓(ひら)く世界

　㋐　物理学が拓(ひら)く世界

　　　この科目で学んだ事柄が，日常生活や社会を支えている科学技術と結び付いていることを理解すること。

イ　様々な物理現象とエネルギーの利用について，観察，実験などを通して探究し，波，熱，電気，エネルギーとその利用における規則性や関係性を見いだして表現すること。

3　内容の取扱い　（略）

第3　物理

1　目標

　物理的な事物・現象に関わり，理科の見方・考え方を働かせ，見通しをもって観察，実験を行うことなどを通して，物理的な事物・現象を科学的に探究するために必要な資質・能力を次のとおり育成することを目指す。

(1)　物理学の基本的な概念や原理・法則の理解を深め，科学的に探究するために必要な観察，実験などに関する技能を身に付けるようにする。

(2)　観察，実験などを行い，科学的に探究する力を養う。

(3)　物理的な事物・現象に主体的に関わり，科学的に探究しようとする態度を養う。

2 内容

(1) 様々な運動

物体の運動についての観察,実験などを通して,次の事項を身に付けることができるよう指導する。

ア 様々な運動について,次のことを理解するとともに,それらの観察,実験などに関する技能を身に付けること。

(ア) 平面内の運動と剛体のつり合い

⑦ 曲線運動の速度と加速度

平面内を運動する物体の運動について理解すること。

④ 放物運動

水平投射及び斜方投射された物体の運動を直線運動と関連付けて理解すること。

⑨ 剛体のつり合い

大きさのある物体のつり合いに関する実験などを行い,剛体のつり合う条件を見いだして理解すること。

(イ) 運動量

⑦ 運動量と力積

運動量と力積との関係について理解すること。

④ 運動量の保存

物体の衝突や分裂に関する実験などを行い,運動量保存の法則を理解すること。

⑨ 衝突と力学的エネルギー

衝突における力学的エネルギーの変化について理解すること。

(ウ) 円運動と単振動

⑦ 円運動

円運動をする物体の様子を表す方法やその物体に働く力などについて理解すること。

④ 単振動

振り子に関する実験などを行い,単振動の規則性を見いだして理解するとともに,単振動をする物体の様子を表す方法やその物体に働く力などについて理解すること。

(エ) 万有引力

⑦ 惑星の運動

惑星の観測資料に基づいて,惑星の運動に関する法則を理解すること。

㋑　万有引力

　　　　　万有引力の法則及び万有引力による物体の運動について理解すること。

　　㋔　気体分子の運動

　　　㋐　気体分子の運動と圧力

　　　　　気体分子の運動と圧力との関係について理解すること。

　　　㋑　気体の内部エネルギー

　　　　　気体の内部エネルギーについて，気体分子の運動と関連付けて理解すること。

　　　㋒　気体の状態変化

　　　　　気体の状態変化に関する実験などを行い，熱，仕事及び内部エネルギーの関係を理解すること。

　イ　様々な物体の運動について，観察，実験などを通して探究し，平面内の運動と剛体のつり合い，運動量，円運動と単振動，万有引力，気体分子の運動における規則性や関係性を見いだして表現すること。

(2)　波

　　水面波，音，光などの波動現象についての観察，実験などを通して，次の事項を身に付けることができるよう指導する。

　ア　波について，日常生活や社会と関連付けて，次のことを理解するとともに，それらの観察，実験などに関する技能を身に付けること。

　　㋐　波の伝わり方

　　　㋐　波の伝わり方とその表し方

　　　　　波の伝わり方とその表し方について理解すること。

　　　㋑　波の干渉と回折

　　　　　波の干渉と回折について理解すること。

　　㋑　音

　　　㋐　音の干渉と回折

　　　　　音の干渉と回折について理解すること。

　　　㋑　音のドップラー効果

　　　　　音のドップラー効果について理解すること。

　　㋒　光

　　　㋐　光の伝わり方

　　　　　光の伝わり方について理解すること。

　　　㋑　光の回折と干渉

　　　　　光の回折と干渉に関する実験などを行い，光の回折と干渉を光波の性質と関連付けて理解すること。

イ　波について，観察，実験などを通して探究し，波の伝わり方，音，光における規則性や関係性を見いだして表現すること。
(3)　電気と磁気
　電気や磁気に関する現象についての観察，実験などを通して，次の事項を身に付けることができるよう指導する。
　ア　電気や磁気について，日常生活や社会と関連付けて，次のことを理解するとともに，それらの観察，実験などに関する技能を身に付けること。
　　(ｱ)　電気と電流
　　　㋐　電荷と電界
　　　　電荷が相互に及ぼし合う力を理解すること。また，電界の表し方を理解すること。
　　　㋑　電界と電位
　　　　電界と電位との関係を静電気力による位置エネルギーと関連付けて理解すること。
　　　㋒　電気容量
　　　　コンデンサーの性質を理解するとともに，電気容量を電界や電位差と関連付けて理解すること。
　　　㋓　電気回路
　　　　電気回路に関する実験などを行い，電気回路における基本的な法則を理解すること。
　　(ｲ)　電流と磁界
　　　㋐　電流による磁界
　　　　電流がつくる磁界の様子を理解すること。
　　　㋑　電流が磁界から受ける力
　　　　電流が磁界から受ける力について理解すること。
　　　㋒　電磁誘導
　　　　電磁誘導に関する実験などを行い，磁束の変化と誘導起電力の向きや大きさとの関係を見いだして理解するとともに，電磁誘導の法則を理解すること。また，交流の発生について理解すること。
　　　㋓　電磁波
　　　　電磁波の性質とその利用を理解すること。
　イ　電気や磁気について，観察，実験などを通して探究し，電気と電流，電流と磁界における規則性や関係性を見いだして表現すること。
(4)　原子
　電子，原子及び原子核に関する現象についての観察，実験などを通して，次の事項

を身に付けることができるよう指導する。
- ア　原子について，次のことを理解するとともに，それらの観察，実験などに関する技能を身に付けること。
  - (ア)　電子と光
    - ㋐　電子
      電子の電荷と質量について理解すること。
    - ㋑　粒子性と波動性
      電子や光の粒子性と波動性について理解すること。
  - (イ)　原子と原子核
    - ㋐　原子とスペクトル
      原子の構造及びスペクトルと電子のエネルギー準位との関係について理解すること。
    - ㋑　原子核
      原子核の構成，原子核の崩壊及び核反応について理解すること。
    - ㋒　素粒子
      素粒子の存在について知ること。
  - (ウ)　物理学が築く未来
    - ㋐　物理学が築く未来
      物理学の成果が様々な分野で利用され，未来を築く新しい科学技術の基盤となっていることを理解すること。
- イ　原子について，観察，実験などを通して探究し，電子と光，原子と原子核における規則性や関係性を見いだして表現すること。

3　内容の取扱い　（略）

第4　化学基礎
1　目標
物質とその変化に関わり，理科の見方・考え方を働かせ，見通しをもって観察，実験を行うことなどを通して，物質とその変化を科学的に探究するために必要な資質・能力を次のとおり育成することを目指す。
(1)　日常生活や社会との関連を図りながら，物質とその変化について理解するとともに，科学的に探究するために必要な観察，実験などに関する基本的な技能を身に付けるようにする。
(2)　観察，実験などを行い，科学的に探究する力を養う。
(3)　物質とその変化に主体的に関わり，科学的に探究しようとする態度を養う。

2 内容
(1) 化学と人間生活
化学と人間生活との関わりについての観察，実験などを通して，次の事項を身に付けることができるよう指導する。

ア 化学と人間生活について，次のことを理解するとともに，それらの観察，実験などに関する技能を身に付けること。

(ア) 化学と物質

⑦ 化学の特徴

日常生活や社会を支える身近な物質の性質を調べる活動を通して，物質を対象とする科学である化学の特徴について理解すること。

④ 物質の分離・精製

物質の分離や精製の実験などを行い，実験における基本操作と物質を探究する方法を身に付けること。

⑨ 単体と化合物

元素を確認する実験などを行い，単体，化合物について理解すること。

④ 熱運動と物質の三態

粒子の熱運動と温度との関係，粒子の熱運動と物質の三態変化との関係について理解すること。

イ 身近な物質や元素について，観察，実験などを通して探究し，科学的に考察し，表現すること。

(2) 物質の構成
物質の構成について，次の事項を身に付けることができるよう指導する。

ア 物質の構成粒子について，次のことを理解すること。また，物質と化学結合についての観察，実験などを通して，次のことを理解するとともに，それらの観察，実験などに関する技能を身に付けること。

(ア) 物質の構成粒子

⑦ 原子の構造

原子の構造及び陽子，中性子，電子の性質を理解すること。

④ 電子配置と周期表

元素の周期律及び原子の電子配置と周期表の族や周期との関係について理解すること。

(イ) 物質と化学結合

⑦ イオンとイオン結合

イオンの生成を電子配置と関連付けて理解すること。また，イオン結合及

びイオン結合でできた物質の性質を理解すること。
- ㋑ **分子と共有結合**
    共有結合を電子配置と関連付けて理解すること。また，分子からなる物質の性質を理解すること。
- ㋒ **金属と金属結合**
    金属の性質及び金属結合を理解すること。

イ 物質の構成について，観察，実験などを通して探究し，物質の構成における規則性や関係性を見いだして表現すること。

(3) **物質の変化とその利用**

物質の変化とその利用についての観察，実験などを通して，次の事項を身に付けることができるよう指導する。

ア 物質量と化学反応式，化学反応，化学が拓く世界について，次のことを理解するとともに，それらの観察，実験などに関する技能を身に付けること。
- (ア) **物質量と化学反応式**
    - ㋐ **物質量**
        物質量と粒子数，質量，気体の体積との関係について理解すること。
    - ㋑ **化学反応式**
        化学反応に関する実験などを行い，化学反応式が化学反応に関与する物質とその量的関係を表すことを見いだして理解すること。
- (イ) **化学反応**
    - ㋐ **酸・塩基と中和**
        酸や塩基に関する実験などを行い，酸と塩基の性質及び中和反応に関与する物質の量的関係を理解すること。
    - ㋑ **酸化と還元**
        酸化と還元が電子の授受によることを理解すること。
- (ウ) **化学が拓く世界**
    - ㋐ **化学が拓く世界**
        この科目で学んだ事柄が，日常生活や社会を支えている科学技術と結び付いていることを理解すること。

イ 物質の変化とその利用について，観察，実験などを通して探究し，物質の変化における規則性や関係性を見いだして表現すること。

3 **内容の取扱い** （略）

第5 化　学

1 目　標

　化学的な事物・現象に関わり，理科の見方・考え方を働かせ，見通しをもって観察，実験を行うことなどを通して，化学的な事物・現象を科学的に探究するために必要な資質・能力を次のとおり育成することを目指す。

(1) 化学の基本的な概念や原理・法則の理解を深め，科学的に探究するために必要な観察，実験などに関する技能を身に付けるようにする。

(2) 観察，実験などを行い，科学的に探究する力を養う。

(3) 化学的な事物・現象に主体的に関わり，科学的に探究しようとする態度を養う。

2 内　容

(1) **物質の状態と平衡**

　　物質の状態と平衡についての観察，実験などを通して，次の事項を身に付けることができるよう指導する。

　ア　物質の状態とその変化，溶液と平衡について，次のことを理解するとともに，それらの観察，実験などに関する技能を身に付けること。

　　(ア) **物質の状態とその変化**

　　　⑦ **状態変化**

　　　　　物質の沸点，融点を分子間力や化学結合と関連付けて理解すること。また，状態変化に伴うエネルギーの出入り及び状態間の平衡と温度や圧力との関係について理解すること。

　　　④ **気体の性質**

　　　　　気体の体積と圧力や温度との関係を理解すること。

　　　⑦ **固体の構造**

　　　　　結晶格子の概念及び結晶の構造を理解すること。

　　(イ) **溶液と平衡**

　　　⑦ **溶解平衡**

　　　　　溶解の仕組みを理解すること。また，溶解度を溶解平衡と関連付けて理解すること。

　　　④ **溶液とその性質**

　　　　　溶液とその性質に関する実験などを行い，身近な現象を通して溶媒と溶液の性質の違いを理解すること。

　イ　物質の状態と平衡について，観察，実験などを通して探究し，物質の状態とその変化，溶液と平衡における規則性や関係性を見いだして表現すること。

(2) **物質の変化と平衡**

物質の変化と平衡についての観察，実験などを通して，次の事項を身に付けることができるよう指導する。
ア　化学反応とエネルギー，化学反応と化学平衡について，次のことを理解するとともに，それらの観察，実験などに関する技能を身に付けること。
　(ｱ)　化学反応とエネルギー
　　㋐　化学反応と熱・光
　　　　化学反応と熱や光に関する実験などを行い，化学反応における熱及び光の発生や吸収は，反応の前後における物質のもつ化学エネルギーの差から生じることを理解すること。
　　㋑　電池
　　　　電気エネルギーを取り出す電池の仕組みを酸化還元反応と関連付けて理解すること。
　　㋒　電気分解
　　　　外部から加えた電気エネルギーによって電気分解が起こることを，酸化還元反応と関連付けて理解すること。また，その反応に関与した物質の変化量と電気量との関係を理解すること。
　(ｲ)　化学反応と化学平衡
　　㋐　反応速度
　　　　反応速度の表し方及び反応速度に影響を与える要因を理解すること。
　　㋑　化学平衡とその移動
　　　　可逆反応，化学平衡及び化学平衡の移動を理解すること。
　　㋒　電離平衡
　　　　水のイオン積，pH及び弱酸や弱塩基の電離平衡について理解すること。
イ　物質の変化と平衡について，観察，実験などを通して探究し，化学反応とエネルギー，化学反応と化学平衡における規則性や関係性を見いだして表現すること。

(3)　無機物質の性質
　無機物質の性質についての観察，実験などを通して，次の事項を身に付けることができるよう指導する。
ア　無機物質について，次のことを理解するとともに，それらの観察，実験などに関する技能を身に付けること。
　(ｱ)　無機物質
　　㋐　典型元素
　　　　典型元素に関する実験などを行い，典型元素の性質が周期表に基づいて整理できることを理解すること。
　　㋑　遷移元素

　　　　遷移元素の単体と化合物の性質を理解すること。
　イ　無機物質について，観察，実験などを通して探究し，典型元素，遷移元素の性質における規則性や関係性を見いだして表現すること。
(4) **有機化合物の性質**
　　有機化合物の性質についての観察，実験などを通して，次の事項を身に付けることができるよう指導する。
　ア　有機化合物，高分子化合物について，次のことを理解するとともに，それらの観察，実験などに関する技能を身に付けること。
　　(ア)　**有機化合物**
　　　　㋐　**炭化水素**
　　　　　　脂肪族炭化水素の性質や反応を構造と関連付けて理解すること。
　　　　㋑　**官能基をもつ化合物**
　　　　　　官能基をもつ脂肪族化合物に関する実験などを行い，その構造，性質及び反応について理解すること。
　　　　㋒　**芳香族化合物**
　　　　　　芳香族化合物の構造，性質及び反応について理解すること。
　　(イ)　**高分子化合物**
　　　　㋐　**合成高分子化合物**
　　　　　　合成高分子化合物の構造，性質及び合成について理解すること。
　　　　㋑　**天然高分子化合物**
　　　　　　天然高分子化合物の構造や性質について理解すること。
　イ　有機化合物，高分子化合物について，観察，実験などを通して探究し，有機化合物，高分子化合物の性質における規則性や関係性を見いだして表現すること。
(5) **化学が果たす役割**
　　化学が果たす役割について，次の事項を身に付けることができるよう指導する。
　ア　化学が果たす役割を日常生活や社会と関連付けながら，次のことを理解すること。
　　(ア)　**人間生活の中の化学**
　　　　㋐　**様々な物質と人間生活**
　　　　　　化学が果たしてきた役割として，無機物質，有機化合物及び高分子化合物がそれぞれの特徴を生かして人間生活の中で利用されていることを理解すること。
　　　　㋑　**化学が築く未来**
　　　　　　化学の成果が様々な分野で利用され，未来を築く新しい科学技術の基盤となっていることを理解すること。
　イ　人間生活の中の化学について，これからの社会における化学が果たす役割を科

学的に考察し,表現すること。

3　内容の取扱い　（略）

第6　生物基礎
1　目標
　生物や生物現象に関わり,理科の見方・考え方を働かせ,見通しをもって観察,実験を行うことなどを通して,生物や生物現象を科学的に探究するために必要な資質・能力を次のとおり育成することを目指す。
(1)　日常生活や社会との関連を図りながら,生物や生物現象について理解するとともに,科学的に探究するために必要な観察,実験などに関する基本的な技能を身に付けるようにする。
(2)　観察,実験などを行い,科学的に探究する力を養う。
(3)　生物や生物現象に主体的に関わり,科学的に探究しようとする態度と,生命を尊重し,自然環境の保全に寄与する態度を養う。

2　内容
(1)　**生物の特徴**
　　生物の特徴についての観察,実験などを通して,次の事項を身に付けることができるよう指導する。
　ア　生物の特徴について,次のことを理解するとともに,それらの観察,実験などに関する技能を身に付けること。
　　(ア)　生物の特徴
　　　㋐　**生物の共通性と多様性**
　　　　　様々な生物の比較に基づいて,生物は多様でありながら共通性をもっていることを見いだして理解すること。また,生物の共通性と起源の共有を関連付けて理解すること。
　　　㋑　**生物とエネルギー**
　　　　　生物とエネルギーに関する資料に基づいて,生命活動にエネルギーが必要であることを理解すること。また,光合成や呼吸などの代謝とATPを関連付けて理解すること。
　　(イ)　**遺伝子とその働き**
　　　㋐　**遺伝情報とDNA**
　　　　　DNAの構造に関する資料に基づいて,遺伝情報を担う物質としてのDNAの特徴を見いだして理解するとともに,塩基の相補性とDNAの複製を関連

付けて理解すること。
            ㋑　遺伝情報とタンパク質の合成
                遺伝情報の発現に関する資料に基づいて，DNAの塩基配列とタンパク質のアミノ酸配列との関係を見いだして理解すること。
    イ　生物の特徴について，観察，実験などを通して探究し，多様な生物がもつ共通の特徴を見いだして表現すること。
(2) **ヒトの体の調節**
    ヒトの体の調節についての観察，実験などを通して，次の事項を身に付けることができるよう指導する。
    ア　ヒトの体の調節について，次のことを理解するとともに，それらの観察，実験などの技能を身に付けること。
        (ア)　神経系と内分泌系による調節
            ㋐　情報の伝達
                体の調節に関する観察，実験などを行い，体内での情報の伝達が体の調節に関係していることを見いだして理解すること。
            ㋑　体内環境の維持の仕組み
                体内環境の維持の仕組みに関する資料に基づいて，体内環境の維持とホルモンの働きとの関係を見いだして理解すること。また，体内環境の維持を自律神経と関連付けて理解すること。
        (イ)　免疫
            ㋐　免疫の働き
                免疫に関する資料に基づいて，異物を排除する防御機構が備わっていることを見いだして理解すること。
    イ　ヒトの体の調節について，観察，実験などを通して探究し，神経系と内分泌系による調節及び免疫などの特徴を見いだして表現すること。
(3) **生物の多様性と生態系**
    生物の多様性と生態系についての観察，実験などを通して，次の事項を身に付けることができるよう指導する。
    ア　生物の多様性と生態系について，次のことを理解するとともに，それらの観察，実験などに関する技能を身に付けること。また，生態系の保全の重要性について認識すること。
        (ア)　植生と遷移
            ㋐　植生と遷移
                植生の遷移に関する資料に基づいて，遷移の要因を見いだして理解すること。また，植生の遷移をバイオームと関連付けて理解すること。

(イ)　生態系とその保全
　　　　㋐　生態系と生物の多様性
　　　　　　　生態系と生物の多様性に関する観察，実験などを行い，生態系における生物の種多様性を見いだして理解すること。また，生物の種多様性と生物間の関係性とを関連付けて理解すること。
　　　　㋑　生態系のバランスと保全
　　　　　　　生態系のバランスに関する資料に基づいて，生態系のバランスと人為的攪乱を関連付けて理解すること。また，生態系の保全の重要性を認識すること。
　イ　生物の多様性と生態系について，観察，実験などを通して探究し，生態系における，生物の多様性及び生物と環境との関係性を見いだして表現すること。

3　内容の取扱い　（略）

第7　生　物

1　目　標
　生物や生物現象に関わり，理科の見方・考え方を働かせ，見通しをもって観察，実験を行うことなどを通して，生物や生物現象を科学的に探究するために必要な資質・能力を次のとおり育成することを目指す。
(1)　生物学の基本的な概念や原理・法則の理解を深め，科学的に探究するために必要な観察，実験などに関する基本的な技能を身に付けるようにする。
(2)　観察，実験などを行い，科学的に探究する力を養う。
(3)　生物や生物現象に主体的に関わり，科学的に探究しようとする態度と，生命を尊重し，自然環境の保全に寄与する態度を養う。

2　内　容
(1)　生物の進化
　　生物の進化についての観察，実験などを通して，次の事項を身に付けることができるよう指導する。
　ア　生物の進化について，次のことを理解するとともに，それらの観察，実験などの技能を身に付けること。
　　(ア)　生命の起源と細胞の進化
　　　　㋐　生命の起源と細胞の進化
　　　　　　　生命の起源と細胞の進化に関する資料に基づいて，生命の起源に関する考えを理解するとともに，細胞の進化を地球環境の変化と関連付けて理解すること。

(イ) 遺伝子の変化と進化の仕組み
㋐ 遺伝子の変化
遺伝子の変化に関する資料に基づいて，突然変異と生物の形質の変化との関係を見いだして理解すること。
㋑ 遺伝子の組合せの変化
交配実験の結果などの資料に基づいて，遺伝子の組合せが変化することを見いだして理解すること。
㋒ 進化の仕組み
進化の仕組みに関する観察，実験などを行い，遺伝子頻度が変化する要因を見いだして理解すること。
(ウ) 生物の系統と進化
㋐ 生物の系統と進化
生物の遺伝情報に関する資料に基づいて，生物の系統と塩基配列やアミノ酸配列との関係を見いだして理解すること。
㋑ 人類の系統と進化
霊長類に関する資料に基づいて，人類の系統と進化を形態的特徴などと関連付けて理解すること。
イ 生物の進化について，観察，実験などを通して探究し，生物の進化についての特徴を見いだして表現すること。

(2) 生命現象と物質

生命現象と物質についての観察，実験などを通して，次の事項を身に付けることができるよう指導する。

ア 生命現象と物質について，次のことを理解するとともに，それらの観察，実験などの技能を身に付けること。
(ア) 細胞と分子
㋐ 生体物質と細胞
生体物質と細胞に関する資料に基づいて，細胞を構成する物質を細胞の機能と関連付けて理解すること。
㋑ 生命現象とタンパク質
生命現象とタンパク質に関する観察，実験などを行い，タンパク質の機能を生命現象と関連付けて理解すること。
(イ) 代謝
㋐ 呼吸
呼吸に関する資料に基づいて，呼吸をエネルギーの流れと関連付けて理解すること。

　　　　(イ)　光合成
　　　　　　　光合成に関する資料に基づいて，光合成をエネルギーの流れと関連付けて理解すること。
　　イ　生命現象と物質について，観察，実験などを通して探究し，生命現象と物質についての特徴を見いだして表現すること。
(3)　**遺伝情報の発現と発生**
　　遺伝情報の発現と発生についての観察，実験などを通して，次の事項を身に付けることができるよう指導する。
　　ア　遺伝情報の発現と発生について，次のことを理解するとともに，それらの観察，実験などに関する技能を身に付けること。
　　　(ア)　遺伝情報とその発現
　　　　㋐　遺伝情報とその発現
　　　　　　　DNAの複製に関する資料に基づいて，DNAの複製の仕組みを理解すること。また，遺伝子発現に関する資料に基づいて，遺伝子の発現の仕組みを理解すること。
　　　(イ)　発生と遺伝子発現
　　　　㋐　遺伝子の発現調節
　　　　　　　遺伝子の発現調節に関する資料に基づいて，遺伝子の発現が調節されていることを見いだして理解すること。また，転写の調節をそれに関わるタンパク質と関連付けて理解すること。
　　　　㋑　発生と遺伝子発現
　　　　　　　発生に関わる遺伝子の発現に関する資料に基づいて，発生の過程における分化を遺伝子発現の調節と関連付けて理解すること。
　　　(ウ)　遺伝子を扱う技術
　　　　㋐　遺伝子を扱う技術
　　　　　　　遺伝子を扱う技術について，その原理と有用性を理解すること。
　　イ　遺伝情報の発現と発生について，観察，実験などを通して探究し，遺伝子発現の調節の特徴を見いだして表現すること。
(4)　**生物の環境応答**
　　生物の環境応答についての観察，実験などを通して，次の事項を身に付けることができるよう指導する。
　　ア　生物の環境応答について，次のことを理解するとともに，それらの観察，実験などの技能を身に付けること。
　　　(ア)　動物の反応と行動
　　　　㋐　刺激の受容と反応

刺激の受容と反応に関する資料に基づいて，外界の刺激を受容し神経系を介して反応する仕組みを，関与する細胞の特性と関連付けて理解すること。

　　　㋑　**動物の行動**

　　　　　動物の行動に関する資料に基づいて，行動を神経系の働きと関連付けて理解すること。

　(イ)　**植物の環境応答**

　　　㋐　**植物の環境応答**　植物の環境応答に関する観察，実験などを行い，植物の成長や反応に植物ホルモンが関わることを見いだして理解すること。

　イ　生物の環境応答について，観察，実験などを通して探究し，環境変化に対する生物の応答の特徴を見いだして表現すること。

(5)　**生態と環境**

　　生態と環境についての観察，実験などを通して，次の事項を身に付けることができるよう指導する。

　ア　生態と環境について，次のことを理解するとともに，それらの観察，実験などに関する技能を身に付けること。

　(ア)　**個体群と生物群集**

　　　㋐　**個体群**

　　　　　個体群内の相互作用に関する観察，実験などを行い，個体群が維持される仕組みや個体間の関係性を見いだして理解すること。

　　　㋑　**生物群集**

　　　　　個体群間の相互作用に関する資料に基づいて，生物群集が維持される仕組みや個体群間の関係性を見いだして理解すること。

　(イ)　**生態系**

　　　㋐　**生態系の物質生産と物質循環**

　　　　　生態系の物質生産と物質循環に関する資料に基づいて，生態系における物質生産及びエネルギーの移動と生態系での物質循環とを関連付けて理解すること。

　　　㋑　**生態系と人間生活**

　　　　　生態系と人間生活に関する資料に基づいて，人間生活が生態系に及ぼす影響を見いだして理解すること。

　イ　生態と環境について，観察，実験などを通して探究し，生態系における，生物間の関係性及び生物と環境との関係性を見いだして表現すること。

3　内容の取扱い　（略）

第8 地学基礎
1 目 標
　地球や地球を取り巻く環境に関わり，理科の見方・考え方を働かせ，見通しをもって観察，実験を行うことなどを通して，地球や地球を取り巻く環境を科学的に探究するために必要な資質・能力を次のとおり育成することを目指す。
(1)　日常生活や社会との関連を図りながら，地球や地球を取り巻く環境について理解するとともに，科学的に探究するために必要な観察，実験などに関する基本的な技能を身に付けるようにする。
(2)　観察，実験などを行い，科学的に探究する力を養う。
(3)　地球や地球を取り巻く環境に主体的に関わり，科学的に探究しようとする態度と，自然環境の保全に寄与する態度を養う。

2 内 容
(1)　**地球のすがた**
　　地球のすがたについての観察，実験などを通して，次の事項を身に付けることができるよう指導する。
　ア　地球のすがたについて，次のことを理解するとともに，それらの観察，実験などに関する技能を身に付けること。
　　(ｱ)　**惑星としての地球**
　　　㋐　**地球の形と大きさ**
　　　　　地球の形や大きさに関する観察，実験などを行い，地球の形の特徴と大きさを見いだして理解すること。
　　　㋑　**地球内部の層構造**
　　　　　地球内部の層構造とその状態を理解すること。
　　(ｲ)　**活動する地球**
　　　㋐　**プレートの運動**
　　　　　プレートの分布と運動について理解するとともに，大地形の形成と地質構造をプレートの運動と関連付けて理解すること。
　　　㋑　**火山活動と地震**
　　　　　火山活動や地震に関する資料に基づいて，火山活動と地震の発生の仕組みをプレートの運動と関連付けて理解すること。
　　(ｳ)　**大気と海洋**
　　　㋐　**地球の熱収支**
　　　　　気圧や気温の鉛直方向の変化などについての資料に基づいて，大気の構造の特徴を見いだして理解するとともに，太陽放射の受熱量と地球放射の放熱

　　　　　　量がつり合っていることを理解すること。
　　　　(イ)　大気と海水の運動
　　　　　　大気と海水の運動に関する資料に基づいて，大気と海洋の大循環について理解するとともに，緯度により太陽放射の受熱量が異なることなどから，地球規模で熱が輸送されていることを見いだして理解すること。
　イ　地球のすがたについて，観察，実験などを通して探究し，惑星としての地球，活動する地球，大気と海洋について，規則性や関係性を見いだして表現すること。

(2)　変動する地球

　　変動する地球についての観察，実験などを通して，次の事項を身に付けることができるよう指導する。
　ア　変動する地球について，宇宙や太陽系の誕生から今日までの一連の時間の中で捉えながら，次のことを理解するとともに，それらの観察，実験などに関する技能を身に付けること。また，自然環境の保全の重要性について認識すること。
　　(ア)　地球の変遷
　　　(ア)　宇宙，太陽系と地球の誕生
　　　　　宇宙の誕生，太陽系の誕生と生命を生み出す条件を備えた地球の特徴を理解すること。
　　　(イ)　古生物の変遷と地球環境
　　　　　地層や化石に関する観察などを行い，地質時代が古生物の変遷に基づいて区分されることを理解するとともに，地球環境の変化に関する資料に基づいて，大気の変化と生命活動の相互の関わりを見いだして理解すること。
　　(イ)　地球の環境
　　　(ア)　地球環境の科学
　　　　　地球規模の自然環境に関する資料に基づいて，地球環境の変化を見いだしてその仕組みを理解するとともに，それらの現象と人間生活との関わりについて認識すること。
　　　(イ)　日本の自然環境
　　　　　日本の自然環境を理解し，それらがもたらす恩恵や災害など自然環境と人間生活との関わりについて認識すること。
　イ　変動する地球について，観察，実験などを通して探究し，地球の変遷，地球の環境について，規則性や関係性を見いだして表現すること。

３　内容の取扱い　（略）

第9 地　学

1　目　標

　地球や地球を取り巻く環境に関わり，理科の見方・考え方を働かせ，見通しをもって観察，実験を行うことなどを通して，地球や地球を取り巻く環境を科学的に探究するために必要な資質・能力を次のとおり育成することを目指す。

(1)　地学の基本的な概念や原理・法則の理解を深め，科学的に探究するために必要な観察，実験などに関する基本的な技能を身に付けるようにする。

(2)　観察，実験などを行い，科学的に探究する力を養う。

(3)　地球や地球を取り巻く環境に主体的に関わり，科学的に探究しようとする態度と，自然環境の保全に寄与する態度を養う。

2　内　容

(1)　**地球の概観**

　　地球の形状や内部構造についての観察，実験などを通して，次の事項を身に付けることができるよう指導する。

ア　地球の形状や内部構造について，次のことを理解するとともに，それらの観察，実験などに関する技能を身に付けること。

　(ア)　**地球の形状**

　　㋐　**地球の形と重力**

　　　地球楕円体や地球表面における重力に関する資料に基づいて，地球の形状と重力との関係を見いだして理解すること。

　　㋑　**地球の磁気**

　　　地磁気に関する観察，実験などを行い，地磁気の特徴とその働きを理解すること。

　(イ)　**地球の内部**

　　㋐　**地球の内部構造**

　　　地震波の伝わり方についての資料に基づいて，地球内部の構造を見いだして理解すること。

　　㋑　**地球内部の状態と物質**

　　　地球内部の温度，密度，圧力及び構成物質の組成について理解すること。

イ　地球の形状や内部構造について，観察，実験などを通して探究し，地球の形状や内部構造の特徴を見いだして表現すること。

(2)　**地球の活動と歴史**

　　地球の活動と歴史についての観察，実験などを通して，次の事項を身に付けることができるよう指導する。

ア 地球の活動と歴史について，次のことを理解するとともに，それらの観察，実験などに関する技能を身に付けること。
　(ア)　地球の活動
　　㋐　プレートテクトニクス
　　　　プレートテクトニクスとその成立過程を理解すること。
　　㋑　地震と地殻変動
　　　　世界の震源分布についての資料に基づいて，プレート境界における地震活動の特徴をプレート運動と関連付けて理解するとともに，それに伴う地殻変動などについて理解すること。
　　㋒　火成活動
　　　　島弧－海溝系における火成活動の特徴を，マグマの発生と分化及び火成岩の形成と関連付けて理解すること。
　　㋓　変成作用と変成岩
　　　　変成岩に関する観察，実験などを行い，変成作用と変成岩の特徴及び造山帯について理解すること。
　(イ)　地球の歴史
　　㋐　地表の変化
　　　　風化，侵食，運搬及び堆積の諸作用による地形の形成について，身近な地形と関連付けて理解すること。
　　㋑　地層の観察
　　　　地層に関する野外観察や実験などを行い，地層の形成及び地質時代における地球環境や地殻変動について理解すること。
　　㋒　地球環境の変遷
　　　　大気，海洋，大陸及び古生物などの変遷に関する資料に基づいて，地球環境の移り変わりを総合的に理解すること。
　　㋓　日本列島の成り立ち
　　　　日本列島の地形や地質に関する資料に基づいて，島弧としての日本列島の地学的な特徴と形成史をプレート運動などと関連付けて理解すること。
イ 地球の活動と歴史について，観察，実験などを通して探究し，地球の活動の特徴と歴史の概要を見いだして表現すること。

(3) **地球の大気と海洋**

　地球の大気と海洋についての観察，実験などを通して，次の事項を身に付けることができるよう指導する。
ア 地球の大気と海洋について，次のことを理解するとともに，それらの観察，実験などに関する技能を身に付けること。

㋐　大気の構造と運動
　　　　㋐　大気の構造
　　　　　　大気の組成，太陽放射と地球放射の性質を理解するとともに，大気に関する観測資料などに基づいて，各圏の特徴と地球全体の熱収支など大気の構造を理解すること。
　　　　㋑　大気の運動と気象
　　　　　　大循環と対流による現象及び日本や世界の気象の特徴を理解すること。
　　　㋑　海洋と海水の運動
　　　　㋐　海洋の構造
　　　　　　海水の組成を理解するとともに，海洋に関する観測資料などに基づいて，水温と塩分の分布との関係など海洋の構造を理解すること。
　　　　㋑　海水の運動
　　　　　　海水の運動と循環及び海洋と大気の相互作用について理解すること。
　　イ　地球の大気と海洋について，観察，実験などを通して探究し，地球の大気と海洋の構造や運動の規則性や関係性を見いだして表現すること。
（4）**宇宙の構造**
　　宇宙に関する事物・現象についての観察，実験などを通して，次の事項を身に付けることができるよう指導する。
　　ア　宇宙に関する事物・現象について，次のことを理解するとともに，それらの観察，実験などに関する技能を身に付けること。
　　　㋐　太陽系
　　　　㋐　地球の自転と公転
　　　　　　地球の自転と公転に関する観察，実験などを行い，地球の自転と公転の証拠となる現象を理解すること。
　　　　㋑　太陽系天体とその運動
　　　　　　太陽系天体に関する観測資料などに基づいて，太陽系天体の特徴を理解するとともに，惑星の運動の規則性を見いだし，視運動と関連付けて理解すること。
　　　　㋒　太陽の活動
　　　　　　太陽に関する観察，実験などを行い，太陽表面の現象を太陽の活動と関連付けて理解すること。
　　　㋑　恒星と銀河系
　　　　㋐　恒星の性質と進化
　　　　　　恒星に関する観察，実験などを行い，恒星の性質と進化の特徴を見いだして理解すること。

　　　　　㋑　銀河系の構造
　　　　　　　銀河系に関する観測資料などに基づいて，銀河系の構成天体とその分布について理解すること。
　　　㋒　銀河と宇宙
　　　　　㋐　様々な銀河
　　　　　　　銀河についての観測資料などに基づいて，様々な銀河の存在と銀河の分布の特徴を理解すること。
　　　　　㋑　膨張する宇宙
　　　　　　　宇宙の誕生や進化について調べ，現代の宇宙像の概要を理解すること。
　　イ　宇宙に関する事物・現象について，観察，実験などを通して探究し，天体の運動や宇宙の構造を見いだして表現すること。

3　内容の取扱い　（略）

第3款　各科目にわたる指導計画の作成と内容の取扱い
1　指導計画の作成に当たっては，次の事項に配慮するものとする。
(1)　単元など内容や時間のまとまりを見通して，その中で育む資質・能力の育成に向けて，生徒の主体的・対話的で深い学びの実現を図るようにすること。その際，理科の学習過程の特質を踏まえ，理科の見方・考え方を働かせ，見通しをもって観察，実験を行うことなどの科学的に探究する学習活動の充実を図ること。
(2)　「物理」，「化学」，「生物」及び「地学」の各科目については，原則として，それぞれに対応する基礎を付した科目を履修した後に履修させること。
(3)　各科目を履修させるに当たっては，当該科目や理科に属する他の科目の履修内容を踏まえ，相互の連携を一層充実させるとともに，他教科等の目標や学習の内容の関連に留意し，連携を図ること。
(4)　障害のある生徒などについては，学習活動を行う場合に生じる困難さに応じた指導内容や指導方法の工夫を計画的，組織的に行うこと。

2　内容の取扱いに当たっては，次の事項に配慮するものとする。
(1)　各科目の指導に当たっては，問題を見いだし観察，実験などを計画する学習活動，観察，実験などの結果を分析し解釈する学習活動，科学的な概念を使用して考えたり説明したりする学習活動などが充実するようにすること。
(2)　生命を尊重し，自然環境の保全に寄与する態度の育成を図ること。また，環境問題や科学技術の進歩と人間生活に関わる内容等については，持続可能な社会をつくることの重要性も踏まえながら，科学的な見地から取り扱うこと。

(3) 各科目の指導に当たっては，観察，実験の過程での情報の収集・検索，計測・制御，結果の集計・処理などにおいて，コンピュータや情報通信ネットワークなどを積極的かつ適切に活用すること。

(4) 観察，実験，野外観察などの体験的な学習活動を充実させること。また，環境整備に十分配慮すること。

(5) 各科目の指導に当たっては，大学や研究機関，博物館や科学学習センターなどと積極的に連携，協力を図るようにすること。

(6) 科学技術が日常生活や社会を豊かにしていることや安全性の向上に役立っていることに触れること。また，理科で学習することが様々な職業などと関連していることにも触れること。

(7) 観察，実験，野外観察などの指導に当たっては，関連する法規等に従い，事故防止に十分留意するとともに，使用薬品などの管理及び廃棄についても適切な措置を講ずること。

<参考>
高等学校では、「理科」のほかに「理数科」が設置されています。
「理数科」については、その解説を下記で閲覧することができます。
http://www.mext.go.jp/component/a_menu/education/micro_detail/__icsFiles/afieldfile/2018/07/13/1407073_12.pdf

〈執筆者一覧〉 (50音順) 2019年3月現在

石渡 正志	(いしわた まさし)	甲南女子大学
一色 健司	(いっしき けんじ)	高知県立大学
内田 隆	(うちだ たかし)	東京薬科大学
内村 浩	(うちむら ひろし)	京都精華大学
門倉 松雄	(かどくら まつお)	玉川大学
久米 宗男	(くめ むねお)	創価大学
左巻 健男	(さまき たけお)	法政大学
多賀 優	(たが まさる)	龍谷大学
武田 晃治	(たけだ こうじ)	東京農業大学
辻本 昭彦	(つじもと あきひこ)	武蔵野市立第五中学校
寺田 光宏	(てらだ みつひろ)	岐阜聖徳学園大学
林 壮一	(はやし そういち)	福岡大学
原田 二郎	(はらだ じろう)	広島県立三次中学校・高等学校
船田 智史	(ふなだ さとし)	立命館大学
南 伸昌	(みなみ のぶまさ)	宇都宮大学
森 健一郎	(もり けんいちろう)	北海道教育大学
山下 芳樹	(やました よしき)	立命館大学
山本 明利	(やまもと あきとし)	北里大学
吉田 安規良	(よしだ あきら)	琉球大学
笠 潤平	(りゅう じゅんぺい)	香川大学

〈執筆分担〉

まえがき
序章

第1章
　　　3
　　　4 ──── 寺田(?)
　　　5 ──── 石渡 正志
　　　6 ──── 久米 宗男
　　　7 ──── 森 健一郎
　　　8 ──── 多賀 優
第2章　1 ──── 左巻 健男
　　　2 ──── 山下 芳樹
　　　3 ──── 寺田 光宏
　　　4 ──── 石渡 正志
　　　5 ──── 船田 智史
　　　6 ──── 左巻 健男
第3章　1 ──── 吉田 安規良
　　　2 ──── 吉田 安規良
　　　3 ──── 吉田 安規良
　　　4 ──── 南 伸昌
　　　5 ──── 林 壮一

4章　0 ──── 内村 浩
　　　1 ──── 吉田 安規良
　　　2 ──── 内村 浩
　　　3 ──── 林 壮一
　　　4 ──── 内村 浩
　　　5 ──── 多賀 優
第5章　1 ──── 笠 潤平
　　　2 ──── 笠 潤平
　　　3 ──── 笠 潤平
第6章　1 ──── 左巻 健男
　　　2 ──── 左巻 健男
　　　3 ──── 山本 明利
　　　4 ──── 寺田 光宏
　　　5 ──── 武田 晃治
第7章　1 ──── 一色 健司
　　　2 ──── 一色 健司
　　　3 ──── 一色 健司
第8章　1 ──── 原田 二郎
　　　2 ──── 左巻 健男
　　　3 ──── 辻本 昭彦
巻末資料　1 ──── 門倉 松雄
　　　2 ──── 内田 隆
　　　3 ──── 左巻 健男

【編著者紹介】

左巻健男

1949年生まれ。千葉大学教育学部卒業，東京学芸大学大学院修了。東京大学教育学部附属中・高等学校教諭，京都工芸繊維大学教授，同志社女子大学教授を経て，法政大学教授（教職課程センター）。

吉田安規良

1972年生まれ。北海道教育大学大学院修了。北海道の公立中学校の教諭を経て，2004年から琉球大学教育学部講師。2007年から同助教授・准教授。現在，琉球大学大学院教育学研究科（教職大学院）教授。

装幀　　　　長谷川理
DTP　　　　藤田ひかる（ユニオンワークス）
編集協力　　川端俊弘（ウッドハウスデザイン）、阿部美保子（エデット）
編　集　　　角田晶子、植草武士（東京書籍）

新訂 授業に活かす 理科教育法 中学・高等学校編

2019年4月10日　第1刷発行

編　著　者　　左巻健男　吉田安規良
発　行　者　　千石雅仁
発　行　所　　東京書籍株式会社
　　　　　　　東京都北区堀船2-17-1 〒114-8524
　　　　　　　営業 03-5390-7531／編集 03-5390-7455
　　　　　　　https://www.tokyo-shoseki.co.jp
印刷・製本　　シナノ パブリッシングプレス

ISBN978-4-487-81244-8 C3037
Copyright © 2019 by Takeo Samaki , Akira Yoshida
All rights reserved.
Printed in Japan
乱丁・落丁の場合はお取り替えいたします。
定価はカバーに表示してあります。
本書の内容の無断使用は固くお断りいたします。